编辑小组　　赵大莹

　　　　　　曹菁菁

　　　　　　孟　化

　　　　　　戴　季

责任编辑　　许海燕

◎ 周和平　主编

文津演讲录

WEN JIN YAN JIANG LU

之十三

讲座丛书
第一编

國家圖書館出版社

图书在版编目（CIP）数据

文津演讲录之十三／周和平主编.—北京:国家图书馆出版社,2014.12
（讲座丛书第一编）
ISBN 978 - 7 - 5013 - 5459 - 7

Ⅰ.①文… Ⅱ.①周… Ⅲ.①社会科学—文集 Ⅳ.①C53

中国版本图书馆 CIP 数据核字(2014)第 211770 号

书　　名	文津演讲录之十三	
著　　者	周和平　主编	
编辑小组	赵大莹　曹菁菁　孟　化　戴　季	
责任编辑	许海燕	

出　　版	国家图书馆出版社(100034 北京市西城区文津街 7 号)	
	（原书目文献出版社　北京图书馆出版社）	
发　　行	010 - 66114536　66126153　66151313　66175620	
	66121706(传真),66126156(门市部)	
E - mail	btsfxb@ nlc. gov. cn（邮购）	
Website	www. nlcpress. com→投稿中心	
经　　销	新华书店	
印　　装	北京华正印刷有限公司	
版　　次	2014 年 12 月第 1 版　2014 年 12 月第 1 次印刷	
开　　本	880×1230(毫米)　1/32	
印　　张	8.875	
字　　数	200 千字	
印　　数	1—1000 册	
书　　号	ISBN 978 - 7 - 5013 - 5459 - 7	
定　　价	38.00 元	

前　言

　　国家图书馆古籍馆，曾经被众多的读者亲切地称为"老北图"，在 20 世纪 50 年代，就因成功地举办学术讲座而为社会各界人士所称道，老舍等一代文化巨匠都曾作为这里的主讲人传道授业、答疑解惑。2001 年新年伊始，国家图书馆分馆（现古籍馆）为继承"老北图"的优良传统，为适应知识经济时代对图书馆扩展文化功能，全方位、多角度传播文化信息的客观要求，举办了以传播中华传统文化为主旨的名人系列讲座。昔日曾亲耳聆听老一辈学界泰斗教诲的莘莘学子，如今也作为各学界的骄子走上这神圣而庄重的讲坛。

　　数年来，我们举办了文史、政经、音乐、美术等系列讲座数百场，听众数万人次。从他们渴望的目光里，我们感到了肩上的重任；从他们满意的笑容中，我们感到了由衷的欣慰。许多专家学者和读者通过讲座，成了图书馆的朋友，他们对我们的工作提供了可贵的指导和无私的帮助，而更多的人则经此渠道记住了国家图书馆，记住了国家图书馆古籍馆。这是对我们工作的最大的褒奖。

　　为了感谢各界朋友的支持，我们选出部分讲座内容，汇集成册，系列出版，给主讲人和听讲者一个留念，给不巧未曾听讲者一份补偿，也给我们的工作一个小小的总结。

　　所选讲稿，主讲人多为年近古稀的学界名流、文坛泰斗。他们用毕生心血，焚膏继晷，皓首穷经，故而成绩斐然，蜚声

1

士林。当然,这里所选的部分,并不能代表更不能涵括讲座的全部内容,而且我们自己所做的努力,在全面提高中华民族的文化水平这一宏伟大业面前,也显得微不足道。但我们坚信,只要我们锲而不舍、矢志不渝,在中国文化事业的发展史上,将会留下我们探索的足迹。

编者

目 录

韩经太

李清照词的意境生成

　　韩经太,北京语言大学原副校长,教授、博士生导师,北京市哲学社会科学首都国际文化研究基地主任、首席专家。中国社会科学院《文学遗产》编委会委员。主要从事中国古典诗学、古代诗词研究。主要著作有《中国诗学与传统文化精神》《宋代诗歌史论》《诗学美论与诗词美境》等。

各位上午好,今天有机会在这里和大家共同探讨关于千古才女李清照词的几个问题,我深感荣幸。我先给大家做一个铺垫,在讲座之后,大家会亲耳聆听到一个青年吟诵家吟诵的几首李清照的词,这是我们今天讲座的一点特色。

因为后面大家将主要从音乐美的角度,领会李清照词的特殊魅力,所以前面的讲座我就主要侧重李清照词的内涵和底蕴这一方面。

李清照词是很受关注的一个问题,因为李清照词的价值、地位,以及李清照身世中间的一些可以称之为"身世之谜"的问题,长期以来引起了学界和社会的广泛关注。那么就这些问题本人在一个半小时的时间里不可能给大家做出一个全面的解答,我今天只谈三个问题,希望能引起大家的兴趣。

一、历代对李清照的评价

第一个问题,我先给大家列举一些数字,通过这些数字想说明什么问题呢?说明在不同的时代,出于不同的角度,对李清照词的评价是不一样的。通过这样一个比较,我最终要告诉大家一个我个人的意见,就是当我们面对像李清照这样堪称"千古才女"的古代女作家的时候,一般总是会觉得,一个女性的词人是很难得的,我们要特别地尊重她,特别地重视她。可我的看法是,如果我们对李清照词的尊崇热爱,是出于对女性的一种特殊关照,那对李清照来说是不公平的。在"词美"面前,应该是人人平等的,就是说,当我们把李清照词的评价推崇到某一个层次,对词本身给予评价的时候,我们认为,李清照词本身已经达到了这个地位,而不是出于我们对她的照顾,才特别推崇她。

我现在列出三个具有代表性的词集选本。一个是 2007 年出版的,教育部推荐的全国高校中文系教材作品选,袁行霈先生主编的《中国文学作品选注》。其中第三卷里有宋代文学研究,包括宋诗、宋文、宋词,里边有几个数字我简单说一下。比如柳永,柳永是在宋词发展史上具有重要意义的词人,宋词由小令转变为长调,这个重大的跨越式发展离不开柳永在词坛上的重大贡献。在这部《中国文学作品选注》中,柳永词入选了 6 首,苏轼词入选 12 首,秦观词入选 3 首,周邦彦词 4 首,辛弃疾词 15 首,姜夔词 5 首,李清照词 6 首。大家一看这个数量的比较就知道,除了我们说豪放派的苏轼和辛弃疾之外,李清照和柳永并列,如果把选词的数量作为对词人作品评价的一个标准的话,柳永和李清照的地位在周邦彦、秦观、姜夔之上,这是这部《作品选注》选取作品数目所体现出来的一个评价。当然,这个评价是不是得当,还可以再考虑。

第二个选本是清代的,这是很著名的一部词集,清代朱彝尊、汪森编的《词综》。我认为这部书有一个很独特的编选方式,它把女性词人专门编为一卷。也就是说,在女性词人和男性词人之间,它不做比较,把女性单列一编,就类似于我们现在写文学史,比如现代文学史,我们专门有一章叫做《现代女作家》,这样就避开了在男作家和女作家之间做比较,这是一个比较微妙的问题。我认为这种单列的方式是值得我们考虑的。在女词人这一卷里面,李清照作品选得最多,选了11首。11首是个什么概念?我们看看它选别人词作的数量,柳永21首,苏轼15首,秦观19首,周邦彦37首,辛弃疾35首,姜夔22首,在这部选集里,选得最多的两个人是周邦彦和辛弃疾,这反映了清代人对宋代词人的一个总体评价。他们的评价显然和我们现代高校作品选里面的评价标准是不一样的,有不同的标准就有不同的结果。

现在我再推荐第三个选本,即现代著名词学家、词人龙榆生先生编选的《唐宋名家词选》,这本书曾经一版再版。如果在座有对唐宋词感兴趣的朋友,而且给我这个荣幸,让我给大家推荐一部选本的话,我毫无疑问推荐这本《唐宋名家词选》。

在这个选本里,他选的词作是,张先14首,晏殊17首,欧阳修27首,柳永25首,晏几道31首,苏轼42首,黄庭坚14首,秦观19首,周邦彦31首,辛弃疾44首,姜夔23首,李清照13首。李清照13首,这个数字说明什么?说明李清照的位置在黄庭坚、秦观之后,就是古代所谓"秦七黄九"之后,恰好是这样一个评价。

我以上举的这三个选本,对李清照是三种不同的评价,他们把李清照放在宋代词人中的位置,是三种不同的放置方法。我为什么要做这件事情?我就是想说,对这样著名的一个女词人,在不同的时代,出于不同的标准,会对她有不同的评价。清代人单独把女词人列一卷,用现在的话叫"入另册",把女词人入另册,这说明什么问题?再比如,俞平伯先生的先人俞陛云先生编辑的一个著名宋词选本《唐五代两宋词选》,其中李清照词一首也未入选,这就是一个极端的例子。

以上是我想谈的第一个问题,却似乎什么都没有谈。但是我想大家明白我的意思，在不同的时期，出于不同的标准，对李清照就会有不同的评价。那么大家会问，你是什么态度？其实刚才我已经说了，我给大家推荐的是龙榆生先生的《唐宋名家词选》。所以我认为龙榆生先生在他选词的标准里边，把李清照所放置的那个位置，是比较恰如其分的一个位置。当然还要补充一点，这个结果也与李清照词流传下来的数量比较少有关。一个人流传的作品多，选起来自然容易；留下的作品数量少，选起来自然困难就比较大一点。这也造成了要选李清照词的时候，比较困难的一个原因。

以上我讲的概括起来就是，我们可以用两句话来评价李清照。第一，她是中国古代最著名的女作家，一个天才的女词人，如果从词人这个角度讲，我可以冠以"天才"两个字，从女作家来说，是最著名的女作家。

第二，把李清照放置到宋代词人的集体中间，我们不能说李清照是最著名的词人。宋代最著名的词人，比如，北宋柳永是最著名的，苏轼是最著名的，周邦彦又是最著名的，南宋辛弃疾就是最著名的，姜夔也是最著名的，应该说，龙榆生先生的《唐宋名家词选》里面，选的最多的那几个，显然就是在宋词上地位最高的。那么李清照呢？我们不能说她是宋代最著名的词人，但我们可以说她是宋代杰出的女词人，我觉得用"杰出"这个词，评价比较得体一些。我们不能因为今天要讲李清照，就说李清照是最有名的，明天我们不讲李清照了，讲柳永的时候，又说柳永是最著名的。对文学家及文学作品的评价，应该有一个客观的标准才合适。

二、李清照的《词论》及《〈金石录〉后序》

我要给大家讲的第二个问题，是李清照有一篇很著名的关于论词的词学文章，或者叫词学论文。这是中国古代词学发展史上第一篇独立的、专门探讨词的问题的论著，在词学发展史上的地位是举足轻重的。怎么证明是举足轻重？为了这次讲座，我做了一个有趣的小功课，我检索了一下 2001 年到 2011 年十年之间，中国社会科学院文学所编的，中国古代文学研究的权威刊物《文学遗产》上所刊登的关于李清照的研究论文，一共只有八篇，这说明什么问题？说明进入 21 世纪以后，李清照并不是很热的题目，十年间在这本权威刊物上刊登的论文只有八篇，但这八篇论文里，其中有五篇的题目是和李清照的《词论》有关系的，占八分之五，这说明，一谈到李清照，就离不开李清照的《词论》问题，所以我的第二个问题，就要跟大家谈谈《词论》。

　　由于时间有限，我今天只谈其中的几个重点观念。李清照的《词论》为什么引起大家的重视？第一，最关键的一点，一言以蔽之，就是李清照的《词论》是一篇词学批评论。这个"批评论"不是泛泛的，一般概念上说的"批评论"，我们说文学批评、文学理论就是文学批评，"批评"就是"评价"的意思，不是这个。而是李清照《词论》里凡是提到的，在当时活跃的词人，都是被她批评的对象。李清照指出了他们每个人的缺点，也就是说，她对所提到的人们都是批评的，都是她的批评对象，没有肯定的对象。这也是李清照《词论》的一个极大的特点，她好像专挑别人的缺点和短处，这一点恰好反映出李清照个性的某一方面。这也是《词论》在文风上的一个很鲜明的特点。正因为如此，李清照《词论》还引出了一个问题，按照李清照的生卒年，在北宋末期词坛上，历来很有地位的周邦彦应该是在李清照的视野之内的，可是为什么她没有提到周邦彦？这是多年以来，探讨李清照《词论》的文章和讨论始终关注的一个问题，是不是因为李清照在《词论》里提出的那几项标准,周邦彦都达到了,所以她在里面就没有批评周邦彦?这是一个没有结论的结论。

对于李清照的《词论》,我今天想贡献给各位一点新的看法,一点我自以为和别人有点不太一样的内容。李清照的《词论》有一个核心词,或者叫中心词,就是"乃知词别是一家","别是一家"是个关键词。大家很熟知这个词,所以历来的文学批评史家和文学史家都认为李清照是第一个站出来强调词的独特性的人,这肯定是对的。

可是我觉得,我们不要因为李清照强调了词的独特性,就忽略了李清照所重视的词的其他的人文内涵和文化底蕴,如果是这样的话,我们可能又走到另一个极端了。为什么这样讲呢?我们来看看李清照《词论》里所强调的一些关键词。比如说,在谈到李中主、李后主的时候,她提道"斯文道熄,独江南李氏君臣尚文雅……"谈到本朝的时候又提道"逮至本朝,礼乐文武大备,又涵养百余年,始有柳屯田永者"。什么叫"礼乐文武大备,又涵养百余年"?就是她谈道,像柳永这样的一个人出现,在词坛上发挥活跃的作用,它是有历史、社会和文化的铺垫才形成的。这不妨可以看做是李清照的词学发展观,尽管"词别是一家",是个很独特的玩意儿,是一种很独特的艺术,但是它的繁荣,它的兴盛,它的发展,需要一个社会、一片土壤的铺垫,李清照把它概括成"礼乐文武大备",不仅有礼乐,而且有文有武,而且涵养百余年,这就是一个很需要引起我们重视的词学发展观,这一点应该注意。

第二点,她在《词论》里,对像苏轼、欧阳修、曾巩这些人都进行了批评,但是对他们的学术评价都极高,说他们是"学际天人"。什么叫"学际天人"?"学际天人"所做的学问,就像司马迁所说的一样,是"究天人之际,通古今之变"的学问,都是兼顾道器的大学问。我们过去有一种说法叫"天人之际"

"天人感应"，"学际天人"的学问都是达到天人感应的那种学问，李清照给予了他们很高的评价。但是，他们学问那么大，学问和大海一样，他们用这样的学问来做一个小歌词，就跟从海里面舀一勺水一样，不是很简单嘛，没有想到还没做好。这就是说，李清照在对欧阳修和苏轼这样的大文学家、大文人作出充分肯定的基础上，又指出他们的小歌词做得不到位。为什么不到位？其实就是对小歌词的音乐性顾及不够，坚持不够。讲到曾巩的时候，李清照说他"文章似西汉"。大家知道，我们一般说"唐诗宋词汉文章"，在我们中国古代，文章做得像汉代圣手一样，像司马迁的文章，班固的文章，就是文章最高的境界。李清照说，曾巩做的文章达到了西汉文章的水平，可是他的词做得却不好。我们顾及李清照强调词的独特性的同时，要考虑到她对词兴盛前，需要社会、文化铺垫性的说法。她在肯定那几个文学大家的时候，和在肯定柳永词之所以能够在当时有那样一种新的飞跃的时候，对词的生存环境、背景、土壤的要求，都反映了李清照的词学生成观。我今天的讲座题目之所以叫"李清照词的意境生成"，就是这个意思。李清照的个性是在一片土壤上长出来的，要有这个土壤，还要有阳光、有水分才能形成。我们看李清照的《词论》，也要看到她对社会文化底蕴的强调，这是需要我们注意和理解的。

如果说李清照的《词论》是一篇理论文字的话，我们还不得不考虑到她难得的一篇传世文章《〈金石录〉后序》。李清照的丈夫赵明诚是一个金石专家，李清照也是一个学问大家，李氏家族学问大家。作为一个读者，我读到李清照《〈金石录〉后序》的时候，是把它当做一篇有史家春秋笔法的叙事文字来看的。大家知道，从孔子写《春秋》开始，就有了春秋笔法。意思是，尽管好像你是在叙述往事、讲述故事，但叙述的方式、叙述的笔调、叙述的过程中间,对哪个细节的强调,刻画了哪些细节,都是有它的特殊寓意的,要借此讲述、传达某些信息。李清照的《〈金石录〉后序》,也反映出了她的一种文化观、价值观,以及她个人的性情。我在里面选出了两个细节:一个细节大家很熟悉,可能很多人都知道,就是她和她的丈夫,两个人都是读书很多,博闻强记,记忆力非常好。闲暇的时候,夫妻俩一起看古书,互问某个典故在哪一本书的哪一卷、哪一页、哪一行,这种读书,也是过去的记诵背诵的一种方式。背书的时候,不仅要能背下内容,而且要知道背的书是在哪一卷、哪一页、哪一行上。有点类似于我们现在的照相式的扫描输入,把整个书的内容都扫描到我们的脑海里面去了。这个情节说明,当时李清照夫妻不仅感情深沉、生活融洽,而且这其中还有一个深沉和融洽的真正内涵,就是他们两人有共同的学问上的爱好,有共同的学术上的追求,这才造成了他们感情生活的融洽。而且李清照自己说了,"甘心老是乡矣",他们就愿意每天都在这样的生活中,白头偕老。这是一种什么情怀,我觉得需要理解。这个情节好像在我们的中学课文,或者在大学课堂上,老师都要讲,我就不再多讲。

我想要讲的是下面一个细节,我觉得这个细节能反映两个问题。这个细节就是,金兵南侵以后,建炎年间,战乱时期,李清照家加入了难民逃难的队伍,曾经有一件事情发生。当李清照夫妻在池阳(即池州,今安徽贵池)时,接到指令,派赵明诚到某地为官,赵明诚须赶回南京面见皇帝。当时李清照在船上,赵明诚在岸上,李清照写道,赵明诚"舍舟坐岸上,葛衣岸巾,精神如虎,目光烂烂射人"。这就是李清照坐在船上,望见自己在岸上的丈夫的形象,一段形象的描述,大家看看这是一个什么样的描述,我读到这个地方是很感动的。

李清照、赵明诚夫妻俩都是文人，一介文士，为什么她写到赵明诚的时候却用到"精神如虎"这样的形容？我觉得这体现了在战乱到来、家国遭难的时候，作为一个男人所必须有的一种精神状态，"精神如虎，目光烂烂射人"，眼光那么有神！"望舟中告别"之后，"余意甚恶"，就是说，当时李清照的心情非常糟糕，非常恶劣。然后问赵明诚，如果城中情况出现缓急，到底该怎么办？赵明诚戟手遥应曰："从众。必不得已，先弃辎重，次衣被，次书册卷轴，次古器；独所谓宗器者，可自负抱，与身俱存亡，勿忘也。"这是一段人文信息极其丰富的文字，特别是"独所谓宗器者，可自负抱，与身俱存亡，勿忘也"一句，当细细品味才是。

在这样一篇具有史家春秋笔法的叙事文字之间，这段对话，我觉得是属于那种点题性的、很关键的一段对话。先对人物的精神面貌进行了刻画，然后去进行这份交代，她丈夫交代她什么？第一，从众。如果遭遇流离失所的情况，用现在的话说，跟上大拨走。第二，逼不得已，先弃辎重。实在不行了，就把家里常用的东西扔掉。再不行了呢？衣服和被子也不要了。因为逃难的过程中间，必须不断地减轻负担。把衣服和被子扔掉之后呢？把书册卷轴扔掉，最后古代的器物也不要了。现在大家凡是玩文物的都知道，古器的重要、珍贵。"独所谓宗器者"，是什么呢？就是涉及祭祀的那些器皿，宗器，就是和宗族有关的，具有宗族、礼乐象征性的器物，"可自负抱，与身俱存亡"。这反映了什么？就是在逃难的过程中间，什么都可以丢弃，但是宗族的、民族的、国家的传统，这些具有象征性的器物不能丢弃，作为一介文人，能做到的只有这一点，文人不能上阵杀敌，但是能做到保存宗族的器物。比如我们手里有一个殷周之际的祭祀的祭品，即使最后不得已，我把什么都丢了，这个东西我也绝对不能丢，因为它

11

是我们这个宗族的象征。李清照的这段记述，描绘出了时代巨变之际，妻子眼中赵明诚的"男人"形象，这是知识分子个体与家国一体共存的具体方式，这是宋代知识分子人格理想与生活形象的完美统一，要远远胜过高调宣示的爱国言辞。

所以我每每读到这个地方，读到李清照对这个细节的刻画，都感受到，她是通过这些细节表现出他们两个人共同的价值观和他们的精神依托。所以，当有人问，李清照有没有像辛弃疾那样、像陆游那样、像陈亮那样爱国的作品时，我说《〈金石录〉后序》就是一篇格调高昂的爱国作品。可惜我们一般对它阐释不够。通篇的《〈金石录〉后序》，细节很多，但是在前边所写的夫妻共读、自得其乐的细节，和战乱时期互相叮嘱的细节，恰好造成了李清照生平的前后两个主题。前期我们可以叫做幸福主题，后期我们可以叫做痛苦主题、悲恨主题。幸福主题和悲恨主题的对立和冲突，构成了李清照整个人生的一种意境，也充分体现在李清照的这篇难得的叙事文字中间。

所以，我们不仅可以将《〈金石录〉后序》当做文学作品来读，同时又应该当做史学文本来读，这篇文章在这两个领域都是非常精彩的上乘之作。作为堪称"闺阁古文观止"的名篇《〈金石录〉后序》，其价值绝不在所谓"散笔自叙""为情造文"的泛泛赞誉，而是在传承中国史家"以叙事为工"传统的基础上，一面发挥历史散文如《史记》中列传精于细节刻画的特长，另一面，则有以微言大义的方法，将家国身世一体化的刻骨苦痛化为具体可感的生活场景的作用。

不仅如此，我们从这些精彩感人的生活情节刻画中，还深深体味到了李清照作为女性作家的艺术敏感性和形象思维方式。从这里切入，便很容易理解其《词论》中所谓"铺叙""典重"的旨归所在。我们可以想一想，李清照为什么在《词论》里会特意提到"铺叙"的重要性,比如她说,秦观的词是"专主情致",晏几道的词"苦无铺叙",铺叙就是铺成叙述。认真读一下她的《〈金石录〉后序》就会发觉,李清照是很善于叙事的一个作家。我个人得出的结论是,李清照善于叙事,善于抒情,唯一一点不太擅长的,是不太善于写景。她的词的最大成就,就是把抒情和叙事非常巧妙地结合起来,造成一种独特的艺术效果。

以上我讲的两个问题,实际上是为了给大家做个铺垫,为下面将要接触到的李清照词,做个铺垫。

三、李清照词典型意象的文学底蕴

下面第三点,我们就讲讲李清照的词。李清照的词很多,有一些名篇都是家喻户晓的,我今天只讲讲自己的一点心得。我在"李清照词典型意象的文学底蕴"的题目下,也打算讲三个小点。

(一)瘦美意象

第一点,谈谈"瘦"的问题,"绿肥红瘦","人比黄花瘦",都有一个"瘦"。而且李清照在谈到自己的时候,又说"新来瘦",近来好像越来越瘦了,李清照为什么愿意谈瘦?我觉得这有一个关于李清照词的"瘦美意象"的问题。"瘦美意象"怎么生成的?这个没有人做太专门的研究,我不能很确凿地说,但是我感觉到李清照在中后期以后,好像对自己的瘦有一种自我敏感。她老觉得自己好像越来越消瘦。不知道大家看过没有,钱绍武先生为山东章丘的清照园雕制的李清照的塑像就是很清瘦的。而且钱先生专门谈过,说李清照的塑像,从这个侧面看过去是一个和颜悦色的、愉悦的表情。转到另外一个侧面看过去,是一个凄苦的表情。借着这样一种形象的塑造,把李清照前半生的愉快和后期的悲恨都塑造出来了。我说钱先生作为一个雕塑家用心良苦,也匠心独具,而且他把李清照塑造得那么清瘦,颇为传神。因为我们在读李清照词的时候,能感觉到她对她自己的瘦有一种敏感。所以,读李清照的词,关注她的"瘦美意象"是应该的。

第一首选《点绛唇》:

> 蹴罢秋千,起来慵整纤纤手。露浓花瘦,薄汗轻衣透。　见客人来,袜刬金钗溜。和羞走,倚门回首,却把青梅嗅。

这首词一般都认为是李清照的少女时期,天真烂漫的时期所写,甚至有的赏析说这个客人就是赵明诚,就是我们现在说的男朋友,所以这首词反映出来的是一个少女活泼可爱的一种心态。关于心态,我就不多说了,我想说的是,通过这首小词,大家能看出来,李清照善于叙事的特点。这是一篇小令,很短小的作品,但是在这首词里,她已经活灵活现地塑造出一个少女李清照的形象了。这里面有许多细节,尤其见客人来了以后,鞋都没穿,"袜刬金钗溜",到底是怎么走法?那是脚心贴着地,擦着地面的那种小跑。为什么?前面说到"薄汗轻衣透",后面又是"金钗溜",这是秋千晃完了以后,有点衣冠不整,这个时候看见一个她很看重的客人来了,她既想马上逃离现场,又忍不住回头看看。这是一种活灵活现地充满着生活气息的生活场景。在这么短的几句话里头,就能把这个生活场景表现出来,这需要比较高超的叙事艺术。

我们经常说,叙事作品一定要刻画一个人物的形象,在这首简短的小令里头,对李清照自我形象的刻画,就是非常成功的。现在已经不太用"典型形象"这个词了,在20世纪五六十年代经常有"塑造形象,要塑造典型形象"的说法,"典型形象"是"典型环境"中的"典型形象"。其实我觉得"典型形象"翻译成现在的话,就是说这个形象是独一无二的,是这一个的,不是那一个的。同时也必须有一定代表性,代表某一个类型的形象,才富有典型性。李清照在《点绛唇》中塑造的这样一个少女形象,既是李清照的自我写照,也可以现在,甚至一百年、几百年以后,用到所有的类似生活场景的少女身上。所以李清照就塑造了一个永恒不朽的典型,这么说一点都不过分。这样一个典型,我们甚至可以把她放到电视镜头、电影镜头里边,仍然是非常动人的一种形象。

可见,李清照作为一个词人,在词中所塑造的含羞少女的形象,它的意义、它的价值、它的美的影响,远远地超出了一首词、一首小令的范围。如果我们把这首词看做是李清照青年时期的作品,青年女词人李清照能在篇幅这么简短的小令里,塑造出这样生动的形象,她的艺术是很早熟的。李清照是一个比较早熟的词人,她因为早熟且自视很高,就对谁也瞧不上。所以她的《词论》里面,对每一个词人都要提出她的批评,这是我一上来选择说这首词的意思。

除了刚才讲的这首词及其成功之处外,下面和我这里第一个小标题"瘦美意象"相关的,就是这首词里面已经出现了这么几个字,"露浓花瘦,薄汗轻衣透"。"薄汗轻衣透"是说什么呢?是说荡秋千的女孩的形象的,那么前面的一句"露浓花瘦",大家想想,是描写花的还是描绘自己的?要我理解,还是描写自己的,说自己是跟花一样的女孩,"露浓花瘦",为什么花瘦?我感觉,李清照天生就比较清瘦,这已经成为一种心理暗示。这种心理暗示就造成了李清照心理上一种特殊的敏感,加上后来的生活遭遇了不幸,她感觉自己越来越瘦,于是会在词里面反复出现"瘦"。这就是我推测出来的李清照词里面的"瘦美意象"的生成原因,不知道大家认可不认可。

下边两首词之一是《如梦令》：

　　昨夜雨疏风骤，浓睡不消残酒，试问卷帘人，却道海棠依旧。知否！知否！！应是绿肥红瘦。

这首词中，有写"瘦"的很典型的两句，一句是"昨夜雨疏风骤"，大家很熟悉的，另一句是"应是绿肥红瘦"。这首词最大的好处是什么？就是她在词中运用了抒情与叙事的结合。我为什么说她总是把抒情和叙事结合在一起呢？像《如梦令》这样短小的作品，一般是很难叙事的，但是李清照巧妙地引入了一个卷帘人的形象，读者就会想象一个问的人和一个答的人，这样就有了一个情节，有情节就是一个故事，就是有一个场景。所以在这么短小的篇幅里边，她其实是融入了一种叙事的艺术手法，本来很单调的一个场景，因为这样一个意象，就显得很丰满。

对这首词的解答，包括"知否，知否"，两个"知否"后面应该用什么标点，我认为大家可以充分去讨论。为什么呢？这两个人问答以后，那个卷帘人却道"海棠依旧"。然后回答的两个"知否"，应该是个什么表情？我们看袁行霈的作品选，第一个"知否"后面是句号，第二个后面是问号。我个人觉得不是太同意，所以我第一个用了感叹号，第二个是双感叹号，我认为从语气上说，第二个比第一个要加重。帘外的海棠花为什么会是"绿肥红瘦"了呢？一方面是"雨疏风骤"，风刮得大，把一些花瓣吹落了，花就显得瘦了，这是一个对自然情景的描述。"夜来风雨声，花落知多少"，就这么一个生活经验而已，但是如果把这样一个生活经验，和刚才我们讲的李清照对自己很消瘦的敏感结合起来，这句词就有意思了，就有味道了。如果说第一个"知否"是对卷帘人，比如一个小丫鬟说的，说你观察事物真不细心，你不想一想，刮那么大的风，树叶照旧，花已经落了，飘落不少了，这是其一。第二个"知否"，就回到自己了。我是一个长得像花一样的人，如花人惜花，也叫"美美相惜"吧。昨天晚上，这个多愁善感的女词人，因为雨疏风骤而一夜失眠，从外面花的飘落，联想到自己的身世，说明她非常敏感！艺术家总是很敏感，一般人无动于衷，艺术家已经感动得不得了。所以，第二个"知否"是说，你知道吗，因为怜惜外面花的飘落，我会比昨天更消瘦。

我个人觉得理解这首词，要理解到这一层。前一个"知否"是对外面的花说的，对外面的"绿肥红瘦"说的，第二个"知否"的意思是说，你知道不知道我？这是对抒情主人公来说的。这样才能理解这个"瘦"的双重意蕴，或者叫双重底蕴。

说到双重底蕴，下面这首词也是一样，《醉花阴》：

　　薄雾浓云愁永昼，瑞脑消金兽。佳节又重阳，玉枕纱厨，半夜凉初透。　　东篱把酒黄昏后，有暗香盈袖。莫道不消魂，帘卷西风，人比黄花瘦。

这首词写的是重阳节，重阳节菊花开。在这首词里头，从谈"瘦美意象"的角度来说的话，它实际上也有双重的意蕴。"人比黄花瘦"，就是说黄花是瘦的，人比黄花更瘦，难道不是这个意思吗？我觉得读这首词，最后这点题的一句，也应该从两个层次上去理解才对。

谈到"菊花瘦"的概念，应该把"菊花瘦"和"东篱把酒黄昏后"联系在一起来看。"东篱把酒"应该和陶渊明有点关系，因为陶渊明写过"采菊东篱下，悠然见南山"。菊花的瘦，如果和陶渊明联在一起想，我们就可以推想，除了李清照想到的是陶渊明形象的一种憔悴、一种消瘦之外，这个地方说的"菊花瘦"，应该还带有陶渊明的一种精神的消瘦，是李清照对心目中的陶渊明一种精神消瘦感的刻画。菊花前面加一个"瘦"字，我觉得是李清照把自己的一种独特的对美的感

17

受,投射到自己的崇拜对象身上的一种方式。我觉得这样理解这首词才有意思,不然的话,这首词就和一般的书写闲愁、书写哀愁的词区别不大,也显示不出李清照词特意塑造"消瘦美"的用意了。

《如梦令》和《醉花阴》是一般人提到李清照词的"瘦美意象"必举的两个作品,我特意放在一起,目的就是,第一,它们都是有双重含义的。前一首词的含义,一个是指花,一个是指自己。后一首词的含义,实际上后者是指自己,前者就是指词里面提到的"东篱把酒黄昏后",暗指陶渊明,实际上是对陶渊明的人生遭遇、人生境界的钦佩、敬慕,同时也有某种爱怜在里头,因为它毕竟是一种幽独情怀,大家能感觉到,李清照毕竟不是像陶渊明、苏轼那样超脱、洒脱的一个人。

说到瘦美,我们还可以再看《凤凰台上忆吹箫》这首词:

> 香冷金猊,被翻红浪,起来慵自梳头。任宝奁尘满,日上帘钩。生怕离怀别苦,多少事、欲说还休。新来瘦,非干病酒,不是悲秋。　休休,这回去也,千万遍阳关,也则难留。念武陵人远,烟锁秦楼。惟有楼前流水,应念我、终日凝眸。凝眸处,从今又添,一段新愁。

这首词和前面的那两首不太一样,前两首词都是带有一种象征性的,象征主义的意味。这首词里,它已经变成直接说自己了。"生怕离怀别苦,多少事、欲说还休。新来瘦,非干病酒,不是悲秋。"这很明显是在说自己,"新来瘦",最近又瘦了,就是说本来天生就是一个瘦女子,后来加上心境不好,生活境遇不好,她以艺术家的敏感性,发觉自己最近又瘦了。而且"非干病酒",不是因为喝酒喝多了,也不是因为悲秋情绪不好,她另有一种悲愁的情怀在里头。"休休,这回去也,千万遍阳关,也则难留。""西出阳关无故人","阳关"本身是带有离别、送别意味的关键词。这首词中，词人新来消瘦，可能和离别有关系，离愁别恨是中国自古以来诗词创作中常见的一个主题，叫做刻意伤春复伤别。古人写诗、写词最爱写伤春或者写伤别的主题，所以这首词是可以列入伤别题材这一类型的作品的。

上述这些都是属于题里应有之义，不必刻意强调，我在这里刻意强调的是两点。这首词开端时所塑造的形象，和下阕将要结束时写的形象，说是暗暗地用了两种典故也可以，或者说是借用了前人诗词中的意境也可以，它实际有一种点化的效果。因为我要讲的题目是"李清照词的意境生成"，所以需要结合李清照的《词论》来讨论运用典故的一种艺术手法。宋代人有一种风气，就是一个文人写出来的词，它应该让人感受到一种书卷气。什么是书卷气？读这首词，只有读书越多的人，才越会感觉到这首词的味道深沉。为什么？因为她的词里包含着许多前人已经用过的词语、典故、人物，甚至场景或者意境。其实这首《凤凰台上忆吹箫》，前面刚开始的一段和《花间词》里温庭筠的词很像的，比如和"小山重叠金明灭"那样的作品都很像，描写了一个什么场景？你可以说这懒得梳妆的形象，是李清照自己，也可以说这就是千万次地重复过的古代诗词，尤其是在唐宋词里面出现的一个场景。唐宋词里面大量的作品是描写一个女性，一个抒情主人公，她晨起懒梳妆，为什么早起懒梳妆？因为昨夜失眠，昨夜又是一个失眠夜，今天又是一个伤心天。就是这样一种感觉。李清照这首词，一上来这一段，你可以说它就是李清照的自我写照，也可以说她就是把唐宋词以来传统的一个题材，或者一个意象，继续传承而再度呈现出来。在传承以后，在它的传统背景前面，即在一个老背景前面，突出自己的一种新感受，就是下面说的"新来瘦，非干病酒"。人们刚开始一看这首词,觉得自古伤心的女性都是这样的,可是她紧跟着写,我最近更瘦了,非干病酒,不是悲秋。它实际上是一种烘云托月的手法,也是一种铺垫,在背景前面凸显主题的一种手法。

这是前一半。后一半,"惟有楼前流水,应念我、终日凝眸。凝眸处,从今又添,一段新愁"。这个情景最早出现在谢朓"天际识归舟,云中辨江树"的诗句中,那样一个眺望,眺望天水相接的地方,看自己盼望的人是否回来了。李清照的这几句,很可能是从温庭筠的《望江南》词点化出来的。温庭筠的《望江南》词是这样:"梳洗罢,独倚望江楼。过尽千帆皆不是,斜晖脉脉水悠悠。肠断白苹洲。"李清照词前面这一段所描绘的凭栏远眺的女性形象,就是温庭筠的《望江南》词中的形象。而这个形象实际上也不是温庭筠的,是从南朝谢朓的两句诗中演化而来的,后来许多诗作,比如唐人的望夫诗之类,许多诗中都有了这样一个形象。王夫之在他的《古诗评选》里说,谢朓的那首诗好就好在没用抒情,只说"云中辨江树,天际识归舟",这两句好像就是个客观的叙述,但是一个含情脉脉的人,已经呼之欲出。为什么要"天际识归舟"呢?在向很远很远的地方看,那是不是我等的那个要来的人坐的那条船?

所以,有时候不用抒情,反而能创造出很高的艺术境界,古代的人为什么说要融情于景?因为以景抒情比直接抒情更能感人。其实它能更形象化,更能引起人的一种直觉的联想和感受。李清照词中的几句,明显是从温庭筠的词境里化出来的,但她化在什么地方呢?她本来试图示意什么呢?这本来就是把感情融入景致的一种意境,一个艺术场景,李清照化用了以后,又在本来是融情入景的地方,在景的基础上又进一步强化了抒情,所以我说,这就是李清照擅长抒情的地方。

你看她写到，"惟有楼前流水，应念我、终日凝眸。凝眸处，从今又添，一段新愁"，她最后这个句子是一个明显的抒情句，直接的、直白的抒情的句子。但是我们不觉得直白，不觉得浅白，为什么呢？因为前面她用前人情景交融的场景做了一个铺垫，在铺垫的基础上，再引出了一段直接抒情的句子，这个就显得很丰厚了。把这首词整体读完之后，可以感觉到，李清照把前人具有代表性的铺垫都积淀起来了，于是上阕很直白的"新来瘦"，以及后面也很直白的"凝眸处，从今又添，一段新愁"，读来都不显得直白，两次都不显得直白。我们讲到李清照的"瘦美意象"，这也是一种类型。直接写自己的瘦，但是又化用前人诗词的意境，来作为直接抒情的一个土壤，一个背景。

这里我要特意讲一下柳永的《八声甘州》。柳永的《八声甘州》是他很著名的作品，其实你看看这首词结尾处，也是用了刚才和李清照一样的描写方式。

柳永的《八声甘州》是他的代表作，李清照之前的苏轼，对这首词评价很高，苏轼曾经说："世言柳耆卿曲俗，非也。如《八声甘州》云：'渐霜风凄紧，关河冷落，残照当楼。'此语于诗句不减唐人。"因为在北宋人的心目中，词是小道，词的重要性、地位、尊贵性都不如诗。苏轼的这句话是什么意思呢？就是说柳永所写"渐霜风凄紧，关河冷落，残照当楼"那几句，姑且不把它当做词，就把它当做诗句来看，这三句都和唐人境界是一样高的。可见苏轼对柳永的这首词是给予高度评价的。我们看看，这首词中间的另几句是怎么写的，"想佳人妆楼颙望，误几回天际识归舟。争知我，倚阑干处，正恁凝愁"。所以我就想了，李清照在写她那首词的时候，以她那样一个读书广博的人，凭着她那样的博闻强记，她在构思那首词的时候,谢朓的诗句、温庭筠的词句、柳永的词句是不是都在她的脑海里?绝对如此。因为她不可能不知道柳永的词,柳永的词是"有井水饮处,即能歌柳词",天下人都知道柳永词,她怎么能不知道?连苏轼都知道柳永的这首词,李清照能不知道吗?肯定知道。所以我建议大家想一想,当李清照要写那首词,要构思词下阕的句子,她心目中出现的,很可能就是谢朓的诗、温庭筠的词、柳永的词……应该说,温庭筠的词和柳永的词都写得非常精美,也可以说令人叹为观止,在这个时候,李清照怎么样花样翻新?怎么样既把前人的意境纳入到我的词境里面,我又要出新、创新呢?艺术总是要创新的,其实创新就在她的那一句抒情里面。你看,"凝眸处",她换成什么呢?换成一个"楼前流水",她说,楼前的流水你应该知道我的心意吧,我天天在这儿看着你,我天天盯着水,别人不知道,你难道不知道我的心思吗?这个意象就非常好。然后说什么呢?从今天开始又添一段新愁,这阕词的好处,就在这"又添一段新愁"上。我这个新愁和旧愁就不一样,过去的温庭筠也好,柳永也好,你们替无数人写出了心里话,但毕竟都是旧愁,我有一段新愁在心头,何人知道?这就花样翻新了。

这也就是我所说的"瘦美意象"生成方式,我觉得在座各位要感兴趣的话,不妨把那几首词都摆在你的案头,然后互相比照比照看看。按道理,柳永写那首词的时候,他必然知道温庭筠那首词,这就是我们说的,作家创作的时候怎么样继承创新,把前人的好处要放到我的词里头,为什么?因为前人写得好,大家都很欣赏。我把他们词中的意境意象,放到我的词里头,但是我又不能让它们把我框住,我要突破它们,我在前人的基础上又要长出我的新的灵感,我的新意象来。这就是继承和创新,不是一句抽象的话,而是很具体的体现。李清照词的"瘦美意象"是怎么生成的？大家可以通过这样一种比对，慢慢地悟出来。

以上我讲的就是关于李清照词艺术的第一个方面，就是谈谈她的"瘦美意象"。当然她的"瘦美意象"不止这几点，这几首词是大家一般都会举到的，比较有代表性的，我才给大家来讲讲。

（二）李清照词和欧阳修词的关系

第二个我要讲的问题，是李清照词和欧阳修词的关系问题。我检索了一下，一般赏析李清照的词好像不多谈这个问题，可我觉得它是很能说明问题的。下面我引了李清照的两首《临江仙》的词，这两首词的第一句都是"庭院深深深几许"，这两首《临江仙》前面，李清照有一个序，难得李清照的词前面有个序。序里说了什么呢？说欧阳公，就是欧阳修，作《蝶恋花》，"有深深深几许之句，予酷爱之"，我太爱了，"酷爱"。李清照明确表示了，她酷爱前辈词人的某一句词，这是我们研究分析她的词的创作心理的一个很重要的线索。我觉得这个线索不能忽略，所以在这个地方跟大家讨论一下。

然后她说，她仿做了两首，就叫仿做，或者叫续做也行。

为了给大家一个比照，我们可以先看一下欧阳修的《蝶恋花》：

> 庭院深深深几许？杨柳堆烟，帘幕无重数。金勒雕鞍游冶处，楼高不见章台路。　雨横风狂三月暮，门掩黄昏，无计留春住。泪眼问花花不语，乱红飞过秋千去。

关于《蝶恋花》这一阕词，有人认为是冯延巳的，不是欧阳修的，但是李清照说它是欧阳修的，反而给我们提供了一个证据，说明宋代有词人认为这首词是欧阳修的，为把这首词归于欧阳修名下又多了一条证据。我看了李清照的序和她

23

的词作以后，觉得这反映出两个问题，一个问题是李清照对叠字手法有一种特殊的敏感，所以她后来在《声声慢》这首词中，以叠字为最典型艺术特色而有"寻寻觅觅，冷冷清清，凄凄惨惨戚戚"，这和她对欧阳修"庭院深深深几许"的欣赏之间有一种对应关系，欧阳修的作品写在前，她很可能是先喜欢了欧阳修这种写法，然后激起了她对叠字艺术手法的一种兴趣，然后就有了《声声慢》的创作。第二点，我们通过比照欧阳修和李清照运用"深深深几许"话语的两首词可以看出来，这里面包含两种不同的生活心态，两种不同的城市人的生活心态，这是一个比较有意思的艺术话题。

先讲欧阳修词，他的中心意象就在"庭院深深深几许"。"庭院深深"就是庭院很深，一层一层又一层，千门万户，"庭院深深深几许"显然是描写深宅大院的一种生活形态，描写的这个人肯定是生活在深宅大院里面的，这是第一点。

第二点，你看"金勒雕鞍游冶处，楼高不见章台路"，这是一个生活在繁华都市里边的人的生活形态，这首词所表现的抒情主人公的生活环境，首先是个繁华都市，其次是身处繁华都市的深宅大院的深处，用我们现在的话说是被幽闭起来的一种精神状态。如果这首词的抒情主人公是一个女性的话，她是一个什么样的女性，我们就可想而知了。

第三点，我觉得大家可以注意一个感觉，"金勒雕鞍游冶处，楼高不见章台路"，"章台路"过去就是青楼所在，公子哥儿游冶的地方，那种特殊的繁华，除了我们不愿意提倡的那一方面以外，另外一方面就是它表现出对青春生命力的一种向往。明明写的"游冶处"，可是他却想见而不能见，因为"楼高不见章台路"，不仅是庭院深深，深宅大院的深深处，而且是高楼层层。我读到这首词，就想到王维的两句诗，"云里帝城双凤阙，雨中春树万人家"，描写帝都长安的春雨中的形象。说"云里帝城",看云雾中间皇城的气象能看见最高耸的那个"双凤阙","雨中春树万人家",春天的时候,春雨滋润下,树都绿了,春树掩映中间是千门万户的人家。它是高处鸟瞰,帝都气象尽收眼底。而欧阳修写的恰好相反,眼光被一层层地遮挡,帘幕无重数,看不见,"庭院深深深几许,杨柳堆烟,帘幕无重数",帘幕一层一层又一层,被深深地封闭在深宅大院中间,被幽闭起来。即便万一有一个缝,有一扇窗户能看出去,却又是"楼高不见章台路",前面另有高楼挡住了视线,依然看不到外面。都是对繁华帝都、繁华城市气象的一种描写,王维的气象是尽收眼底的,开阔雄浑的一种气象,他是跟皇帝唱和,那自然有皇家气象。而欧阳修这个气象呢?尽管都是描写繁华都市,但内心是被封闭起来的,是压抑的,我们叫做"幽独",充满幽独感的气象。

我认为欧阳修的这首词绝对是第一等好词。前面的词评家也说,像"庭院深深深几许"这样的作品是第一等好词。然后,"雨横风狂三月暮,门掩黄昏,无计留春住"。"门掩黄昏",是把黄昏推到门外,还是把黄昏留到门内呢?意象非常好。由前面的幽独形象,到此处的"门掩黄昏",我们就想到"绝代有佳人,幽居在空谷。天寒翠袖薄,日暮倚修竹",一个幽独而美好的人。中国古代的人经常以美女自喻,从屈原开始就有这样一个传统,这样一个幽独的人,日暮黄昏的时候,她斜靠在很美好的竹子上,用美好的竹子来象征那个人的人格。在特殊的中国古典诗词的氛围中间,我们读中国古典词人的作品,应该有一些特定的想象,否则无法体会它特殊的韵味。"门掩黄昏,无计留春住",就是黄昏了,要把门掩上,但是又不愿意把门掩上,门一掩上,最后一抹夕阳不是被推出去了吗?我愿意把这最后一抹的夕阳留住,留住这最后一抹的夕阳是为了留住今天,留住今天是为了留住春天,留住春天是为了留住青春。古人的思路就是这样一层层延伸的，然后，"泪眼问花花不语，乱红飞过秋千去"，最妙的就在这"泪眼问花"，李清照的词里是"试问卷帘人"，是人问人，这里却是无语地问，是含着眼泪的眼光在问，而不是人在问。这就叫词意灵妙，一想就很妙，是泪眼眼光在问花，然后"乱红飞过秋千去"，落花也没有回答她，无言的悲泣，无言的感伤。

从李清照词中的小序可以知道，李清照肯定读了这首词，并酷爱词中的第一句，现在我们跟着李清照把这首词也读一下，感觉一下。

对于欧阳修这首天下第一等的好词、好作品，李清照是怎么仿做的呢？有了前面对欧阳修词的解释，李清照的词我们理解起来就有一个比较和参照。

讲 座 丛 书

庭院深深深几许？云窗雾阁春迟。为谁憔悴损芳姿？夜来清梦好，应是发南枝。　玉瘦檀轻无限恨，南楼羌管休吹。浓香吹尽有谁知。暖风迟日也，别到杏花肥。

"庭院深深深几许？云窗雾阁春迟"。李清照的词和欧阳修的词一比，就会发觉李清照的词会动，"为谁憔悴损芳姿？夜来清梦好，应是发南枝"，李清照的词里随时出现直接抒情的句子。所以李清照的词，人们说明快，为什么叫明快？因为她有话直说，从她写词的风格，我们可以推想出来李清照这个女性，第一，她比较清瘦；第二，她很自负，很有才学，才气横溢；第三李清照比较真率，她应该是有话就说，藏不住的那种女性。所以在创作风格上，她常常用直接抒情的句子。然后她又用"瘦"了，"玉瘦檀轻无限恨"，"玉"是说梅花的，说梅花她又用"瘦"字来形容。后面"南楼羌管休吹"是从古代诗词里点化出来的，古代诗词里会反复出现一个羌笛曲叫《落梅花》。由于怕梅花落尽，怕梅花飘落，所以说"休吹羌管落梅花"。用这种曲折的表述方式写的词更有味道一点，因为写诗词，不能和写散文一样直说，要有曲折的表达，这样才有味道。然后，"浓香吹尽有谁知，暖风迟日也，别到杏花肥"。大家看看，李清照和欧阳修的词比较一下，最大的差别在什么地方？欧阳修词表现的是深宅高楼幽闭中的伤春意绪，它的整个风格是委婉含蓄，富于比兴，从而兴味悠长；李清照仿做的呢，整体的特点是明快舒朗，风格上和欧阳修的词迥然不同。这个不同，主要是两个人文风的不同。后代人评词的时候，对李清照之前的三个词人有这样的评法，大家要看唐宋词的话，有三个词人的作品很相像，经常混在一起，搞不清是谁的作品。他们是五代的冯延巳，北宋的晏殊和欧阳修，风格很接近。后代人在评价的时候，说晏殊和欧阳修各得冯延巳的一半，说晏殊是得冯延巳的俊，晏殊词给人的感觉是意象很华美；欧阳修得其深，欧阳修得了冯延巳深沉的那一面。我们看了欧阳修那首词，现在把李清照的词和欧阳修词做个比较，我们就感慨前人的这个判断非常精到。欧阳修的词就是以他感情以及表述方式的幽深而著称。而相对来说，李清照词的表述就是明快的、舒朗的，这就是风格上明显的不同。

宋朝人王灼在《碧鸡漫志》里评价说，"易安居士做长短句，能曲折尽人意"，就是能把人心中所想的那种情思，曲折表达出来，"轻巧尖新，姿态百出"，"轻巧尖新"的风格和我前面所说的明快舒朗意思是比较同一、接近的。近代国学大师沈曾植在《菌阁琐谈》中谈到李清照词的时候，说"易安跌宕昭彰"，"昭彰"的意思很明白，我们说昭然若揭、相得益彰，"昭彰"的意思就是很鲜明和明显。然后"气度极类少游"，是说她词风很接近秦观，然后"刻挚且兼山谷，篇章惜少，不过窥豹一斑，闺房之秀，固文士之豪也。才锋太露，被谤殆亦因此",是说她活着的时候和后世遭到一些批评,都和她才锋太露有点关系。比如说她的《词论》就有点才锋太露,指责这个,指责那个,当时的大家都被她指责过,但无论如何,她的个性就是真率,她是真率型的作家。

说完她的整体风格之后,我们再看这首词的好处在什么地方。它的好处就在于,尽管用了"庭院深深深几许"的欧阳修原句,但是她整首词所描写的整体意境、氛围和形象却没有深宅大院,没有深层幽闭的环境。这说明,李清照并不是去欣赏欧阳修词所描写那种幽闭幽独情怀的氛围和境界,而是喜欢他第一句的叠字用法,因为在整首词的意境和结构上,她好像都没有模仿欧阳修。李清照这首词更值得推崇的是什么呢?是她两首词的结尾,在塑造上都很有建树,有她特殊的匠心。她前面写"南枝"写的是梅花,后来写杏花,当"暖风迟"的时候,天慢慢地热了,春慢慢地来了,梅花自然就落了,春天来的时候,杏花就开了。杏花一开的时候,满树杏花,她用了个"杏花肥",说"暖风迟日也,别到杏花肥"。希望春天来了以后,一天比一天暖和的春风先不要尽快地把杏花吹开,让我们的梅花再开两天吧! 这个意象、意境非常好。

再看下一篇:

> 庭院深深深几许? 云窗雾阁常扃。柳梢梅萼渐分明。春归秣陵树,人老建康城。　　感月吟风多少事,如今老去无成。谁怜憔悴更凋零。试灯无意思,踏雪没心情。

"感月吟风多少事,如今老去无成",给人感觉明显应该是李清照后期的作品。"谁怜憔悴更凋零。试灯无意思,踏雪没心情",就是李清照后期离别状态的作品。

这是我讲的第二个小问题,之所以要把"庭院深深深几许"的欧阳修原词和李清照的两首仿做放在一起,我就是想把它作为一个线索来讲给大家,从艺术成就和耐人寻味的言外之意悠长这一点上,我觉得欧阳修的原词更好一点。李清照的仿作,在意境上未必能赶上欧阳修的原作,但是它给我们透露了很重要的信息,我们可以推测李清照在《声声慢》使用叠字的手法上,是不是受了欧阳修创作的启发?宋人罗大经《鹤林玉露》卷十二云:"近时李易安词云:'寻寻觅觅,冷冷清清,凄凄惨惨戚戚。'起头连叠七字,以一妇人乃能创意出奇如此!"现在想来,其所以能创意出奇如此,很可能跟"酷爱"欧阳修词首句"深深深"字叠用艺术手法的审美心理相通。我今天给大家讲的题目是"李清照词的意境生成",就是李清照词的意境风格是怎么形成的,我觉得可能是受了欧阳修的启发。

(三)李清照的《多丽·咏白菊》

第三个小问题,我专门讲一下李清照的一首词,我觉得这首词能反映出李清照整个的审美理想,人生境界。在艺术追求中,如果在前代词人、前代诗人、前代文人里边有人可以作为她的榜样,会是谁?谁会是李清照最推崇的人?

通过这首词,可以发觉,能写出《〈金石录〉后序》、能写出《词论》的李清照,显然是一个不仅有艺术灵感,而且有理论思维的、有思想的女词人。宋代在中国古代社会里面,是除了春秋战国和魏晋时代之外,另外一个哲学的时代。宋代人都非常善于思辨。李清照处在那样一个时代,她又很推崇、很信服像欧阳修、苏轼那样的"学际天人",那么李清照自己在人生修养上,达到了什么样的境界?能不能有一首词体现出来?抱着这两个目的,我特意选了这首词给大家讲讲,就是《多丽·咏白菊》:

> 小楼寒,夜长帘幕低垂。恨潇潇、无情风雨,夜
> 来揉损琼肌。也不似、贵妃醉脸,也不似、孙寿愁

29

眉。韩令偷香，徐娘傅粉，莫将比拟未新奇。细看取、屈平陶令，风韵正相宜。微风起，清芬蕴藉，不减酴醾。　　渐秋阑、雪清玉瘦，向人无限依依。似愁凝、汉皋解佩，似泪洒、纨扇题诗。明月清风，浓烟暗雨，天教憔悴度芳姿。纵爱惜、不知从此，留得几多时。人情好，何须更忆，泽畔东篱。

这是一首咏物词，咏物词在宋词里面是很重要的一类。这首词是李清照本来就数量不多的词作中难得的咏物词。咏物词最大的特点是什么？一般分析苏轼的《水龙吟》的时候会说"似花还似非花"，是说宋代人认为咏物词的最高境界是，使用的喻体既像本体，又不像本体，那是最好的。其实这就是双重追求，一方面要把所歌咏对象的特点形神兼备地刻画出来；另一方面又不能局限在对这个事物本身特点的表述上，而应该超越出来，表现更多的人文的内涵与讲求。

这首词就是这样。首先它在句式上很有特点，从"小楼寒"到"夜来揉损琼肌"，都是在写白菊。把白菊花形容为"琼肌"，是把白菊花比拟成一个长得很美很白的女子。后面两句，"也不似……也不似"，注意，有两个"也不似"，之后用的都是历史上的典故。"贵妃醉脸"，是喻说牡丹，用唐时李正封《咏牡丹》里"国色朝酣酒，天香夜染衣"之句，而唐玄宗认为可比杨妃醉酒（见《松窗杂录》）故事。孙寿，东汉权臣梁冀之妻，色美而善作妖态，画眉长而曲折，时号"愁眉"（见《后汉书·梁冀传》）。韩令，晋时人韩寿，乃贾充橼吏（佐吏），人俊美。贾充之女爱之，私下往来，将皇帝赐给她父亲的外臣进贡的异香偷赠韩寿。贾充闻到韩身上的香味，发现了女儿的私情，只好让他们成婚（见《世说新语·惑溺》）。徐娘，南朝梁元帝妃，人谓"徐娘虽老，犹尚多情"（见《南史·后妃传下》）。傅粉，三国时魏人何晏"平日喜修饰，粉白不去手"，人称"傅粉何郎"（见《世说新语·容止》）。在这里,李清照是在以典故编织成文人词特有的"书卷气"。然后下面是"莫将比拟","莫将比拟"和"也不似"意思是一样的,但是她在排比之后换了一个说法。那么前面三个"也不似""也不似""莫比拟",就相当于三个"也不似",李清照在这里铺排典故,意思是说,我现在描述的白菊,既不似杨妃之富贵丰腴,更不似孙寿之妖娆作态。其香幽远,不似韩寿之香异味袭人;其色莹白,不似徐娘之白,傅粉争妍。李清照这首词,一开篇的结构就是三个否定,否定之后,紧跟着来了个正面肯定的,"细看取,屈平陶令,风韵正相宜",这是上阕。

我先讲的是这首词整体写作上的章法安排,我觉得是很值得琢磨的。李清照咏菊花,她提出,与这白菊风韵相似的是谁? 是屈原和陶渊明。菊花曾是屈子所餐,陶潜所采。屈原《离骚》有"朝饮木兰之坠露兮,夕餐秋菊之落英"之句;陶渊明《饮酒》之五则有"采菊东篱下,悠然见南山"之句。屈原和陶渊明这两个人物在中国古代文学史上,都是非同小可的人物。屈原是第一个有名有姓的伟大的诗人,是忠贞不贰、上下求索的一个爱国诗人,他对邦族、家国的感情非常真挚、非常深沉,至今我们每年还要纪念屈原。屈原的形象从汉代就开始流传,有人说屈原是拿得起放不下的一个人,汉代人说,"历九州而相其君兮,何必怀此都也"。说屈原生活在战国时代,战国时代是一个楚才晋用的时代,就是此处不留爷,自有留爷处,你完全可以到另外一个地方去发挥你的才干,为什么你始终就是不愿意走呢? 为什么你始终走到边界的时候又要退回去呢? 因为屈原是一个对家国感情非常执着的人。而陶渊明则被称做千古隐逸诗人,自古以来的隐居诗人,都把陶渊明作为榜样。所以实际上屈原和陶渊明是两种不同的类型,一个是忠心耿耿,忠贞不贰,九死未悔的;一个

31

是放得下的,归田园居的,看得开的,"采菊东篱下,悠然见南山"的形象。李清照把这两个形象放在一起,难道仅仅是因为,像我们现有的注本注的一样,在屈原的《离骚》里有"夕餐秋菊之落英"这一句吗?仅仅是因为陶渊明有"采菊东篱下"的诗句吗?难道是因为屈原的诗句和陶渊明的诗句都和菊产生了关系,就这么简单吗?还是另有更深的追求呢?这个大家可以玩味。我觉得这首词意味深长,一首小小的咏物词写得如此意味深长,真是难得。这是上阕,章法很有趣,先是否定,最后上阕结尾的时候正面肯定,说白菊和屈平、陶潜风韵正相宜。

　　下片续写,用一"渐"字表示时间推移,秋阑菊悴。"雪清玉瘦"呼应"揉损琼肌",紧扣白菊在风雨中挣扎自立,从开到谢的神态。这里不说人对残菊的依恋,反说菊愁凝泪洒,依依惜别。"汉皋解佩"是个典故,《列仙传》载:郑交甫经过汉皋,看见两个少女,佩两珠。交甫向她们求珠,这两个少女就解下珍珠送给他。走不远,二女不见,珍珠也忽然失去。"纨扇题诗"用班婕妤典。班婕妤,汉成帝妃,失宠后退居东宫,曾作《怨歌行》,以"秋扇见捐"自喻。这两个典说的都是得而复失,爱而遭弃的失落、捐弃的悲哀。继而将失落怅惘之情,融入朗月清风、浓烟暗雨之中,又通过这既清朗、又迷离的境界具象化。同时,它又暗示了,菊既不同流俗,就只能在此清幽高洁又迷蒙暗淡之境中,任芳姿憔悴。等到下阕结尾的时候,"纵爱惜",就是爱惜花,不愿意让它飘零,"纵爱惜,不知从此,留得几多时"?词人不胜惜花、自惜之情,倒折出纵使怜爱之极,亦不能留花片时之意。

　　"人情好,何须更忆,泽畔东篱。""泽畔"就是屈原,"东篱"就是东篱采菊,就是陶潜。这说的是什么呢?上片有"细看取、屈平陶令,风韵正相宜"。下片结尾的时候是怎么写的呢？"人情好，何须更忆，泽畔东篱"。上阕结尾正面肯定，下阕结尾"何须更忆"则是一种超越，我们也叫做扬弃。

我们现在想想，李清照的境界是个什么境界？这首词最大的特点就是不停地用典故，把前朝和白菊有关的形象一个个罗列，做个铺垫。然后先推出一个结论，她认为白菊这样高洁清美的花，它的风韵如果找一个人格来匹配的话，只有屈原和陶渊明能够匹配，这是第一步的结论。第二步的结论是什么？仔细想想，作为一个后代的人，作为一个当下的人，难道就永远老死在屈原、陶潜这些前人的阴影之下么，难道只能或者走屈原的路，或者走陶潜的路么？如果屈原的路和陶潜的路本身就是矛盾的，这两个矛盾放在你自己身上的时候，你又该如何选择呢？这就是说，她要超越前人，在屈原与陶潜的人生路之外，寻得属于自己的人生方式，得大自在。

我之所以要把这首词选在这个地方，并不是说这首典故堆砌的词，它的意象、意境创作上有多么成功，我觉得它反映出李清照的一种人格的追求，一种人格的境界。这人格的境界，我把它概括成以下三点。

第一点，她把屈原和陶渊明都看做是与白菊风韵相宜的人物形象，我觉得实际上反映出她对清白的崇尚。李清照人格清白，白，就是和清白、洁白、洁白无瑕、完美无瑕有关的。菊花都是秋天的，秋天的花相对牡丹，相对春天的杏花来说，也是一种清淡，菊花是一种清淡的花。所以，这种清淡、清白，就是李清照对人格清淡、清白的一种追求，有自视清高的内容在里头。

第二点就是她把屈原和陶渊明放在一起，她内心中未尝没有感觉到这两个人的人生追求实际上有矛盾的地方，正因为有矛盾的地方，这两个矛盾聚焦在自己内心时该怎么办呢？这就成为李清照内心的一个人生课题。所以这首咏物词,实际上折射出李清照的内心对"兼济天下"和"独善其身"的一种特殊追求。从这首词中,我们要体会出李清照内心的一种矛盾。

第三点,她最终的那句"人情好,何须更忆,泽畔东篱","人情好"这三个字意味深长。我读到"人情好"这三个字时感慨万千。我觉得李清照要超越出来,她可以做到尊崇前辈,但是最终要得大自在。宋代人像苏轼都崇尚超脱,超脱就是自我解脱,但是李清照说,我更看重的是"人情好"这个前提。什么是"人情好"? 是"纵爱惜、不知从此,留得几多时"之惜花人情? 还是人类善自珍重的自适之情?"人情好"的反面就是人情恶,我们联想到李清照人生中,大家多次揭示出来的她所遭遇的不幸,别人对她的误解、诽谤,李清照深感人情不好,正因为人情不好,她就想到当年屈原作品中反复出现的那个调子,有人诽谤他,不停地诽谤,也曾遭人妒。还有陶渊明是什么样的呢? 也因为世情恶浊,世态不好,他就归田园去。所以我觉得,"人情好"三个字包含的内容很丰富,是李清照在情不能堪处,宕开作旷达语,意在追求一种更积极的生活态度,顺应环境,如果达到性情真实美好,何须计较是否与屈平陶令相契合! 一言以蔽之,这就是一个树立榜样与超越榜样的性情自觉过程。

为了下面大家能够比较完整地听一下吟诵,我今天给大家的介绍就到这里为止,谈得不够的地方请大家指教!

谢谢!

(讲座时间:2012 年 8 月)

刘扬忠

宋词婉约大家周邦彦和他的《清真词》

　　刘扬忠,中国社会科学院文学研究所二级研究员、学术委员,《文学遗产》编委,教授、博士生导师;兼任中国宋代文学学会副会长、中国词学研究会学术委员会主任、中国李清照辛弃疾学会副会长、中国作家协会会员。主要从事古典诗词研究及旧体诗词创作,尤以词学研究成果为多。已出版学术著作《唐宋词流派史》《宋词研究之路》《辛弃疾词心探微》《周邦彦传论》《诗与酒》《中国文学史学史》等共17种,发表古典文学研究论文60余篇,旧体诗词300余首。《辛弃疾词心探微》获夏承焘词学奖二等奖,《全宋词典故辞典》(副主编)获国家辞书奖二等奖,《唐宋词流派史》获中国社科院优秀科研成果奖二等奖,《中国文学史学史》(主编及主要撰稿人之一)获第十四届中国图书奖和第一届中国出版政府奖。

各位诗词爱好的同行，各位国家图书馆的读者，大家上午好！今天我受国家图书馆的邀请，给大家做一个讲座。因为我本行是搞词的，除了搞宋词研究，我自己也学着写一点诗词，在宋词的名家中，我们应该选最值得学习的一些作家，通过讲解他们的作品，使大家对宋词发展的情况有基本的了解。

　　宋词当中，我来这里已经讲过几个大家了，一个是欧阳修，一个是辛稼轩，一个是柳永。今天就接着原来的话头，讲柳永之后的宋代的婉约词家当中最有名的一家，而且是在相当程度上，继承了柳永词风的大家。宋代婉约词家有两大家，豪放词家也有两大家，称之为"周柳苏辛"，这四大家中，我在这里已经讲了柳永和辛弃疾，还留有一家苏东坡没有讲，以后也可能还要讲的，今天就讲周邦彦这一家。

　　这就牵扯到一个问题，宋代的婉约词大家差不多都被历代的词话家、评论家和普通的读者议论过、怀疑过，因为宋代的婉约词家多半都是和歌妓有过交往、有过恋情的作家，在封建社会里，这是主流文化圈不能容忍的一件事，所以柳永遭到过很多议论。前一次我讲柳永的时候，也向大家介绍过，当时的宋仁宗提倡文人士大夫生活作风要正，因为柳永花街柳巷逛得多了，名声就不太好，于是他去考进士，遴选放榜的时候，宋仁宗就说，这就是那个柳永吗？下属说是，仁宗就批了一句"且填词去"，意思是你别来当进士，你去填词。柳

文津演讲录 13

37

永倒霉了,于是他就写了一块手板,用今天的话说是名片,那时候的名片是一个手板,"奉圣旨填词柳三变",所以在妓院就更吃香了。周邦彦遭到了比柳永更大的非议,今天我先把有关周邦彦的一些传说,和对他的一些议论简单给大家说一下,不是为他辩护,根本用不着为他辩护,他就是宋词的大家,他的名声和地位基本上是定了的,但是我们现在的读者为了更好地理解他的词,需要知道这些情况。

周邦彦是宋代词人当中有幸被正史列了传的一个作者,这是他的幸运也是他的不幸,因为《文苑传》(大家翻《宋史》就可以翻得到)是这么评价周邦彦的,说他"疏隽少检,不为州里推重"。所谓"疏隽少检"就是说,这个人为人比较随便,生活作风不检点、不注意,不为州里推重。州里指他的家乡,就是现在的杭州市,他是那儿的人。为什么不被推重呢? 这就牵扯到南宋的笔记小说家。宋代的文人最喜欢创作笔记小说,把文人的一些逸闻轶事写成短篇小说来传诵,其中就记载了一个故事。前几年我看过一个电视连续剧叫做《李师师》,里面也写了这个故事,但是这个传诵了八九百年的故事,实际上是不真实的。

南宋文人张端义《贵耳集》里面说周邦彦是个老风流,他和当时很年轻的皇帝宋徽宗都嫖妓。大家知道宋徽宗是北宋的亡国皇帝,后来被金人俘虏到东北一个叫做五国城的地方,去坐井观天,后来死在那里了,他就是因为荒淫误国而丢掉天下的。古人传说他最荒唐的一件事,是和周邦彦一起,君臣两个人都去嫖当时京城的名妓李师师。有一天晚上,周邦彦先去了,正在和李师师亲热,鸨儿来敲门,说皇帝来了,周邦彦要逃走,可外面已经封了门了,他出去肯定碰上他的君主,李师师就把他一压,你到床底下去! 只好这样了,周邦彦就钻到床底下去。一会儿宋徽宗来了,手里拿着一个水果,就是橙子,李师师很殷勤地把这个橙子切开,沾上"吴盐胜雪",就是吃橙子要用盐来渍过,这样吃着才甜。这样吃了以后,就调笑了,就玩了。到了夜深以后,宋徽宗说我要走了,李师师就说,"城上已三更"。就是说,三更天,又是冬天,外面很冷,"马滑霜浓""直是少人行"。"不如休去",就在我这里睡吧,居然就睡了。然后第二天早上,宋徽宗走了,周邦彦才逃跑。这个故事一传开,周邦彦名声就太坏了。大家都以为是真的,以为他在床底下什么动静都听得清清楚楚,两个人怎么对话都听得清清楚楚。

这首词当然我一会儿还要专门讲解一下,是这么写的:

并刀如水,吴盐胜雪,纤手破新橙。锦幄初温,兽香不断,相对坐调笙。　低声问:向谁行宿,城上已三更。马滑霜浓,不如休去,直是少人行。

并刀,就是并州出产的刀,山西太原那时候称为并州,产的刀最锋利。"并刀如水",刀子一拿出闪闪发光,像一道圣水。"吴盐胜雪",就是现在的吴地江苏产的盐,白得比雪花还白。"纤手破新橙",李师师用她的纤纤玉指把橙子给破开。"锦幄初温",就是帐子里很温暖。"兽香不断",所谓兽香,是说房间里焚香。"相对坐调笙",边吃着橙子边吹着乐器,就是笙。欢乐一番后,"低声问:向谁行宿"? 你这么晚了还要到哪儿去,向何方走?"城上已三更。马滑霜浓,不如休去,直是少人行。"现在汴京城里大街上已经很少有人行走了,别去了,就在这里住。就是这首词,词本身艺术性很高,虽然是抒情文学,但写出来像小说的笔法,很生动,连说话,两个人的口气和说话的内容,都显得非常真实,像真有这么回事的。

这件事发生以后,周邦彦名声大坏,说是过几天,整个汴京城的歌楼妓院里面,都传唱周邦彦新填的这首词,宋徽宗本身就是一个风流皇帝,他听到了就大怒,我的私事竟然被整个汴京城传遍了,脸面往哪里搁,马上下令把周邦彦押出京城,到外面的一个小县去监酒税,相当于现在县税务局长这一类的官,就把周邦彦赶走了。当天下午,宋徽宗又跑到李师师的妓院里去,鸨儿就向他汇报,说李师师不在家。徽宗问:她什么时候回来?不知道。那我就坐在这儿等她,宋徽宗就坐下了,鸨儿就到处去找。李师师终于在很晚的时候回来了,宋徽宗就质问,尔往哪里去来?她说,我去送周邦彦。为什么要送?听了李师师的回答以后,宋徽宗问,今天他填了词没有?李师师说填了一首《兰陵王》,这首词也是写得非常好的。宋徽宗听了这首词以后,高兴了,就原谅李师师了。

北宋灭亡以后,李师师逃到南方,命运很悲惨。与她同时代的诗人刘子翚写了这样一首诗来对她表示同情,并通过她的遭遇来写北宋的衰亡:"辇毂繁华事可伤,师师垂老过湖湘。缕衣檀板无颜色,一曲当时动帝王。"这首诗写李师师年老的时候,流落"湖湘"——也就是现在的湖北、湖南一带。"缕衣"一句是说她已经老了,可年轻时在汴京走红,穿着绣花衣衫,歌唱时打着檀木拍板,现在是"无颜色",她已经没有姿色了,但是"一曲当时动帝王",当年是感动过宋徽宗的。所以李师师这个人,南宋人还都在不断地写她,后人看了南宋人的记载,都信以为真。

一直到明清两代,一些著名的词学家都还在认定有这么一件事,清朝时有一个文艺理论家叫刘熙载,他写了《词曲概》,他说读宋词不要读两个人的,一个是周邦彦,一个是南宋的史达祖。史达祖是属于周清真这一派,南宋最好的词人,为什么不读他们呢?他说"周旨荡而史意贪","周旨荡"什么意思?意思是周邦彦很放荡,说他放荡主要就是从这里来的,因为他和皇帝一起嫖过李师师。但是这件事百分之一百是假的,因为王国维先生做过专门的考证,他写了一本《清真先生轶事》,里面通过考证,通过事实的对照,说这个记载完全是假的。假在哪儿？他说根本没有可能是要李师师来告诫宋徽宗,你不要回去了,"马滑霜浓",他说这把皇帝描写得太寒酸了,是南宋人对自己朝代的皇帝根本不懂得、不了解的一种表现。因为连史书都记载,宋徽宗去会李师师,根本不是骑马去,也不是坐车去,是修了一条地道,地道从皇宫一直通到李师师的妓院,每天晚上,由一个小太监扶着他,从地道穿过去,因此根本不可能有"马滑霜浓",地道里面温暖得很。事实就是这样,这是有记载的,这是第一。李师师不可能告诫宋徽宗,"马滑霜浓",不如别走了。还有,王国维考证了,周邦彦如果有可能还有嫖妓这样的荒唐事的话,也不应该是宣和年间,当时周邦彦那么年老了,还可不可能去嫖妓,还有没有能力去嫖妓,这个是叫人怀疑的。

我这一辈子主要就是研究宋代文学的,宋代的一些著名的文人,不管是欧阳修还是苏东坡还是周邦彦,一直到南宋的辛稼轩,查一下他们的年谱,正史的记载,他们都是活到六十四五岁,六十六七岁,活得比较长的是辛稼轩,他也只活了六十六足岁,六十七虚岁。所以六十五六岁都已经是很衰老的年龄了,不比现在,我们大家逐渐都变得长寿了。但是那个时候不一样,绝大多数人到了那个年纪,要去做那种风流事,需要有比较强健一点的体魄,而那个时候周邦彦已经是一个衰老的老头了。在宣和年间,就是传说的这件事没过一两年,他就死在外地了,所以他不可能在那个年纪还去嫖妓,词里描写的情况,和当时的宋徽宗和周邦彦的行为方式是根本不相合的。

王国维通过多方面考证说这是假的,用这个例子就是要说明，周邦彦既然是一个传统的风流才子，必然会有一些风流韵事，我们不能用现代社会对某些事情的理解，来说古人也是放荡的。大家知道，在封建社会里，即使是一些大名人，像欧阳修这样的人，一副道学家的样子，他很年轻时，在洛阳做留守府推官的时候，也嫖过妓。因为那时候的家庭生活是很难说有什么爱情不爱情的，都是父母包办，父母之命，媒妁之言，他对妻子会不会有真正的爱情是令人怀疑的。苏东坡的"十年生死两茫茫，不思量，自难忘"，是怀念他已经去世的妻子，那种情况是比较特殊的例子。就是说他们夫妻两个人也许是先结婚后恋爱，是真爱上了，他妻子死了以后，苏东坡一直怀念她。但是绝大多数不属于这种情况，夫妻之间很可能就没有感情，于是就通过和歌妓的交往，和这些人反而产生了爱情。周邦彦的词里相当一部分是这样，包括柳永也是这样，他还经常换对象。我们今天当然用不着赞颂它，但是至少对于这份感情，和他描写这份爱情的时候，那种比较真挚的情感，从文学评论的角度，要给予适当的肯定。

　　说这些不是要为周邦彦平反，而是了解这种文化背景，对于欣赏他的词有帮助。关于他人品方面，另外还有一种议论是这么说的，说当时发生了一件政治上的直到现在还争论不休的大事，就是宋神宗倚重王安石，进行了王安石变法。北宋历史上产生过两次变革，第一次是所谓"庆历新政"，是范仲淹领导的，失败了，因为保守势力太强大了；第二次王安石又发起了"熙宁变法"，"熙宁新政"，也失败了，而且比第一次"庆历新政"的失败更惨重，给国家带来了非常大的打击。北宋后来为什么就灭亡了，和这些事情都有关，因为在变法的争论当中，出现了两派，一派是新党，一派是旧党，新党失败了，新旧党争一直延续到北宋灭亡。假的新党是以蔡京这个大奸臣为首，他鼓动宋徽宗恢复"熙宁新政"，造成国家很大的混乱，以致金人打来时，根本抵抗不住，北宋就灭亡了。周邦彦当时是一个太学生，他长于填词，但是据历史记载，他更善于写赋，他写过一篇《汴京赋》，里面有好几段歌颂王安石新法的段落，好像真心实意地歌颂王安石变法。王安石这一党后来被司马光、苏东坡这一党给打下去了，元祐党人执了政，也就是司马光、苏东坡他们这一党执了政，周邦彦实际上是站在王安石一边的。

从南宋一直到清末，各个朝代的文人士大夫基本上都对王安石这一党持否定态度，说王安石误国，因此把周邦彦也算成是他这一党的，对他的评价很差。前一段词学家叶嘉莹先生曾经论过周邦彦，有为周邦彦翻案的意思，也遭到很多评论家和词学研究者的反对，说周邦彦明明就是一个投机分子。

在这两个问题上，一个是和李师师的关系，和宋徽宗的关系问题上，周邦彦被认为是一个风流浪子，所以他的词似乎不值一读；另外一个就是政治态度，既然如此，他的人品大概也就很差。但是我觉得，大家评价周邦彦的文学作品时，一个是要和他的政治立场和政治态度有所区分，历史上有不少这种情况，说有的人在政治上站队，站在哪一边，但这和他文学作品水平的高低，和他文学作品思想倾向，应该有所区分，不能混为一谈，不能用政治标准来评价文学作品。

这样，对宋代的文学家就会有一种很公正的评价，我们欣赏古人的诗词作品，或者其他种类的作品的时候，都得注意这么一个问题，不要用政治眼光和科学眼光来评价作品，一定要用艺术的眼光来欣赏、来解读、来评价作品，因为文学艺术本身就是一种艺术品，评论艺术品主要是要用艺术标准来评价、来看待、来进行文本的解读。做政治解读，做道德解读，做科学解读都是错误的。

举一个例子，唐代有一个诗人叫做杜牧，他写了一首诗讽刺唐玄宗为了讨好自己的妃子杨贵妃，每年叫快马从南方向长安运送荔枝给杨贵妃吃。杨贵妃特别爱吃荔枝，这首诗可能有的听众也读过，"长安回望绣成堆，山顶千门次第开。一骑红尘妃子笑，无人知是荔枝来"。这是写的夏天，有人就通过考证，用历史材料来证明，杜牧这首诗荒唐，违背历史真实，他说到骊山，到华清宫那里去休养，不是去避暑，是去避寒，可以在那里泡温泉，比较温暖。据这个人考证，每年九月，秋风起了，天气冷了，唐明皇就带着杨贵妃离开长安，到骊山去了，到第二年春天，天气转暖了，长安城不再寒冷了，才又下山，回到长安来坐朝，来处理朝政。这个人通过考证就质问死了上千年的杜牧，这不是违背历史真实吗？夏天运荔枝的时候，唐明皇和杨贵妃在华清宫吗？这就非常可笑了，这就是所谓的科学眼光，考证也是一种科学的方法。考证一个作家的生平，考证他的交游关系，他某一年做了什么事，这个是必要的。研究一个作家，研究一首作品的写作年代，科学的眼光是可以的，但是做艺术欣赏，做艺术评价，这样来欣赏，这样来评价，岂不是荒唐吗？

我们欣赏周邦彦的词，虽然它主要是抒情的，也不要用考证的眼光，说是哪一年哪一月，周邦彦在妓院里面和宋徽宗怎么碰上了，这就是所谓的科学眼光了，就不是艺术欣赏的眼光了，艺术欣赏就是要欣赏，比方说这首词写的怎么样。下面我来讲一讲他的一些代表性作品，看我们怎么来欣赏，怎么来理解。假如我们自己也要填词，用这种婉约的小调或者是婉约的中调长篇的词，我们可以借鉴周邦彦似的手法，学他婉约曲折地抒写内心的真实，学他悠长的艺术技巧。周邦彦号称是婉约词的集大成者，这种评价前人就有的，这种评价当然是过高的，说杜甫的诗是集大成者，他确实是当之无愧,周邦彦他仅仅是一个婉约派大家,真正的大家应该是婉约豪放各种风格的词都能写,都能写得很好,在主体风格之外,风格是多样化很全面的。比方说辛稼轩,有人称他是集大成者倒还可以。为什么?因为辛稼轩豪放的词写来,比苏东坡的还豪放,是豪放词的一个集大成者,但是他写起婉约词来,什么"怕上层楼""十日九风雨""东风夜放花千树",这样的作品比那些婉约词家的任何一个人写来还婉约,这才是大家,才是集大成者。周邦彦虽然被前代有些词学家认为是集大成者,评价是稍微高了一些,但是就在婉约词这个阵营里面,一个词派里面,他算是积累了很多的艺术经验的,我想通过他的一些代表作品,做一点简单分析和讲解,使大家对他的词有一个更深的了解。

下面我基本上按照他的写作年代来讲解,从他年轻时期作为汴京太学里的一个学生时开始,和歌妓有交往,开始填词,一直到他中年浮沉州县,当地方官,然后又回到汴京担任大晟府提举,就是当时全国最高的音乐机关的主管,一直到晚年又离开汴京流落江南,因为方腊起义,他在杭州也呆不住了,最后流落到现在的河南商丘,宋朝的南京,提举洞霄宫,死在那里。这么一辈子,他每一个阶段都做的有词,风格都有所变化。后来甚至他也不知不觉地采用了豪放的风格来书写,书写他逃亡时和在外辗转为官时的一些思想感情,这些题材就不用婉约的词风来写了,但是,这些写得有一点豪放的词,也是在他的婉约词风的基础上产生,并有所变化的。我就按照他写作的时间,介绍几首作品。

一首是刚才我们已经念过的,这首传说是蹲在床底下偷听到,然后好像是写实的故事,这首词怎么理解?我再念一遍。"并刀如水,吴盐胜雪,纤手破新橙。锦幄初温,兽香不断,相对坐调笙。""低声问:向谁行宿?"主人公后人设想是李

45

师师,说李师师问他,行宿哪个方向,哪里过夜啊?"宿"就是过夜的意思。"城上已三更",已经是后半夜了。"马滑霜浓",你要骑马,马要打滑的,因为路上都下了霜了,"不如休去",不如今天就不走了,"直是少人行",因为汴京城里面街道上现在行人已经稀少了。

这首词语句很通俗,但是细节描写非常真实,周邦彦是有描写的功夫的,甚至是有很强的叙事能力的,是有写小说的能力的,他是用说故事来抒情,抒写他对于一个歌妓的恋情,写作的时间是他出游汴京之时。元丰初年,他告别了故乡杭州,他曾经在一篇词的序里面自己叙述,"元丰初,予以布衣西上",我以一个民间普通人的身份,向西到汴京去。他写的内容正确的解释是,年轻的周邦彦是太学生,京城里的太学当时是全国的第一高校,因为各个州府还有太学的分校,汴京是一个中心。汴京的太学里的太学生,在政治上有一定的发言权。

我简单给大家介绍一个情况,宋代自从赵匡胤发动"陈桥兵变",当了皇帝以后,他就把唐五代由皇帝和宰相两人独揽大权,改成一种比较开明的统治方式,他提出了一个口号,"与士大夫共治天下",就是说,皇帝要让文人和他一起来治理这个国家。古代的封建王朝,就数宋代知识分子提出的政策最高明,因为当时的政治制度多少带有一点现代民主的色彩,所以研究历史的人最推崇的就是宋代。后来西方的一些主要国家,包括英国等国,实行的文官制度,就是学习了我们宋代的制度。士大夫和皇帝一起治国,出主意、想办法,上奏章弹劾别人,向皇帝提出经济建设、文化建设方面的很多建议,就是宋代开始的,也包括鼓动太学生们写文章上书。北宋末年金人入侵,在民族国家很危急的情况下,太学生中有一个领袖叫做陈东,他带着同学伏阙上书,就是对着宫阙跪下,表示我们要上奏,国家要怎么样抵御外敌,我们有我们的意见,这是很轰动的。中国的学生运动其实就是从宋代开始的,宋朝之前的唐朝,就没听说有这样的事,谁敢?但是宋代的皇帝就公开鼓励这些,太学生们的地位也很高,发言权还挺大。到了南宋初年时,由于陈东不知道宋高宗是一个很专制的皇帝,他还带着一批人去伏阙上书,就被宋高宗给杀了。宋高宗这种举动其实违背了宋太祖的遗命,宋太祖在太庙里立了一块本朝"不杀士大夫"碑,宋高宗把自己祖宗的意愿给违背了,这是南宋杀士大夫的唯一一例。北宋时由于"乌台诗案",把苏东坡逮起来,因为苏东坡爱说话,他对王安石变法发表不同意见,皇帝当然讨厌他,把他抓起来,关到御史台去审判他,但后来还是把他放了。

为什么讲这一点,就是说周邦彦在太学里的生活很得意。这段时间,他人又年轻,白天读书,读书之暇,晚上就逛妓院去了,但宋朝时和明清时期逛妓院还有所不同。宋代的那些妓女,有点像现在日本的艺妓,艺妓是卖艺不卖身的。到妓院里,妓女可以弹着琵琶,弹着其他乐器演唱,这和明清以后的妓院还是不一样的。宋代正史有记载,很多笔记小说也有记载。当然,从柳永和周邦彦的词里面可以看到,有的妓女还真和他们产生了感情,也许不存在卖不卖身的问题,可能两个人就同居了,这种情况也有。周邦彦在太学上学时很得意,读书很顺利,又献了《汴都赋》,得到皇帝的赏识,后来皇帝就下了一道诏令,把他升为学官太学正,就是太学里面的教授。在这一段期间,他和妓女和歌妓的交往比较频繁,而这首词就是写和其中某一位歌妓,在一个晚上交往的过程,写了一段故事。从他描写的细致,情调的婉约,传达心灵的活动,和传达男女主人公两个人的声口如此细致真切这一点来看,这首词是他早期的词里面写得比较成功,也有代

47

表性的一篇。

　　上片主要是写这位美丽的歌妓热情待客,纤手香橙快刀,浸盐,食美而味甘,那个橙子是很甜的了。闺帏初温,相对吹笙,情投意合,他把这么多的细节,这么多的内容,用简单的几句话就都表达出来了。至于是不是李师师,其实大可不必去考证。而且我还顺便给大家说明一个情况,师师是宋代歌妓普遍都爱起的一个名字,你们去翻秦少游的词集,那里面也写到师师。秦少游年辈比周邦彦长,他和苏东坡是属于一段历史时期的人,周邦彦是他们的晚辈,周邦彦的叔叔叫做周斌,是苏东坡在杭州做官时的同僚,一起唱和过诗词。苏东坡、秦少游这些人是周邦彦的前辈,周邦彦所接触的师师,应该不是秦少游接触过的那位师师,至少是属于老一辈的师师了。这个故事发生的时间也不会是宋徽宗宣和年间,因为那时周邦彦已经是一个 60 多岁的老头子了,怎么还可能去接触什么师师? 所以我们大可不必去考证词中写的女子是不是叫做师师,反正是一个年轻貌美又很温柔的女性,和这位文人关系非常融洽、情投意合。这一切,还有关照描写对象,上片是从男的眼睛里面反映出来的,他所看到的这个妓女的形象,和她一连串富有情意的行为,是男子眼中观物所得。

　　下片改用女方的口吻来传情,内容翻成白话说,无非是这样:现在已经是三更天了,您还要到哪里去啊? 外面路上马滑霜浓,行人稀少,多不安全啊,你就在我这里过夜吧。这首词上片从男子眼中观物,下片用女子的口吻来描写,两个不同的路子写的是一件事,同样是这两个人的思想活动和实际行为,都用一种很婉约、很圆道、很全面的描写给表现出来了,我们可以评价说,这首词是情深而语隽,使人回味,他所描述的事情可以说是香艳已极。

描写爱情,描写男女之情的词,宋代都把它称为"艳词",读这个句子,好像都闻到香味了,香艳型,艳体的词就是这样,亲昵已极,但是丝毫不庸俗。柳永的有些词就庸俗了,什么"被翻红浪",写得就比较俗气。周邦彦的词大家去多读一些,就会发现,没有俗气的描写,有爱情描写,但是没有色情描写,这一点他是做得有分寸的。艺术最要紧的就是讲分寸,这才是雅文学,周邦彦的词基本上属于雅文学,柳永则一般被认为是宋代俗词的代表人物,俗词的开启者。拿具体作品来举例,柳永词有些很俗气,"口儿里、道知张陈赵"之类,风格是不一样的,语调是不一样的。

周邦彦的词,小令当中居然有对话,而且是切合人物身份的对话,通篇以叙事说一个故事,一个男子和一个歌妓晚上相会,女的留宿不让他走,这么一个故事,他用很亲切的语调叙述出来。我有一位师兄叫做董乃斌,他也是搞诗词的,他新出版了一本书《中国文学叙事传统研究》,就说到我们中国古典诗歌其实是两大传统,一个是抒情的传统,另外还有一个是叙事的传统。抒情的传统人们研究得比较多,词本身是可以叙事的,虽然叙事的目的还是为了更好地抒情,但毕竟从文艺表达方式来说,词也叙事,周邦彦这个词人的高明也就在这里,很短的一个小令,居然很生动地讲了一个故事。周邦彦词在叙事方面值得我们填词的人学习。

我下面还要讲一个例子,也是以叙事来抒情的,也是一首很短小的小令,关于后人的一些附会,我就不讲了。读这首词要注意,不要很勉强地做一种牵强附会的解释,这是我们欣赏古典诗词要注意的一点,要侧重于艺术分析和审美鉴赏。

周邦彦还有一首小令,也非常有名,近代词学名家王国维先生在他的《人间词话》里面非常称赞这首词:

燎沉香，消溽暑。鸟雀呼晴，侵晓窥檐语。叶上初阳干宿雨，水面清圆，一一风荷举。　故乡遥，何日去。家住吴门，久作长安旅。五月渔郎相忆否？小楫轻舟，梦入芙蓉浦。

"叶上初阳干宿雨"是说荷花叶上太阳一照，头一天晚上凝结在上面的露珠就挥发了，"干宿雨"。"水面清圆，一一风荷举"，上面有雨点的时候，荷叶就蔫儿了，水珠一蒸发，不存在什么负荷以后，荷叶一张一张地挺起来了。王国维非常称赞这几句，他说，"真能得荷花之神理者"。

"燎沉香"，"燎"就是点火，就是说点燃沉香。"消溽暑"，就是说焚香去暑气，这是早上的情况。"鸟雀呼晴"，院子里屋檐上，一清早天一亮，东方已经放出白光，鸟雀就开始叫起来了，"呼晴"，它像是在呼唤晴天。这些描写都很生动，他不说鸟雀叫，他说鸟雀在呼唤晴天，就很生动。周邦彦描写客观环境的时候，都能够变静物为动的东西，能够把环境的整个气氛给烘托出来。"侵晓窥檐语"，他不说鸟在叫，他说鸟在说话，像人嘀嘀咕咕在说话，"窥檐语"，窥视着屋檐下。"叶上初阳干宿雨，水面清圆，一一风荷举。"这是上片，写他在汴京所居住的地方的早上的景色。

下片笔锋一转，怀念起他的家乡杭州了。杭州的什么地方？西湖。我去过杭州几次，杭州人爱西湖爱得要命。周邦彦作为杭州人，在外面他经常回忆起他的家乡，他的西湖。"故乡遥"，汴京离杭州很遥远，"故乡遥，何日去？"我在这读什么太学，做什么官，哪一年再回家乡去探望一下啊？"家住吴门，久作长安旅"，吴门就是指杭州。古代东吴是包括杭州的，三吴就是指苏州、杭州和常州。他说，我家本来就是杭州的，但是"久作长安旅"。宋代文人写诗词有一个习惯，称宋代的国都，很少说汴京怎么样，而是说长安，长安是汉唐故都,宋人把它用来代指汴京。这种例子很多,比方辛弃疾,"西北望长安,可怜无数山"。他望长安干什么,他是望汴京,因为辛稼轩是从北方打回南方归顺宋朝,希望宋朝能够和北方的义军,南北配合,北伐收复中原。他经常登上高山,"西北望长安",实际不是指的长安城,是汴京城,是现在的河南开封。这里用法一样,从北宋开始就是这样用的,南宋由于要收复北方,就用得更多了,就指的是要收复汴京。所以周邦彦就是说,虽然我是杭州人,但是长久地在汴京客居,非常想念家乡。

下面的结尾是这样的,"五月渔郎相忆否?小楫轻舟,梦入芙蓉浦"。他是向家乡的那些少年朋友发问了,现在正是五月,是初夏的季节,杭州水乡钓鱼的少年朋友,我走了以后,你们想念过我吗?我可是想念你们了,我真想有一天回到那里去,划着小船,我做梦都梦见自己回到芙蓉浦去。在座的听众朋友,大多数人肯定都去过杭州,都游过西湖,西湖里面有一大片荷花,后来南宋的杨万里写西湖的荷花也写到了。"梦入芙蓉浦",就是要重新回到荷花浦里去。

这样一种回忆非常亲切,景物的描写既婉约又流畅、生动,方向感很强,具体环境的再现又很真切,尤其是他对清早的时候,汴京城里他住的那个小院子的具体描写,把清早时候的美丽景色写得非常生动,整个风格是清丽明快。而不像他的某些写爱情的婉约词写得那么曲折,有的爱情词过于婉曲,不像这首这么明快,一看一读,心里就很舒畅,尤其是"叶上初阳干宿雨,水面清圆,一一风荷举"。王国维看上了,把它作为宋词里的名句来欣赏,认为"能得荷之神理"。

另外一位词学鉴赏家,是我们文学研究所的俞平伯先生的父亲俞陛云,他是前清的最后一榜探花。他是个词的创作者,也是词的鉴赏家,他写过一部书叫《唐五代两宋词选释》,

在里面他是这么评论的,他说"'叶上'这三句,笔力清挺","极体物浏亮之致","体物"就是体会,这是上片的内容,写他在汴京的居住的环境,清早时的那种美丽。下片是由景生情了,由汴京开封的荷花塘,联想到老家杭州西湖的芙蓉浦,这种联想自然而然,属于同类事物的联想。由客居地的事物,联想到家乡的同一件事物,除了联想事物,还联想到了少年游玩之乐。这证明他做太学生的时候,基本上是一个少年心态,是一种健康、明亮、积极向上、非常开朗的心态,通过客观环境的联想和描写,抒发出一缕思乡恋旧的羁旅哀愁。

所谓羁旅,就是在外面做客,长期旅居于外。我要向大家介绍的宋词,尤其北宋词里,有两个最善于写羁旅哀愁的大家,一个是柳永,另一个就是周邦彦。这两个人都是从南方的山水名胜之邦,到北方相对干旱、冬天气候相对很寒冷的地方,他们都不习惯,老是怀念家乡,老是抒发羁旅在外的一种哀愁。柳永的很多词是写这个的,周邦彦的很多词也是写这个题材的。他除了对风景客观地、艺术化地描写之外,主要是抒发一种哀愁的情绪,这是婉约词最善于描写,且描写最成功的一种情绪。

下面还要讲一首也是写羁旅哀愁的词,这里对所谓的羁旅哀愁暂时就不讲了,这里只是要强调,写这首词的时候,周邦彦还是一个少年,用今天的话来说,还是一个青年大学生,像北大、清华的学生一样。周邦彦当时是年轻大学生,他的心态是年轻的,开放的,所以写来是婉转而不哀愁,曲折而不闭塞,是这么一种风格,是年轻人才有的一种明快的调子。

当年我刚来北京读研究生的时候,比起周邦彦读太学的时候已经不年轻,已经教了十年的中学语文,当时我32岁,在古代已经算是进入中年了。但我那时候读他的词,也有这种体会,他的词吸引人在哪里?因为我家也是在南方,当时吴世昌先生说,你读词,学位论文干脆就写《清真词》,新中国成立以来对它评价很低,对苏东坡、辛弃疾评价很高,你就好好读他的词。我先读的就是这些作品,一读我果然被感动了,那就证明周邦彦这位大作家写词的这种少年心态,这种明快的心境,对我也是一种艺术感染。

下面就来读一首比较感伤一点的词,刚才提到过了,羁旅哀愁词是婉约词人,尤其是柳和周两大家最擅长的,写得最好的一种词。周邦彦这首词词调是《满庭芳》,词题是《夏日溧水无想山作》。先简单说一下这首词的写作地点和写作的时候他的心态、他的遭遇,以及他为什么一定要写这首抒情的词。

我先念一遍,这首词也是周邦彦知名度最高的宋词名篇之一:

> 风老莺雏,雨肥梅子,午阴嘉树清圆。地卑山近,衣润费炉烟。人静乌鸢自乐,小桥外、新绿溅溅。凭栏久,黄芦苦竹,拟泛九江船。　年年,如社燕,飘流瀚海,来寄修椽。且莫思身外,长近尊前。憔悴江南倦客,不堪听、急管繁弦。歌筵畔,先安簟枕,容我醉时眠。

"风老莺雏","风",夏天的风,把年幼的小黄莺儿给吹老了,你体会一下他这种艺术描写手法,风竟然把小鸟给吹老了,实际上他是写自己的心态,一个年轻人被贬到小县城去当一个小官,很不得意,他觉得他虽然很年轻,这种遭遇把他折磨得老了,实际上当时他并不老,这是一种自我心态的表露。"雨肥梅子",南方每年都有一个梅雨季节,梅雨下得很多,把梅子吹熟了,梅子被吹肥了,这个词用得很好,熟了,他不说丰满,他说吹肥了,被雨水给养肥了。婉约词人往往用字用得很精确,而且很巧妙。

"午阴嘉树清圆"，他住的地方在溧水，江苏的一个县，离南京城不远，是一个水乡。中午的时候，有一棵大树亭亭如盖，阳光从当空直射下来，刚好被这一株树挡住了，挡在了阴影里面。婉约词人对客观的景物，包括外边的山水，和庭院里的东西，描写都是非常精确的，都是很形象的。他说树荫照着清圆。你体会一下，什么叫"清圆"，夏天出去避暑，或者当街走个阴凉的地方，休息一下，树荫下，你就体会确实"午阴嘉树清圆"，这个写得是非常生动的。

"地卑山近，衣润费炉烟"。"地卑"是指地面非常低下，海拔很低，"卑"就是低下的意思。"山近"，周邦彦住的地方叫无想山，有两次我到南京开会，南京的朋友说，你不是研究清真词的吗，咱们去溧水考察一下，看那个无想山，周邦彦写这词的那个地点，可能就对他在词里写的意境、环境，有所体会。但是我来不及去，因为开会就这么几天，没有时间去，要是真去看一下，就真的有体会了。婉约词人写景是一大特长，不像苏辛多半是写得比较粗，他们写得是比较细致，也比较生动。

"衣润费炉烟"，由于这个地方卑湿，空气潮湿，穿着的衣服都是湿润的，"费炉烟"，就是要熏香来使它干燥，这都是写生活中的小事，但是都写得非常生动，周邦彦笔法非常细腻，所以有人说他写的那些词中境界，有点像画中的工笔画，这是有道理的。如果说要用画来比喻，他属于工笔画派，写得很细致。

"人静乌鸢自乐，小桥外、新绿溅溅"。这什么意思？中午，尤其是夏天中午，到处是一片安静，人们都不出来活动了，外面没有什么声响。"乌鸢自乐"，乌鸢是老鹰一类的鸟，鸟毛是黑的，称之为"乌鸢"，只有那些大鸟在天空里缓缓地像放风筝一样，在空中飘飘荡荡，好像鸟自得其乐。"小桥

54

外、新绿溅溅"，小桥外新涨起来一股清澈的水流，水声溅溅，水声在发响，越是有这种响声，越显得那个环境很安静，平常如果环境不安静的话，谁能听见流水的声音？只有很安静的时候，你才能连流水的声音都听到。这种对于客观事物，对于景色的特征，包括声音有多大，他都描写得非常细致具体。

"凭栏久，黄芦苦竹，拟泛九江船"。这里用了一个典故，是化用白居易的典故。白居易写过一首长诗叫《琵琶行》，是在江西九江市，他被贬官到那里，江西司马是很小的一品官，因为他在朝廷里上书议论朝政，皇帝不高兴，就把他贬到江州去，于是白居易就在这里写了《琵琶行》。原句是这样的，"住近湓江地低湿，黄芦苦竹绕宅生"。黄芦、苦竹是水边、江边最常见的两种植物，周邦彦把它们引入他的词里面，可见溧水其实是一条不大的江，但也具有水乡特色，周邦彦引白居易的诗来写这个环境。"疑泛九江船"，实际上是用白居易的诗，来说明他有像白居易被贬官到江州时的那种孤独和苦闷的心情，就只有黄芦、苦竹做伴，多难受、多孤独，是写这么一种心态。周邦彦的词也用典故，尤其是有一首《西河·金陵怀古》通篇都用典，包括"王谢堂前燕"这些都写到了，唐诗里面的这是语典，既是语典也是事典，都用到了。此处就是反映他在此时此地的一种心情、一种处境，也是跟《西河·金陵怀古》同样的手法，就是说在溧水这么一个山水之乡，易地而居，当一个小官，夏天多无聊，天又热，实在是太难受了。反映了他的苦闷心情。

这是上片，下片直接抒发在这里的苦闷感情与牢骚。"年年，如社燕"，燕子古代称之为"社燕"，因为古代中国，尤其在农村，每年两次，一次春社，一次秋社。春社的时候，燕子飞回来了。"飘流瀚海，来寄修椽"。什么叫做瀚海？原来"瀚海"指的是沙漠，比方说，现在新疆的大戈壁，我们就可以称之为瀚海。后来这个词就不单单指大沙漠，由专指变为泛指，泛指荒凉和偏远的地区。当然这一点客观说明一下，溧水是江南著名的水乡，绝不会荒凉到哪里去，大家可以想象的，肯定是一个山清水秀的地方，但是作者他有牢骚，就是这样的地方，呆着荒凉偏远，比起哪里荒凉偏远？比起他的家乡杭州，比起北宋的首都汴京，当然可以说是荒凉偏远，就是用"瀚海"特指这么一种地方。"来寄修椽"，"椽"指的是屋顶，现在的高楼当然不是这样了，咱们传统的比方包括北京传统的四合院的瓦房，屋顶承接瓦的长木条，就叫做"椽"。"来寄修椽"，燕子每一次从南方飞到北方以后，就到人家院子里去做窝，往往就在屋檐下的长木上做窝。周邦彦把他自己比喻为社燕，我就像燕子一样，在这里做个窝，暂时安一个家，这是借写鸟来比喻自己，来写自己。

下面是"且莫思身外"，算了，别去思考，别去想身外那些事了，外面是什么王安石变法，又是怎么斗了，我不就是在漩涡里被弹出来，到江南这个地方了吗？不要去想这些事了，"莫思身外，长近尊前"，"尊"，酒杯。算了，喝酒吧，喝醉了，在这儿睡一觉，才是认真的事。都别去想了，"长近尊前"，经常喝一杯酒才是正经的。

下面就描写自己的形象了，"憔悴江南倦客"，我现在又瘦又老，形容憔悴，面目惊人。明明年轻轻的，他就说他老了，说他憔悴了，这种描写比较夸张，但是很好地表现了他当时那种颓唐的心态，这是自我描写，描写自己的形象。

"不堪听、急管繁弦"，我不愿意听这些音调，"急管繁弦"指的是音调急促而又繁复的乐曲，不愿意听这些了。宋代有一种风气很盛行，很多文人把自己的词集称为《酒边集》。告诉大家一个起源，在酒边歌筵唱歌的时候，为了应歌，乐队在那儿，请某文人，比如请周邦彦先生，你来填首词吧，他就经常做这样的事,那边奏着乐,妓女站着,请求他现写一首出来,马上写出来,所以就称之为"酒边词"。周邦彦的词也有很多是酒边词,是他给那些妓女填的词,当然也写了妓女的形象,也写了他对妓女的一点感情,就是这么写出来的。周邦彦这里的意思是,现在我连这个兴趣都没有了,不喜欢听那些吵吵闹闹的乐曲的声音,不想听急管繁弦,我现在只想安静。"歌筵畔",溧水县肯定也有官府弄的歌妓班子,在歌舞筵席的旁边,先铺一张床,"先安簟枕","簟",是竹席子,先铺上一张凉席,安上一个枕头,"容我醉时眠",让我喝醉了,就在这里睡觉。这种羁旅生活写得很生动,那种颓唐的心态也勾画得比较形象,这是这首词艺术上的特点,还是他那种主体风格,对于客观环境的描写比较细腻,非常真实,非常细致,感情是婉曲的,就表现他这一类词人的艺术功力和典型心态。

这是写个人的孤独、个人的不得意、个人的羁旅生活、哀愁的一类词,下面来欣赏另外一种词,把环境、场面写得非常热闹。宋词里面这样的词不少,宋人喜欢写几个传统的节日,一个是除夕春节,大年初一,接着是元宵节,再过一段时间是端午节,然后是七月中元节。中元节大概民间还有,七月十五要为已经去世的人烧纸钱,祭奠他们,这也是一个重要节日。古代,尤其宋代有这方面的词。接下来,写得最多的是中秋节。写中秋的,大家知道有苏东坡的"明月几时有,把酒问青天"这样一类,这方面非常多。而写节令节日、传统节日的词中,豪放词人里有两三个人写得很好,比方说,苏东坡写中秋,辛弃疾写元宵,都写得挺好的,但是他们没有婉约词家写得这么好。

下面这首词牌是《解语花》,写的是元宵节。我先念一下:

风消焰蜡,露浥烘炉,灯市光相射。桂华流瓦,纤云散、耿耿素娥欲下。衣裳淡雅。看楚女纤腰一把。箫鼓喧,人影参差,满路飘香麝。　　因念都城放夜,望千门如昼,嬉笑游冶。钿车罗帕,相逢处、自有暗尘随马。年光是也,惟只见、旧情衰谢。清漏移,飞盖归来,从舞休歌罢。

　　"风消焰蜡",风吹动着焰蜡,指蜡烛,现在我们干脆放礼花了,那时候还没有这个条件,只有大蜡烛。蜡烛燃烧出火焰来,风吹动着。"露浥烘炉",元宵节因为天还比较冷,晚上露水滋染着烘炉。元宵节时,我到南方看过,它用一个大铁炉,烧铁水来洒向空中,烘炉就是这个,写的当时的实情,元宵节过节就是这么过的。"花市光相射",满街都是花,彩色的光芒互相激射。"桂华流瓦",这写的是月亮,这里这么热闹,但是天空月亮泻下来的月光被称之为桂华,桂华就是指的桂花,这是对月光的一种美称,因为大家知道月亮上有传说的桂花树,吴刚在那里砍,永远砍不倒的。"桂华流瓦",是说月光倾泻到街边房屋的瓦片上。"纤云散",天空本来还有一丝一丝的云彩,这时候云彩都散了。"耿耿素娥欲下","耿耿"指的是光,光很明亮,耿耿发亮。素娥指的是谁呢?嫦娥又称为素娥,代指什么?还是月亮。好像月亮上的仙子都要下凡来了,很热闹,大家都来酬和元宵节。

　　"衣裳淡雅",是宋人、宋代文化崇尚的清雅的美,和唐代文化色彩不一样,唐人最喜欢的是牡丹花,牡丹花是非常鲜艳的,富贵气很重,宋人喜欢的是梅花,还有竹子,他们认为梅、竹是花木当中的君子,喜欢那种素雅的美。元宵节,和唐诗对比,你就会明白,宋词里面写元宵的景物,也是非常淡雅的这种风格,都证明了宋代文化和唐代文化是两种不同类型的文化,这一点从词里也能表现出来,尽管是写很热闹的色彩缤纷的元宵节。

"看楚女纤腰一把",美女还在街上跳舞,为什么提楚女?大家知道这是有典故的,"楚王好细腰,宫中多饿死",就是说女子要减肥。现代人也这样,少吃东西,尤其不吃肉,就变得腰身纤美,这也是宋代文化的一个特色。唐代是环肥燕瘦都接受,杨贵妃那种肥肥胖胖的人也很受皇帝欣赏,因为她具有牡丹那种丰美的特色。宋代偏偏提倡的是"楚女纤腰",也表现出宋代文化的一种特色,词里面也这么表现。"箫鼓喧",又吹箫又打鼓,"人影参差",满街人来人往,人影参差。"满路飘香麝",那些女子一年到头是不让出门的,唯独元宵节,男男女女都可以上街。宋代《宣和遗事》里面记载有一个故事,一个丈夫要去元宵夜汴京街上玩,娘子就要求他带着她去,这位娘子也是个女词人,他们游到宋徽宗所在的台子前面,然后就去磕头,宋徽宗一看有个女子把赏赐她的酒、金杯,偷偷地放到荷包里,宋徽宗说,这个要罚的,她说认罚认罚,宋徽宗说就罚你填一首词,这个女子就以此事为题,填了一首词。所以说,在宋代元宵节的那天晚上,女子都可以出来,而且那天的街景是"人影参差",楚女在街上,不是楚国的女子,而是指她们长得纤美,纤细优美。"满路飘香麝",由于女子在街上起舞,她身上涂香抹粉,香味满街都飘。这是上片,你看婉约词人写节日,写得多细致多生动。

词分两部分,上片写的是他所在地的元宵,下面回忆起汴京的元宵了。

"因念都城放夜",汴京城到元宵节的晚上,现在是叫做巡警,那时候也相当于警察这么一种人,平常都子时(晚上11点至1点)开始,整个街道就不放行了,但是今天晚上,元宵节这天,绝对要放夜的,"都城放夜"。"望千门如昼,嬉笑游冶","游冶"就是游玩,不计行迹,放心地游玩,"望千门如昼"，家家户户都是点着灯笼的，像白天一样明亮，男男女女还在街上玩。

"钿车罗帕，相逢处、自有暗尘随马"，"钿车"是一种彩车。"罗帕"，女子出门，手上都要带着一块手帕，好擦汗，满街都是这样，很热闹，香艳满街。然后"相逢处、自有暗尘随马"，官员晚上也在街上混，这里又是用典故。唐朝时有所谓追风，鲁迅先生都讽刺过，是说晚上香车宝马上面载着一个绝色女子，士人文人就骑着马追这个车，好像正是谈恋爱的时候，元宵节经常有这样的情景。

"年光是也，惟只见、旧情衰谢"，一转眼，我离开汴京都这么多年了，我在汴京的欢乐，包括我在元宵节得到的那些欢乐，已经"旧情衰谢"。比方说那位歌女，那位绝色女子，我也追求过她，她怎么样了？我是在异地，在荆州，看到相似的情境，就回忆起汴京了。

"清漏移，飞盖归来，从舞休歌罢"，他是在荆州当荆州府学教授，晚上出游，大概也是呼幺喝六的，有一批随员跟着他，游了半天他觉得没趣了，就说回家吧，回到我的住处吧。"从舞休歌罢"，任凭你们继续歌，继续舞，"罢"是感叹词，我这个半老头没兴趣玩了，因为我又想念汴京，又感叹时光流逝，我也变得半老了，就这样了。

这首词既是创造了一种意境，一种抒情的境界，又是感叹自己的身世，虽然主要是描写节日景象，但是也带有很浓的抒情成分。还有一首，也简单地讲一下。

刚才讲到周邦彦诗歌的叙事性，还有一首也有这种特征，是一首小令，就像现代西方开始流行起来的那种意识流小说一样，是在讲一个以往的故事，这首词叫做《少年游》，从他对词牌的选择，也看出他的感情倾向和他所描写的东西。《少年游》是一个短调。词牌早期是用某一个词牌指咏本事，所以《少年游》这个词牌一般还真就是用来写少年时值得回忆的事。后来不一样了，比方说《满江红》，如果是指咏本事的话，就要写到一条江，或者主人公在江上亲历的一件事，这叫做指咏本事，后来再写《满江红》，抒什么情记什么事，就不一样了。比方说毛泽东主席也写《满江红》，辛稼轩也写《满江红》，就和本事没有关系了。但是早期的词，尤其是婉约词人写的词，他用某个曲调还真就是指咏本事。这首《少年游》实际上是回忆他年轻时，在汴京的一个恋爱故事，这点不是我发现的，是我的老师吴世昌先生说的。他给我讲课的时候说，宋词里面包括唐五代的词，包括《花间词》，有很多短章，小小的、短短的篇幅，是在讲一个故事。和凝的《江城子》，有六首小令连起来，讲一个女子晚上和她的情郎约会的故事，从她在门外听着马蹄声响，迎接他，一直到两个人欢会，然后到天亮了，她送他走。说的是一个恋爱故事，用六首词连起来，这个是有传统的。周邦彦这首词，吴世昌先生给我讲课时说，像是一篇短篇的意识流小说，讲周邦彦在汴京当太学生的时候，和一个年轻女子的恋爱故事。

> 朝云漠漠散轻丝，楼阁淡春姿。柳泣花啼，九街泥重，门外燕飞迟。　而今丽日明金屋，春色在桃枝。不似当时，小桥冲雨，幽恨两人知。

词的开头是回忆，"朝云漠漠散轻丝，楼阁淡春姿"，他们在楼上，"柳泣花啼"，"柳泣"就是流眼泪，"花啼"，"啼"也是流眼泪。"九街泥重"，为什么泥变重了？因为雨把它打湿了。"门外燕飞迟"，由于门外降着雨，燕子飞得很费力，它的翅膀也被雨水打湿了。这么一个下雨天，在汴京城的街上，这样一个环境里，两个人幽会的地方是哪里呢？小楼上，一个雨中的小楼上，这是描写当年他和这个女子幽会、谈恋爱的一个环境。然后下片写现在，他说，"而今丽日明金屋，春色在桃枝"，现在生活环境和天气变得和当年我们幽会的时候是那样的不同，那时候是"九街泥重"，"朝云漠漠"，就是带雨的云，"散轻丝"，散雨水下来。如今不一样了，"丽日明金屋"，正是春光最明媚的时候，"丽日"就是美丽的太阳，照亮了我们的金屋，古时候不是说"金屋藏娇"吗，现在是我们的了，很安稳、很幸福的一个洞房里了，"金屋"就是指的洞房，我们夫妇两个人居住的地方。"春色在桃枝"，春天桃花开放，多美啊，但是这是以女主人公的口气写的，"不似当时，小桥冲雨，幽恨两人知"。我觉得这么美丽的环境，倒还不如当年我们幽会的时候值得回忆。为什么值得回忆？"小桥冲雨"，我们怎么幽会？从那小桥上冲雨而上，才到那个小阁楼里去。"幽恨两人知"，那时候那种感情的经历，那种对感情的体会，反而更值得人回忆。这就是写一个爱情故事，这么短的篇幅，意识流，流线的，回忆当初是这么过来的，把这个过程非常形象、非常生动，而且非常准确地给写出来了。

这是周邦彦词悠长的特点，通过我介绍这几首词，大家会有所体会。周邦彦确实是婉约派艺术的一个大家。婉约派善于描写客观事物，善于创造很细密、很完美的艺术境界，周邦彦的这种风格、这种笔法，通过这些作品基本上可以看出一个面貌。

由于时间有限，我今天就讲到这里，如果哪位听了讲座的先生，想和我交流，可以发电子邮件到我的邮箱，我一定会尽力而为，谢谢大家听完！

（讲座时间：2012 年 9 月）

诸葛忆兵

此情无计可消除——李清照及其词作

　　诸葛忆兵,中国人民大学国学院教授,
博士生导师。专业研究方向:宋代文史。曾
出版《宋代宰辅制度研究》《徽宗词坛研究》
《宋代文史考论》《北宋词史》(合著)《李清
照与赵明诚》《宋辽金文学编年史》(上卷)
《范仲淹研究》等专著多部。2004年入选教
育部首批"新世纪人才支持计划",2007年
获中国人民大学"十大教学标兵"称号。
2007年为哈佛大学东亚系访问学者,2008
年为日本大学文理学院访问学者。

在中国古典诗歌发展的历程中，唐朝是诗歌的黄金时段，我们如果把唐朝诗人的水平层次稍微做一个排序的话，第一流的，第一等的应该是李白、杜甫。次一等的如王维、白居易，再次一等的，如刘禹锡、柳宗元，这样排序的话，排到第三、第四、第五、第六都排不到女作家。像唐朝诗人里边的女作家，如薛涛，她们如果跟男性作家相比较，成就就差远了，但是宋词不是这样的。宋代词人李清照可以跟宋代任何一位伟大的作家媲美。

我们可以看看宋代人自己的评价，宋代人的评价属于当代人评价当代人，眼光有些不一样。当代人评价当代人，从女子的角度来评价，南宋初年的王灼这么说："若本朝妇人，当推文采第一。"就是女子里边李清照是第一。南宋的另外一位评论者朱彧说："本朝女妇之有文者，李易安为首称。"这是当代人的评价，他们还仅仅是从妇女这样一个角度和圈子去评价她的。再看后代，《古今词话》里边所引的一段清人记载说：男中李后主，女中李易安，前此李太白，故称"词家三李"。换句话说，李清照可以与谁相提并论呢？李煜，李白，这都是中国文学史上最伟大的作家。像这样的评价很多，清朝的一个大评论家说："李易安词风神气格，冠绝一时，直欲与白石老仙相鼓吹。""白石老仙"指的是姜夔，与姜夔媲美。他对李易安的评价叫做空绝前后，就是说李清照的文学成就与中国古代历史上任何一位伟大的作家媲美，也不逊色。

李清照是中国古典文学史上最杰出的女作家,还有第二位可以跟李清照并肩媲美的吗?

　　中国古代历史两千多年,两千多年的历史长河里,为什么只能出李清照一个如此杰出的女性作家?我想今天主要是来讲这个问题,想把这个问题给解释清楚。但是,众多的理由集中在一个人身上的时候,就会产生不一样的状况。

　　第一个理由,跟词的文体特征有关系。词的文体特征就是我们说的"诗言志,词言情"。这个"情"是特指的,是指个人私生活的情感,是指男女的爱情,偏于家庭生活的。而我们古代社会男主外、女主内,国家兴亡,匹夫有责,女子无才便是德。总而言之,社会上的事情跟女子没有关系。如果写社会的话题,女子相对来说生活阅历就不如男子,情感体验也不如男子。她不能像杜甫、苏轼他们那样,在官场中摸爬滚打,有很多切肤的体验。但是回到诗人生活的领域里,女子写感情比较细腻,体会比较真切的内容,容易写得好。所以宋代词人里面不仅有李清照,还有一个女词人朱淑真,还有其他女词人。朱淑真的成绩虽然不能跟一流作家媲美,但是在宋词里面,她跟次一等的作家,比如说像秦观、黄庭坚他们比一比,也是不逊色的,这种情况跟唐诗就不一样。这一点我想简单地做一个提示,这是第一。

　　第二,很关键的原因是天赋。杰出的作家,天赋是不可否认的。王灼的《碧鸡漫志》在说李清照的时候,说李清照"自少年便有诗名,才力华赡,逼近前辈。在士大夫中已不多得"。说李清照少女时代诗歌就写得非常好。大家注意,他说她少女时代诗歌写得非常好,这里有一个伏笔,我一会儿再提到这个问题,因为好多问题要借助今天的立场和古代的立场,这个问题一会儿我再提。

　　具体来说,有一个例证,苏轼有四个最得意的学生,人称

"苏门四学士"。李清照的父亲李格非也是苏轼的门生之一，但是他还进入不了"苏门四学士"。"苏门四学士"之一叫张耒，张耒曾经写过一首七言歌行，他是写唐朝历史的，咏史的。写唐肃宗中兴的历史，他写完这首七言歌行以后，李清照和了两首，当代人公认李清照的和诗超过了张耒。张耒当时是著名作家，而李清照结婚的时候是 18 岁，她少年时代的作品都写于 18 岁之前。用我们今天的话来说，18 岁是高中毕业的年龄，用我们今天时间段来比拟，她的这些作品就写于高中时代。高中时代的一个女生，她所写作品的优秀程度，就超过了当时文坛上的著名作家，这种天赋是不言而喻的，何况李清照后来的创作也充分显示了这种天赋。

第三点，才是应该着重讲的，就是早期的教育和宽松自由的家庭环境。我们今天坐在这里看这几个字的话，也就很一般化。但是我刚才已经提醒了一点，要把当代与古代区分开来。古代的家庭教育，是专制时代的教育，对小孩管得是非常严格、非常死板的，尤其是对女子。对女子的管教到了什么地步呢？我举一个例子，中国古代戏曲有一个名作叫《牡丹亭》，明朝的汤显祖写的。《牡丹亭》里的主角是杜丽娘，杜丽娘的父亲杜宝是当地的太守，用我们今天的话说是市长。杜宝管教杜丽娘到什么地步呢？不让她见任何的陌生人，自己家的花园也不让去。为什么？因为年轻女子一到花园里边，一看到春天花开了，难免就有心思动了。所以到了春末的时候，有一次杜丽娘偷偷摸摸地跑到自家花园去玩，才有了这个《牡丹亭》里最有名的一支曲子叫"不到园中，怎知春光如许"，然后写了她看到的暮春的景象，可见古人对女子管教的严格程度。

刚才讲的这个《牡丹亭》是文学创作，我再讲个具体的事实，宋朝的司马光。司马光是苏轼的前辈，苏轼是李格非的前辈,李格非是李清照的父亲。司马光曾经写过《家范》,就是家里人应该遵守的规范。司马光在这个规范里是这么规定的,家里的女子不许出中门,家里的男子不许进中门。男子主要是指仆人。如果后堂有什么重体力活要干,怎么办?有重体力活,事先通知,女眷回避。所以古代对女子的管束这么严格,我们要从这样的环境下去想李清照。

对李清照的阅读,有一点不方便,中国古代是一个官本位的社会,官做得越大,生平资料留下来越多。像李白虽然有名,但他没有正式做过官,只在长安待了三年,所以就没有什么人生资料留下来,再有名也不行。李清照作为一个女子,没做官,所以她的生平资料非常少,我们只能从前人留下来的只言片语中,以及李清照自己的创作中,来做一个还原。

讲到李清照这种良好的早期教育和宽松自由的家庭环境,其实我前面已经提到了一个问题了,就是张耒写的作品,李清照和他两首,而且流传开来了。南宋这种流传开来的东西比较多,我们今天看到的少,当时流传开来的应该比较多。所以南宋的王灼会有这样的评价,说她少年的时候便有诗名。我觉得这个问题还是值得谈的,这句话里边包含了什么内容呢?也就是说少女李清照已经出来与外面有交往、有应酬。这种交往应酬是怎么样的?张耒跟他父亲李格非是一辈的人,他们是朋友。也就是说,父辈们交往的时候,李清照的父亲会很高兴把女儿带出来,他觉得女儿有水平,不行就让女儿来写两首。李清照父亲的态度和我刚才讲的司马光的态度,和汤显祖《牡丹亭》里边写的杜宝的态度,就完全不一样。刚才我讲到《家范》,其实不仅司马光,据宋代的文史资料里的记载,宋代好多人写《家范》,规定家里的行为准则是什么,所以宋代才会出现理学,最后到宋明理学。理学对女子的管教是非常非常苛刻死板的,甚至于走到了违背人性的一种极端,这是一个小例子。

我们再来看李清照这首词,这首词大家非常熟悉:

常记溪亭日暮,沉醉不知归路。兴尽晚回舟,误入藕花深处。争渡,争渡,惊起一滩鸥鹭。

这首词一般认为是李清照少女时代的作品,表现了她的活泼。我们先把它当成少女时代的作品来分析,假如说不是李清照少女时代的作品,同样能够说明问题,如果是她结婚以后的作品,那说明她的性格已经形成了。什么性格呢? 我们读这首词,我们不要说这首词文学上的成就多么高,我们去看看李清照的那种环境。李清照是这么说的,"常记溪亭日暮",也就是说,李清照经常外出游玩。当然她这种游玩走得不远,其中有一次给她印象最深,以至于事后经常地回忆起来"溪亭日暮",到底是什么事情让她印象那么深?

第一,喝酒。酒喝到什么地步? 喝到"沉醉"。醉到什么地步? 醉到"不知归路",回家的路都找不着了。今天出去喝酒,回家路都找不着了。为什么会这样? 李清照告诉我们,"兴尽晚回舟",出去玩可以玩到尽兴。

这首词是少女李清照写的也好,或者是婚后的李清照写的也好,一定是她年纪还比较轻的时候写的,因为人长大以后,心态会有变化,她表现出来的性格,还有行为模式都会变化。李清照30多岁后到青州老家去居住,那时的性格与此时就不一样了。所以这首词无论怎么样,都是李清照早年写的。如果是少女时代写的,刚才强调过,李清照18岁结婚,一个高中女生年龄上的女孩子,出去玩可以玩到兴尽,可以玩到天全黑了,酒可以喝醉了,喝醉了不知道归路,这是一种什么家庭的教育? 不要说古代,今天的父母那也是不行的,女孩子出去玩到这么晚还能行? 一般的女孩子玩的时候,玩忘记掉了,玩得高兴,到回家的时候心里就害怕了,怎么办? 回

69

家父母不要骂吗？心里边一定有这种恐惧感。你读李清照这首词，她有恐惧吗？可见李清照出去玩，玩到这个地步回家是经常的，她父母对她是很纵容的。当然也看出那时候的社会治安也不错。"兴尽晚回舟"，她心里很坦然，然后走错路了，走错路了也不着急。迷路了，她发现，"争渡，争渡，惊起一滩鸥鹭"。她发现了新的景色，平时不会到这里游玩的，想不到这里还有别样的景致风光。

从这首词来推测，她回家以后可能还要把这段经历，把自己所看到的景致，学给她父母听，可能说得兴致勃勃，父母可能还赞赏。所以才会成为李清照一段美好的记忆，以后"常记溪亭日暮"，经常地想起这段往事来。如果回家后父母劈头盖脸骂一顿，骂得她很难受，这个美好的记忆将化为乌有。所以从这件事情，从刚才她与张耒的对诗，与她这些词中所写的景况里，我们可以看得出来，李清照的性格是非常开朗乐观的。

我们接下来讲到李清照的许许多多的事情，都可以看得出她的开朗、乐观还有坚强、倔强。现在我们在座的许多都是年龄很大的前辈，大家有非常丰富的生活阅历。你们想想看，人一生中的性格是怎么形成的？开朗、乐观、坚强、倔强，它是怎么形成的？和早年的家庭生活环境非常有关系。国外心理学家的研究认为，人的性格形成在童年，童年、少年时代是起决定性作用的，用心理学上的话说，那时候具有可塑性。当人的性格被塑造定格以后，我们中国有句古话叫"江山易改，本性难移"，这是早年环境起的决定性作用。

李清照的性格，我再来举她的一首作品，来看一看。这也是一首出去游玩看风景的作品，应该也写于早年。她这么写的：

湖上风来波浩渺，秋已暮、红稀香少。水光山色与人亲,说不尽、无穷好。　莲子已成荷叶老,清露洗、苹花汀草。眠沙鸥鹭不回头,似也恨、人归早。

第一句,"湖上风来波浩渺,秋已暮、红稀香少",出去游玩的季节非常特别,在秋末,秋末是万物萧条的时候,但是李清照说,"水光山色与人亲,说不尽、无穷好",这其中体现了李清照的心态是一个方面,但是大家不要平平常常地去看这几句话,要回到中国古典诗歌的抒情传统中。中国古典诗歌的抒情传统是悲秋,一到秋天就悲痛悲苦,"草木摇落露为霜"。《楚辞》里也说了,"悲哉,秋之为气也"。秋天是让人悲苦的,读中国古典的诗词中写到秋天的作品,像杜甫的《登高》就写悲秋的情怀,"无边落木萧萧下",让人痛苦。中国古代的文人写秋天不悲苦的极少,比如刘禹锡写过,"自古逢秋悲寂寥,我言秋情胜春朝"。刘禹锡说自古以来到秋天大家都痛苦,但是"我言秋情胜春朝"。刘禹锡是一个性格特别倔强的诗人,无论经受如何的折磨与打击,都不能消磨他的意志品格,在中国古代历史里,这样的人特别少。中国古代的专制社会,一般都把人揉得像面团一样,所以从屈原开始,中国古代的作家都喜欢自比女人、自比臣妾。像刘禹锡性格这么刚硬,打不倒的是极少的。所以只有极少的性格像刘禹锡这么强的人,才在悲秋的秋天里写出那么开朗的一个作品。宋朝有欧阳修,他写秋天、写秋天的景色,也写得气象欣欣。

女性作家里边就李清照,我拿这首词来说明李清照的心胸开阔,做人乐观开朗。在今天来说,这一点不足为奇,但在古代的环境里边极其难得,李清照的这种家庭环境,可能跟李格非的态度,跟他师门传统有关系。他也是苏轼的学生,苏轼这个人就是比较开朗幽默的,李格非既然能聚集到他的门下,受到苏轼的赏识,性格上也是有共同点的。

关于她的教育，我们还可以从这么一个角度去理解，就是父母宠孩子。父母宠孩子今天有，古代也有，也不应该只有李格非这一家，所以这一点我们还是可以理解的，尤其像李清照如此有才，那让父母看到真的是喜上眉头，是父母的掌中明珠。

第四点，幸福的婚姻生活。这一点对古人来说极其难得，不要说古人，古今中外都极其难得。首先，古代的婚姻是媒妁之言，父母之命，两个人之间完全没有什么相互的了解沟通。结婚以后，女子所承担的是生儿育女，也不存在感情上的空间。生儿育女，相夫教子，所以中国古代女子的婚姻，给她们规定的是嫁鸡随鸡，嫁狗随狗，逆来顺受。绝大多数婚姻是不幸的，与绝大多数相比，李清照就极为难得。

元代的一个笔记里记载，关于李清照的婚姻，有这么一段故事，说赵明诚有一天晚上做梦，醒过来还记住12个字，这12个字叫"言与司合，安上已脱，芝芙草拔"。赵明诚是李清照的丈夫，他的父亲赵挺之是进士出身，做官做到宰相，也是才子，但是人品不怎么好。赵明诚第二天就告诉他父亲这个梦，还记住这12个字，他的父亲给他解梦，说"言与司合"就是"词"，宋词的"词"；"安上已脱"，把那个宝盖头去掉是"女"；然后"芝芙草拔"，把草头拿掉，就剩下四个字叫"词女之夫"。这么说来，你应该娶一个词女做妻子，当代最有名的词女就是李清照，那就给李清照提亲去吧。这显然是个故事传说，元人记载的。这个故事传说说明一个什么问题？最起码说明后人对李清照夫妻婚姻生活的羡慕，说明他们夫妻和美，夫妻恩爱。

历史记载中确实有好多关于他们夫妻和美恩爱的故事，这些故事放到我们当代来说，都是极其难得的。李清照父亲和赵明诚的父亲都是进士出身，这是第一。第二都是山东人,古代人在官本位的专制体制里,要做官,就要拉小圈子。古代拉小圈子有两种基本的手段,一种手段是同年,一起考上进士的同年;再一个是老乡,赵挺之和李格非都是山东人,他们在京师应该已经有所交往,所以才提亲。

李清照这首词毫无疑问写于少女时代了,这首词也是写得非常非常独特,她这么说:

> 蹴罢秋千,起来慵整纤纤手。露浓花瘦,薄汗轻衣透。 见客入来(有的版本写"见有客来"),袜划金钗溜。和羞走,倚门回首,却把青梅嗅。

这首词,上阕写自己荡秋千,荡得很痛快,一直荡到"薄汗轻衣透"。下阕写客人来了,李清照慌忙地逃跑,而且逃跑的时候还有很多细节,跑到门边不走了,她慌忙逃跑的时候慌到什么地步?慌到"袜划","划"就是光着脚丫,袜子踩掉了,头上的金钗也掉下来了,李清照为什么要跑得那么紧张?我前面提到了李格非有长辈来交往的时候,像张未来时,李格非有时候还叫女儿出来,跟人家写两首诗歌,李清照也不是没见过世面,何至于见到客人来了,慌到这个地步,而这种慌张是不寻常的。她用很夸张的话告诉我们"袜划金钗溜",从最后一个动作里边,你可以看得出来,她是有理由的。她说,"和羞走",害羞,为什么害羞?那个来客的身份就非同一般,她说"倚门回首,却把青梅嗅"。这里用了个"青梅竹马"的典故,可见来者是她的未婚夫赵明诚。所以我们就能理解少女李清照为什么慌里慌张地往里边躲,因为害羞!但是李清照"倚门回首",那个动作就显示出李清照与一般的少女不一样,她胆子大。在古代,男女是不允许随便见面的,她非得借一个什么假动作先看一眼。所以在婚前,两家是有所交往的。李清照结婚以后,到了晚年,她写过一篇《〈金石录〉后序》,在这篇《〈金石录〉后序》里,她回顾了自己的婚姻生活,那是李清照自己写的,自己回忆的,那里边写的事情真的是夫妻很恩爱。

李清照刚结婚的时候18岁,她的丈夫赵明诚21岁,两个人正好是3岁的差别。两个人家庭背景相当,是老乡,父亲都是进士出身。在婚姻生活里,我们能够悟出来的一点是,门当户对很重要,门当户对不意味着财产的门当户对,是说文化水平差不多,对生活的细节看法都差不多,家庭里边容易和谐沟通。如果家庭差距很大,文化差异很大,为了生活的琐事天天吵,家庭就不和谐了。李清照夫妇这一点非常和谐,家庭背景、文化背景都差不多。

刚结婚的时候,赵明诚还在学校读书。古代学校都是要住校的,京师的太学,有级别的官员的孩子才可以进去读书。当时赵明诚的父亲已经做到副宰相了。赵明诚住校只有假期才能回家,这个假期还不是我们今天的双休日等假期,有时候是初一,月尾,假期才回到家里。回到家里以后,他们夫妻俩日常消遣什么?逛集市,逛市场。赵明诚喜欢古书、古画、古董,他可以称之为宋代的古董第一大家。显然新结婚的时候,李清照与赵明诚是夫唱妇随,两夫妻一起去逛庙市。李清照一生的好多兴趣都是她丈夫给培养起来的,比如对古董、书画的爱好。

逛庙市的时候,李清照记载了这么一件事情,说有一次她看到了一幅古人的牡丹画,南唐的一幅牡丹画,非常喜欢,爱不释手,想买下来,但是没有钱,两口子一个在读书,女子是没有经济收入的。就说先留在我这里,明天我给你钱。留了一通宵,第二天没办法,夫妻俩苦苦地把这幅画还给了人家。这件事给李清照印象很深刻,她晚年写《〈金石录〉后序》的时候,还把这件事情写出来,可见她当年对这幅画失之交臂的可惜。也从另外一个角度说明,是她丈夫的个人喜好,深深地影响了李清照,也培养出李清照的喜好。赵明诚对古董的喜好,少年就出名的。

我还可以举一个例子,"苏门六君子"之一的陈师道,也很有名。陈师道在外地做官的时候,发现了柳公权书写的《刘公碑》,立刻拓印下来,送给赵明诚欣赏。赵明诚这时候是十几岁的小孩,可见赵明诚对这方面是特别感兴趣的,而且也已经是很出名的,以至于陈师道这样的大家,有新发现,都送过来给赵明诚看,说明赵明诚跟李清照一样年轻时就很出名。

李清照夫妻俩最和美的一段生活,是他们回到山东青州老家居住的这段时间。为什么夫妻俩要回到山东老家居住?在王安石变法后,宋朝的规则是除了科举考试以外,通过学校考试一级级考出来,也可以做官。太学的这种考试叫"三舍法",就是外舍生 2000 名,每个月有好几次考试,最后淘汰剩下 300 名,叫"内舍生"。内舍生再通过多年多次考试,剩下 100 名,成为"上舍生"。上舍考试通过就可以做官,相当于科举,相当于进士出身。赵明诚最后是通过这样的考试去做的官。做官以后,那几年朝廷的政治形势变化很快,当时的宰相是非常有名的一个人物,叫蔡京,副宰相是赵明诚的父亲赵挺之。赵挺之是靠拍蔡京的马屁升上去的,到了副宰相的地位以后,他不满足于自己这个位子,想办法把蔡京赶走了,自己做了宰相。蔡京老奸巨猾、老谋深算,赵挺之跟他还不是一个等量级的。当蔡京被赵挺之撵走以后,才发现是他要阴谋,蔡京又通过手段,重新回来做宰相。赵挺之一看蔡京回来了,知道自己斗不过他,就要求退休。退休以后,连病带恐惧很快就死掉了。死了以后,蔡京还是不罢休,要整赵挺之一家人,就捏造了罪名,把赵挺之的三个儿子(赵明诚是老三)以及他们一家,都抓到监狱里去了,追查有贪污之类的罪名,这些都落实不了。事情过去后,把他们一家全部赶回老家居住,这就是李清照和赵明诚回到青州老家居住的原因。

讲到这里,我还要补充一下,这里涉及北宋末年的"新旧党争",司马光这一派是旧党,王安石这一派是新党,蔡京、赵挺之都是属于新党,赵挺之他们都是王安石改革变法当政的时候,考试选拔出来的,跟他们的政治主见都是一样的。当时的新党领袖是蔡京,第二号人物是赵挺之,那时新旧党争已经非常激烈了,激烈到你死我活的地步,而李清照的父亲李格非是苏轼的学生,苏轼是旧党里边最重要的人物之一。徽宗年间,专门立了一个元祐党人碑,元祐党人碑里三百多个人物,是分类别的,总理级的第一个就是司马光;部长级的第一个就是苏轼,碑上的名字都是这么刻着,立在那里的,所以苏轼是非常重要的人物。换句话说,李清照的娘家和赵明诚家,在两个对立的政治阵营,朝廷三番五次下令,所有的旧党人物以及他们的子女不许在京城做官,也不许在京城居住。当然这里肯定是指做官的男性。女子出嫁以后,就出嫁随夫。这个规定也就明白地告诉我们,李格非这一家要被驱除出京城的,就是李清照的娘家不能在京城居住了,要被赶走。

娘家与公公家如此对立,这个过程中一件事情就凸现出夫妻的感情和美。赵明诚是政治立场上站到妻子这一边。赵明诚喜欢收集古董字画,他也喜欢当代人的字画,喜欢苏轼和黄庭坚的,苏轼和黄庭坚在宋代当时都是非常著名的画家,两个人还互相开过玩笑,黄庭坚的字写得比较扁一点,苏轼说你的字怎么像癞蛤蟆给大石头压掉一样。苏轼的字写得瘦长一点,黄庭坚反过来开他玩笑,说你的字怎么像蛇挂在树梢上一样呢? 他们在当代都是很有名的,赵明诚特别喜欢苏轼和黄庭坚的字,而朝廷规定凡是苏轼、黄庭坚的字,看到立刻要烧掉,要销毁。

也就是说,赵明诚从各个方面都表现出与他父亲不一样的政治立场。苏轼的另外一个学生陈师道写给朋友的信里边,写到这件事情说,赵明诚因为政治立场跟他父亲不一样,父子不和睦。也就是说,在这一场娘家人都被赶离京城的政治的急风暴雨中,李清照虽然独自留在京城,但是有丈夫为她庇护挡风,生活上相对也是安稳、安心、和美的。

李清照的性格是洒脱的、自在的,不喜欢官场拘束,她回到青州,觉得更好。她当时把自己青州的家取名为"归来堂",用陶渊明的《归去来兮》里的词。李清照号"易安居士",她的"易安"也来自于陶渊明的《归去来兮》,叫做"倚南窗以寄傲,审容膝之易安"。李清照完全是以陶渊明那种"采菊东篱下,悠然见南山"的生活来自我比照,希望过那样的日子。这时候经济状况改变了,因为朝廷政治斗争变化很快,很快赵家这三个儿子没问题了,没问题就意味着可以拿工资了。

宋代的官制是这样的,它是做官和具体干事情分开来的,官就是官,具体干事情叫差遣。如果没有差遣,做官就可以拿工资。赵挺之三个儿子恢复做官的身份以后,就可以拿工资了。比如说,苏轼做杭州太守的时候,他当时的官是兵部尚书,但是他的差遣是杭州太守,要分开来的。

这时候,赵明诚有经济收入,不需要干事情。两夫妻在家里的日子过得非常快乐。据李清照自己的记载,有时候出去山东青州周围,访亲走友。丈夫赵明诚还是喜欢买古董,尤其是古书的各种版本都买下来,然后用一个个橱子装起来,装起来后还上锁。这一点夫妻俩的兴趣多少是有点差异的。由于赵明诚把古书保护得特别严格,李清照在她的回忆录里用了这么三个字，叫做"余不耐"。意思是我有点不耐烦了，那太过分了，说明这夫妻俩这个喜好上是略微有点差异的。

李清照还记载了夫妻日常的一个消遣，就是吃完饭以后泡茶，大家喝茶消遣。在消遣的时候，夫妻俩的一个游戏是背书，我背个典故，你就告诉我在哪本书的第几卷第几页，谁要是说不出来，就输了，不许喝茶，赢的人可以喝茶。李清照记载，每次赢的都是她，说明李清照的才华、记忆力超过她的丈夫。然后李清照写到，每次他们都笑得茶都扑掉了，喝不下去了。

从李清照夫妻和美的家庭关系中，我们可以看出赵明诚是一个非常好的人，跟妻子比赛总是输，他还比，为什么？因为他宠他的妻子，如果他有点大男子主义思想的话，比输了，觉得下不了台，或者恼羞成怒的话，下次就不做这个游戏了。从李清照的许多记载里看到，赵明诚是一辈子宠他的妻子。现在留下的资料里有这么一条，说李清照 31 岁的时候，丈夫赵明诚给她题字，说李清照是"清丽其词，端庄其品，归去来兮，真堪偕隐"，说李清照的词写得很清丽，外表人品都很端庄，和这样的妻子一起去隐居，真的是很好。这是李清照的丈夫对她的一个评价。

当代的婚姻都说七年之痒，时间久了，产生了审美疲劳，夫妻之间就厌倦了，没有感觉了，但是李清照的婚姻不是这样，我可以用几个事例来做这个明证。

第一是赵明诚在青州闲居 10 年以后，快到 40 岁的时候又出去做官，他到山东莱州做太守，就把李清照接到自己做官的地方。赵明诚喜欢古董字画，他把古董、古书、古画买下来以后，有个习惯，每一件东西买下来以后，都会写一行字记一下，我是什么地方买到的，是怎么回事，当时的心情是怎样,大概写那么十几个字、二十来个字记一下。有一幅字,他有这样的记载:这是唐朝白居易手写佛经,见到白居易的真迹那是不容易,宋代隔一代见到了。这次赵明诚出任太守,用我们今天的话说叫"下基层"。他下基层时,在农村的一个村民家里看到一块石碑。他把上面的字拓印下来后,有这么一段的记载,说自己骑马狂奔回家,跟李清照一起看。可见李清照在他心目中的地位,发现个好东西,下基层的工作也不干了,赶紧回家给妻子看看,互相欣赏一下,这是一件事情。

再一件事情,他们南渡到了江南,这时候赵明诚任职相当于今天的南京市市长。南京市在南宋时有个特殊地位,在长江边上,是江防第一线,是前线重镇,长江对面就是金国,又是在南渡初期兵荒马乱的战争岁月,防务公务非常繁忙。有这么一条记载说,李清照那时每逢大雪天,一定要循城觅诗,下雪的时候,李清照就出去找诗兴写诗,写诗以后回家,一定要赵明诚和她一首。宋人笔记记载说,赵明诚"每苦之",每次都感到很痛苦。因为赵明诚,第一,他写诗歌才能不如妻子,他喜欢的是金石古董。第二,公务繁忙没时间。但是"每苦之"说明什么?"每苦之"说明一个问题,夫妻真的是很恩爱。虽然每次都很痛苦,但他每次都写。否则的话,拒绝了,发脾气了,说,我忙都忙死了,你还来烦我。如果发一次脾气,李清照就不可能再找她丈夫去写了。"每苦之"说明每次他都在写,此时已经距赵明诚去世不远了。赵明诚去世时,李清照44岁,赵明诚47岁。就是说,在这个年龄段,可见赵明诚对妻子还是很宠的,妻子有要求,他就答应。哪怕是很痛苦的应酬,他也要去做。

其实早年赵明诚跟妻子互相诗词往返比赛的事情还有很多,比如说,他开始刚刚离开青州去外地做官,还没有带家眷,李清照还留在青州。李清照的很多词写于这个阶段,写她与丈夫分离时的心情。因为此前他们夫妻分开的时间极少,这段分离的时间,产生了不少著名的作品。

再比如有一次,赵明诚做官的时候,接到家里的妻子寄来的一首词,读完以后很感动。于是赵明诚不上班了,闭门造车,三天三夜,写了50首《醉花阴》,然后把李清照这首《醉花阴》拿过来,把它混到里边,叫他一个很有文才的朋友叫陆德夫的,说你来读读看,这50多首作品都是《醉花阴》,你看看写得好不好。陆德夫一首首读下去,读完以后说,写得真好,"莫道不消魂,帘卷西风,人比黄花瘦",写得真好! 可见赵明诚写了半天,最后写得最好的一首,还是李清照这首作品。可见在李清照、赵明诚早年的夫妻生活中,两个人经常比来比去的,比背诵、比写作。

到了南渡以后,公务繁忙的时候,赵明诚真的是比不过妻子,他自己也明白了,但是他虽然"每苦之",每次还去写。可见他们夫妻是和美一辈子的。

李清照还记载了这么一件事情,这件事情我们还是得用古代的眼光来看。李清照说,赵明诚临终的时候,把所有的家产都交给她一个人,没有分给他的小妾。要注意,宋人娶妾那是最正常的,不娶妾是不正常的,所以你不能用今天的眼光去看,说赵明诚有小妾,就说他们夫妻感情怎么样。李清照在《〈金石录〉后序》里用了个典故,说她的丈夫"殊无分香卖履"之意。用的是曹操的典故,曹操临终时,把好多财产分给小妾们,让她们以后生活自理。李清照说,赵明诚临终的时候,根本没有这个意思,把财产都交给她一个人。所以他们的夫妻感情是维持一生的,这一点在古代社会太难得了。

李清照做人性格这么开朗,这么大方,这么坚强倔强,她的性格形成跟她的婚姻生活是有关系的。李清照结婚的时候是18岁,性格还没有完全定型,不要说古代,如果我们往前推七八十年,女子婚姻生活是怎么样的?我们从文艺作品或者电视剧里都看到,做婆婆的是非常凶恶的,为什么善良的女子到最后都变得这么凶恶?中国有这么句俗话叫"十年媳妇熬成婆",因为她自己受过摧残,所以最后也变态成这么恶,整年轻人。《红楼梦》里的贾宝玉也发感慨,女人都是水做的,怎么一结婚就变了呢?这是制度决定的,好多人结婚以后,十几岁的孩子本来是父母掌上明珠,出嫁以后,要看公婆的脸色,看丈夫的脸色,小媳妇的地位环境,把她打磨、摧残成恶婆婆了。但李清照没有,李清照到了婚姻生活里,还是很顺畅,这就让李清照这种健康开朗的性格得以顺利发展,最后定型,所以李清照才有如此强的个性,才有今天的李清照。

从文学的角度说,作家的个性越鲜明,作品越有特色,成就就越高。中国古代为什么数千年历史出不了第二个李清照?像李清照这样天赋的女子还有,像这么宠爱李清照的家庭环境也可能有,但是李清照的婚姻就极其难得了,要把这种天赋、家庭背景和婚姻三个因素同时集中到一个人身上,那就太难了。

还有第五个方面,人生经历,人生阅历。人生阅历是文学走向高峰的一个必要条件,如果作家的人生阅历很一般、很简单的话,他的文学作品无论如何写得也不会太好。比如,唐朝的一个著名诗人孟浩然,他40岁以前在家乡襄阳隐居,40多岁到长安去求官,但没有结果。于是又回到家乡,继续隐居。孟浩然是非常有天赋的,但是他的生活道路太单一了,所以他的诗歌成就在唐诗里边相对不会太高。苏轼对孟浩然有这样的评价,读孟浩然的诗歌,十首以上就乏味了,因为内容都是差不多的隐居风景，都是一些很清新的、很清淡的画面。原因是孟浩然的生活体验太少，人生阅历太少，基本上只过一种生活，就是隐居。

李清照如果陷于闺中的话，一生就这么安安稳稳地过她的幸福婚姻小生活，那我们读到李清照的词，也就是刚才讲的《一剪梅》《醉花阴》，"此情无计可消除，才下眉头，又上心头"，"帘卷西风，人比黄花瘦"，"一种相思，两处闲愁"，大概就这样的句子了。但是李清照碰上了国破家亡，碰上了背井离乡，碰上了中年丧偶，这一系列经历又不是他人所能遇到，谁一辈子还能碰到国破家亡啊？那么李清照中年的时候，金人入侵，夫妻逃难，首先是赵明诚的母亲逃难到了南方，到了南方以后，他母亲病重，其实也是到了北宋快要灭亡的混乱时期了。赵明诚去看望母亲，也趁机逃难了。我们今天还有李清照南渡题材的绘画。逃到南京之后，以赵明诚的才能，只是一个文人，其实是不擅长做官的，所以在南京做官的时候，也有一个丢脸的事情，这个脸还丢大了。南渡初年时，高宗完全没有个人背景，没有个人势力，他的身份就是皇帝的儿子。他当时要重新建立朝廷是很难的，因为这个原因士兵的叛乱接连不断地发生。

赵明诚在南京做官的时候，就发生了这类事情。手下军队的军官向他报告说，有一批士兵要叛乱，怎么处理？当时赵明诚已经接到调令了，他在这里任期已满，要调走了。所以他就置之不理，结果当天夜里，就发生了士兵叛乱，发生以后赵明诚怎么处置？逃跑，逾墙逃跑。赵明诚临阵脱逃，那是有罪的。所以赵明诚就受到了朝廷的处罚——免职，官全部免掉。官免掉以后，这两夫妻反而轻松，又想找个地方去隐居了。

夫妻两在路途中，接到了朝廷新的指令，因为南渡初期时,兵荒马乱,朝廷缺人。他们接到新的指令说,赵明诚还是到一个地方去做官。宋朝以及好多朝代都有这样的规定,如果朝廷派你到地方做大员,一般要先到朝廷去面见皇帝,然后再走。所以赵明诚要立刻赶回到南京,这时候宋高宗还在南京,还没有定都临安。走的时候很匆忙,李清照很详细地记载了这段历史,说李清照还在舟中,赵明诚已经上岸骑马了。李清照情绪特别坏,在这兵荒马乱混乱的年代,我一个女人带着那么多的东西,你自己走掉,我怎么办?李清照就在船里边叫,说碰到战乱时,我怎么办,我怎么带这些东西?她的丈夫就在岸上告诉她,先把衣服扔掉,先把家里的钱财扔掉,书要保留下来。李清照说,如果更加混乱,我怎么办?赵明诚就说,那把那些版本时间比较近的,当代的版本,质量不好的再扔掉。赵明诚因兵变逃跑被免职,路途奔波,再回到南京,古代的卫生条件、医疗条件也不行,所以赵明诚回到南京就得病了。信带到李清照那里,把赵明诚的药方都带过来了,李清照知识面很广,一看到药方说完了,这个药正好使病情加重。果然李清照赶到南京的时候,赵明诚已经病危了,很快就去世了。李清照又碰见了中年丧偶。

中年丧偶以后,李清照后期的生活经历就比较凄惨了。我举一个她生活中的小事例。李清照逃难逃到了浙江金华,租人家的房子住,房东姓钟。这时,李清照身边还保留着她丈夫收集的金石古董,大约七八箱。她有一天早上起来发现,房子的墙壁被挖了个大洞,东西被偷走了五六箱。这不仅仅是古董或钱财的问题,这些东西都是很有纪念意义的,寄托着李清照对去世丈夫的一方哀思。李清照特别痛苦,想不到不久房东来了,说我家里有些古董要卖,你要不要?李清照一看就是从我这里偷走的,李清照说她没有经济能力,只能买回来一少部分,李清照就写了这件事情。

租人家的房住,房东就公然偷她的东西,就这么欺负上门来。这件事情李清照在《〈金石录〉后序》里记载,给后人印象很深刻!后代也有好多李清照的粉丝,其中一个铁粉是明朝的宰相张居正。他在处理公务时,下面有一个办事员给他递交材料。宰相也是个多才的人,一听口音,就问他是哪里人,他说我是金华人。宰相又问,你姓什么?那人说我姓钟。宰相立刻脸色全变,那个办事员也是学识很渊博,他立刻说,我与那个偷李清照家的姓钟人不是一家人,我是外地迁居过去的。宰相不说话,办事员走了以后,宰相下令把他赶出去不要了,因为他气不过金华姓钟的人。换言之,到了异代的时候,李清照的事情仍然给后人印象如此之深刻。

　　李清照中年以后经历非常坎坷,我们现在从史料记载没有发现李清照有子女。李清照从长江以北的山东老家,逃到了长江以南,国破家亡,家乡沦亡,背井离乡,中年丧偶,晚年无子女,而且在社会上处处受欺凌。有了这些经历,我们才会读到她"寻寻觅觅,冷冷清清"这样的作品,非常凄苦。她早年写的作品无论怎么夫妻分离,怎么痛苦,都写不出那种绝望的痛苦。我们去看她的《一剪梅》,她写分离写分手,有这样的句子,"雁字回时,月满西楼"。意思是,夫妻还会团聚的,她会有希望的,她会有渴望、有等待的。但是到了中年以后没什么可等待的了,那种痛苦悲苦到极点了,家乡沦亡了,丈夫去世了,晚年寡居,孤独一人,凄凉悲哀,"寻寻觅觅,冷冷清清,凄凄惨惨戚戚",这种经历把李清照的创作推上新的高峰。

　　综合上述五点,词的特殊文体,李清照的天赋,她的家庭教育环境,她的婚姻生活和中年以后的经历,把这五点因素都集中在一个人身上,古来今往只出了一个李清照。这就是李清照为什么能够成为中国古代最杰出的女作家,和任何男作家媲美的原因。

　　下面我再简单地提一下李清照的性格是如何地与众不同。她前期的家庭环境打造了她的个性,婚姻生活使她的个性成熟成型。她的性格是很有个性,个性强到什么地步? 看看李清照写的《渔家傲》。《渔家傲》应该是南渡以前写的,这个时候她还是心高气傲,晚年经历很多人生磨砺,性格会有点不一样。她说,"天接云涛连晓雾,星河欲转千帆舞。仿佛梦魂归帝所,闻天语,殷勤问我归何处?"李清照想象自己是天上的星宿下凡,回到天上是她的老家。这样的自信,中国古代的人一般是不敢这么说话的。敢这么说话的是苏轼,"我欲乘风归去,又恐琼楼玉宇,高处不胜寒"。还有李白,李白有首诗这么说的,"大鹏一日同风起,扶摇直上九万里",把自己比作大鹏,庄子《逍遥游》里说的鲲鹏,大鹏。李清照这里也这么说,"九万里风鹏正举。风休住,蓬舟吹取三山去",也是用大鹏自比。中国古代是男权社会,像李白这样性格奔放浪漫的诗人才会写道,"大鹏一日同风起,扶摇直上九万里,假令风歇时下来,犹能簸却沧溟水"。接下来李白这么说的,"世人见我恒殊调,闻余大言皆冷笑",当时的人看我这么胡吹说大话,都笑我。说明李白作为一个男性作家这么说,也还有人笑他,而李清照一个女子却敢这么说。

　　李清照的个性还有些具体表现,第一,在新旧党争里边,她甚至写诗歌批判她的公公。用今天的眼光来看大逆不道,她公公做到宰相,政治品德不好,整人,李清照用这样的诗句来写他,叫做"炙手可热势绝伦,慎莫近前丞相嗔"。这首诗她用的是杜甫的《丽人行》的典故,杜甫《丽人行》是写给唐朝带来巨大灾难的宰相杨国忠的故事,杨国忠是宰相,赵挺之也是宰相,典故用的身份很恰当。也就是说李清照用这个典故,把她的公公比作历史上的大奸臣。今天的儿媳妇要这么写的话，我估计大家一致骂儿媳妇，不会说公公。公公再坏，也不能这么写，可见李清照的个性多鲜明。

我刚才讲到国家兴亡，匹夫有责。李清照作为女子也关心国家大事，这个在古代女子里也很少见。

还有李清照写的《词论》，她写的《词论》里，从苏轼、秦观、黄庭坚，到前面的王安石、晏殊、欧阳修，一个个批评，觉得他们的创作都还有缺点。我们今天看李清照批评得都很对，但是要换个角度来想，如果今天有一个文坛刚刚有点名气的女作家，30多岁，写一篇文章把茅盾、巴金挨个批评，我们会怎么说？我想是要给网友拍砖拍死的，太狂了。但李清照就敢，这性格多牛。

李清照一生做的最出格的一件事情是改嫁。我刚才讲到，李清照晚年生活很凄惨，大家会问李清照怎么可能会这么凄惨？我把她这个家世背景摆一摆，古代人的婚姻基本上也都是官宦家庭互相门当户对的婚姻。赵明诚去世了，赵明诚的两个兄弟，我不报他们原来的官职了，我用今天的官职来比拟他，一个做"中央政府秘书长"，一个做"广东军区司令"。赵明诚的一个妹夫做"国防部副部长"。李清照自己家的亲戚朋友也很多，连皇帝的一个妃子都是李清照的亲戚，古代一到春天，要写春联，在自己住的房子前贴，宫廷里也都要写，其中一个妃子是李清照的亲戚，经常叫李清照代笔来写。甚至什么呢？李清照生活的南宋时代有一个宰相，名声很坏，但是权力很大，做了18年的宰相，就是秦桧。秦桧的夫人姓王，李清照的母亲也姓王，她们是至亲。想想看，李清照的母亲是当时宰相的孙女。李清照母亲的祖父，在北宋时做过宰相，她家的亲旧故朋遍布朝野，随便都是高干，李清照是高干的后代，至于被欺负到这种地步吗？其实是跟她改嫁有关系，否则她不至于这么凄惨。

李清照 44 岁丧夫, 49 岁改嫁。李清照改嫁我认为是她个性的一种表现。首先古代从《礼记》里提出来, 女子要从一而终。"从一而终"要成为社会的一种普遍现象, 还是需要时间的。尤其是在南北朝异族入侵, 民族交融的时候, 好多外地风俗传过来, 到了唐朝, 女子改嫁很普遍。到了宋代就不一样了, 宋代就倡导女子不能改嫁。人们有个统计, 唐朝皇帝的女儿, 死了丈夫都改嫁的, 宋朝皇帝的女儿只有一个改嫁, 而且是北宋初期, 越到后来就越严格。古代女子没有经济收入, 丈夫死了, 就守寡了, 她没有经济收入, 要饿死的。所以, 有人对宋明理学开山祖之一程颐说, 你的观点太过分了, 不让女子改嫁, 女子没有经济收入, 她不改嫁, 她的生活问题就没办法解决。程颐的回答是历史上非常著名的一段话, 叫做"饿死事极小", 死了就死了, 没关系的; "失节事极大", 女的就是饿死, 也不应该改嫁。他是这样一个观点。所以到了北宋后来, 女子改嫁越来越少。

　　李清照在这种氛围里敢改嫁, 我个人认为李清照的改嫁, 正好是与她的美满婚姻有关系。如果女子结婚以后, 一生的家庭生活很不幸, 经常遭受家庭暴力, 丈夫死了以后, 她还敢改嫁吗? 我们知道今天, 现在武汉还有这样一个女子的组织, 就是遭受家庭暴力离婚以后, 这帮女子聚集在一起, 再也不嫁人了。但李清照的婚姻家庭很美满, 丈夫死了以后她非常痛苦。赵明诚去世, 李清照大病一场, 病得自己也快死了。身体恢复过来以后, 过了五年, 李清照以她的个性, 她有对生活的追求, 有过美满的婚姻生活, 她对婚姻寄予了一份希望, 所以我说她的改嫁是非常有个性的。在当时基本上改嫁越来越少, 改嫁要受到社会鄙视的时候, 李清照改嫁了。我觉得李清照改嫁是她非常光辉的一面, 有个性、有追求, 在古代社会不同寻常, 只有如此的不同寻常, 才能写出那么不同寻常的文学作品来。但是李清照这次改嫁很不幸，嫁错人了。

李清照改嫁时49岁了，我们说婚姻大概需要三个条件，第一感情，第二外表，第三财产。古代男女不像今天这么交往，社会环境不允许，没有感情，那就只有外表和财产。李清照49岁了，也是无色可贪了，剩下只有财产。李清照的财产是让人产生很多非分之想的，它是什么？古董！价值连城的，那种古董的价值是让人垂涎的。所以这里就讲到李清照的古董怎么一次次丢失的。

我举一个例子，就可以知道这个李清照一家人的名声，尤其是她丈夫的名声多么大。南渡以后，稍稍安定了以后，高宗皇帝向全国下诏，你们把手里保存的古本图书送到国家，我们一本一本抄一下，原本还给你，我要重新建立国家图书馆。如果你的书送过来很多，版本送多了，我还可以让你做官，有奖励。皇帝给全国下了这样的诏书，过段时间，高宗特别给赵明诚家下诏书，你家要给朝廷送书过来。可见他的收藏到了什么地步，有多么大的名声。李清照一生，人家一次一次贪图她财产的事情还很多，所以李清照最后一次婚姻，我个人推测对方是贪财。

因为古代的社会环境不允许女子和男子有多少交往，所以李清照被对方的甜言蜜语所欺骗，结婚了。结婚以后，以李清照的冰雪聪明，很快发现对方是个市井小人，是奔着我的钱来的。李清照可能就把着她的东西不放，然后她就遭受了家庭暴力。她自己的一封信里有记载，说到她的遭遇，但李清照是非同寻常的女子，她不是逆来顺受的人。李清照的第二个丈夫是在军队里做财务工作的，李清照就找了个机会，告发她丈夫。李清照的第二次婚姻只有100天就离婚了。宋代规定，妻子告丈夫，子女告父母，是违背伦理道德的，自己首先入狱三个月。李清照是宁愿自己进监狱,也要离婚。这在嫁鸡随鸡、嫁狗随狗的古代,也是非常独特的,所以就出现了李清照的这封信。李清照家的亲旧故朋,遍布朝野,朝廷里边随便哪个大官不是跟她家有点亲戚关系。当时吏部尚书也是李清照家的亲戚,觉得李清照进监狱丢脸,就想办法让李清照免除牢狱之灾。李清照写了一封信感谢他,在这封信里,她就回顾了第二次婚姻的经历。

李清照第二次婚姻的失败是由于条件不许可,认错人所致,我觉得她的出发点是值得肯定的,是为了追求个人的幸福。但是李清照的第二次婚姻,给她带来的真的是后患无穷。李清照经过第二次婚姻以后,赵明诚家谁还认她?谁还愿意与她交往?以李清照的心高气傲,她自己也不会回去找人家去。不要说赵明诚家,李清照自己娘家亲戚也觉得丢脸,出了这种事情,谁还跟她交往?除非她的父母还在世,不会计较女儿的行为。如果不是她的父母,远一点的亲戚,谁还跟她继续交往下去?李清照晚年之所以生活这样孤苦凄惨,谁都可以欺负她,我个人认为与她的改嫁有绝对的关系。

宋朝所有的资料,无论是史书也好,还是笔记也好,都有记载,一致记载李清照改嫁。

还有个观点,就是有人否认李清照改嫁,是谁开始否认的?明朝人开始否认,他们否认的理由是什么?说李清照与丈夫关系那么好,怎么可能改嫁?李清照是宰相的儿媳妇,怎么可能改嫁?他们这些理由,没有一条史料可以证明,所以李清照改嫁是铁板钉钉,但改嫁给她带来的生活折磨也是很多的,以至于晚年如此孤苦。

最后提一点,李清照有个性的地方,写男女感情大胆,在古代也是大逆不道的。我们今天看来,这些话都很正常,"一种相思,两处闲愁",古代男子这么写都不行,更何况是女子,所以《碧鸡漫志》说她是"闾巷荒淫之语,肆意落笔。自古缙绅之家能文妇女,未有如此无顾及者"!评价什么呢?是说有这个家庭背景出身的女子能写诗词的,还没有见过李清照这么不要脸的。什么话都说,这就是李清照的大胆。李清照如果不是这么真诚地、坦率地暴露自己的情感,那历史上就没有这样的优秀的女作家了。

（讲座时间:2012 年 9 月）

邓小军

杜诗:神韵与诗史的融合

邓小军,首都师范大学文学院教授、中国古代文学专业博士生导师。长期从事魏晋南北朝和唐代诗作的教学与研究。著作:《唐代文学的文化精神》《儒家思想与民主思想的逻辑结合》《诗史释证》《唐诗说唐史》等。论文:《陶渊明与庐山佛教之关系——兼论〈桃花源记并诗〉》《永王璘案真相——并释李白〈永王东巡歌十一首〉》《杜甫〈北征〉补笺》等。

神韵是唐诗的特色，通常认为是出现于写景。诗史是杜诗的特色，是反映当下史、时事的诗。

杜诗写景，本来具有神韵。杜甫诗史的审美，包括叙事、微言、风骨等，也包括神韵与诗史的融合。

本文旨在讨论杜诗的神韵，尤其是神韵与诗史的融合。敬希读者指正。

一、神韵的特点与范围

1. 神韵的特点

神韵一词，最早出现于南北朝人物品评及绘画理论。如《宋书·王敬弘传》："神韵冲简，识寓标峻。"南朝齐谢赫《古画品录》："顾骏之神韵气力，不逮前贤。"追溯南北朝人物品评的渊源，可以上溯到东汉清议和魏晋清谈的人物品评的传统。神韵一词最早出自人物品评，值得留意。

中国画论、诗论关于神韵的理论，实际相互影响。

神韵是中国诗论的核心理念之一。称为之一的原因在于，诗史，"以一国之事，系一人之本"（《诗大序》），也是中国诗论的核心理念之一[①]。

中国诗论关于神韵的主要论述，见于南宋严羽《沧浪诗话》。

现将中国诗论、画论关于神韵的最主要论述援引如下。

齐沈约《宋书·谢灵运传论》："灵运之兴会标举。"

唐王士源《孟浩然集序》："浩然文不为仕,伫兴而作。"

刘全白《唐翰林李君(白)碣记》："往往兴会属词。"

唐张彦远《历代名画记》卷一《叙画之源流》："至于鬼神人物有生动之可状,须神韵而后全。"

朱景玄《唐朝名画录序》："拙目以张怀瓘《画品》,断神、妙、能三品,定其等。格上中下,又分为三。其格外有不拘常法,又有逸品。以表其优劣也。"②

皎然《诗式·用事》："象下之意。"

司空图《与极浦书》："象外之象。"

宋严羽《沧浪诗话》："诗之品有九:……其用工有三:……其大概有二:曰优游不迫,曰沈着痛快。诗之极致有一,曰入神。诗而入神,至矣,尽矣,蔑以加矣!惟李、杜得之。他人得之盖寡也。"

又曰："盛唐诗人唯在兴趣,羚羊挂角,无迹可求③。故其妙处莹彻玲珑,不可凑泊,如空中之音,相中之色,水中之月,镜中之象,言有尽而意无穷。"

依据严羽《沧浪诗话》以及相关中国诗论、画论,神韵的特点可以归纳如下:

第一,兴会之作。

往往是伫兴而作,决非为文造情。

严羽所说的"兴趣",实际就是沈约、王士源、刘全白所说的"兴会""兴"。

笔者以为,兴会有大小,可以是纯粹美感,也可以是包含

94

有很深感动的美感。

第二,描写非常传神。

包括两点,一是诗中有画,二是画面描写生动传神、出神入化,至于神品。

张彦远所说的"神韵",严羽所说的"入神",是从画面、形象本身的角度,指画面、形象描写生动传神、出神入化。朱景玄、严羽所说的"神品",是从艺术等级的角度,指画面、形象描写所达到的很高艺术品位。

第三,有韵致。

有象外之象、象外之意;如羚羊挂角,无迹可求。

象外之象、象外之意的第一个"象",指诗歌描写的画面、形象。象外之象的第二个"象"(第二画面),象外之意的"意",都是隐藏在画面之外。

"无迹可求",指象外之象、象外之意无一字直说,是通过画面加以暗示。

画面与象外之象、象外之意之间,具有相关性,包括因果关系、联想关系,或隐喻关系等。

笔者以为,象外之象、象外之意,可以有其中之一,也可以兼而有之。

无论大家、名家,一集之中,神韵之句,亦不可多得。神韵之句,画龙点睛,照亮全篇,往往是诗中一两句。神光聚照,有时尤在于句中一两字。当然,杰出之诗,一首诗中多次出现神韵之句,也是有的,如《西洲曲》《春江花月夜》,其例极少。

2.神韵的范围

《四库全书提要·渔洋诗话》:

(王)士禛论诗,主于神韵。故所标举,多流连山水,点染风景之词。④

95

诗中神韵，往往出现于写景。因为触景生情，是兴会的主要来源；自然万物，是兴象的主要资源。不过，神韵并不是仅限于写景。

早在唐代张彦远《历代名画记》中出现的"神韵"一词，就是用于人物画的品鉴。事实上，人物画可以有神韵，写人的诗，诗史，也可以有神韵。写景的诗可以有神韵，写人的诗，诗史，也可以有神韵。陶渊明《归园田居五首》其一"暧暧远人村，依依墟里烟"，是写景而有神韵，其三"晨兴理荒秽，带月荷锄归"，以及《饮酒》其五"采菊东篱下，悠然见南山"，则是写人而有神韵。《春江花月夜》"月照花林皆似霰"，"空里流霜不觉飞"，是写景而有神韵，"昨夜闲潭梦落花"，则是写人而有神韵。杜甫《月》"四更山吐月，残夜水明楼"，是写景而有神韵，《梦李白二首》"落月满屋梁，犹疑照颜色"，则是写人而有神韵。王维《使至塞上》"大漠孤烟直，长河落日圆"，是写景而有神韵，此二句诗，同时是以平安火暗示当时广大边塞平安无事⑤，则又可说是诗史而有神韵。

二、杜诗写景之神韵

杜诗写景，继承了盛唐诗的传统，自有神韵。

1. 岱宗夫如何，齐鲁青未了

杜甫《望岳》：

> 岱宗夫如何，齐鲁青未了。
>
> 造化钟神秀，阴阳割昏晓。
>
> 荡胸生层云，决眦入归鸟。
>
> 会当凌绝顶，一览众山小。

"岱宗夫如何"。"岱宗"，指泰山，因为"泰山为四岳所宗"⑥，"泰山为五岳之长"⑦。"夫"，是发语词，本来应放在句首,杜甫倒装之放在句中。何以故？因为五言诗句法结构,是上二字、下三字。"夫"字是单字,如果放在句首,上一下四,就成了散文句法,不合诗句节奏。放在句中,则合于诗句节奏,珠圆玉润。诗人句法灵活变化,读者熟能生巧,巧就是能够鉴别。

"岱宗夫如何",诗言泰山是如何样？当头一大提问,气势非凡,显然,下句必须是一个杰句,给出非凡的答案,才配得上头句,否则此诗就逊色了。且看青年杜甫的本领如何。

"齐鲁青未了。""齐、鲁",先秦两国,今天山东。"青",绿色。"了",完毕。梁顾野王《玉篇》卷三〇"了":"讫也。"卷九"讫":"毕也。""未了",就是未完。诗言天际一抹青绿的颜色,起伏绵延于齐鲁两国大地而未完——那就是泰山。"齐鲁青未了",鲜明如画,神韵全出。神韵之妙在于,一抹青绿空灵淡宕,却包含着泰山的气势磅礴;一抹青绿绵延未完,则写出了泰山山脉的远大。写出泰山气象,神韵淡而弥永。

"造化钟神秀,阴阳割昏晓。"此二句,字面借用《列子·周穆王》:"造化之所始,阴阳之所变。""造化",指大自然。"钟",凝聚。《玉篇》卷一八"钟":"聚也。""阴阳",此指日月。"昏晓",指代昼夜。上句赞叹造化将天地灵秀之气都赋予泰山,下句言泰山之大,有的地方还是月夜,有的地方已经日出,一山之中,判然分割开了昼夜。此仍然是写泰山之大,但是与第二句并不重复,远望和昼夜的角度不同,看山的趣味也不同。

"荡胸生层云,决眦入归鸟。""荡胸",胸中激荡,语本汉张衡《南都赋》:"湆水荡其胸。"

"层云",即云海。语见汉蔡邕《隶势》:"层云冠山。"魏王粲《杂诗四首》其三:"毛羽照野草,哀鸣入层云。"晋陆机《泰山吟》:"泰山一何高,迢迢造天庭。峻极周已远,层云郁冥冥。"

"决眦",睁裂眼眶,形容张大眼睛。典出汉司马相如《子虚赋》:"弓不虚发,中必决眦洞胸。"

列举杜诗语典出处,可见对于有韵致、有神韵的诗,用典是锦上添花,无损诗歌的韵致、神韵,而是平添诗歌的雅致,渊雅气息,甚至韵致,平添遣字造句的分量,即旧时作诗所说的"镇纸"。读古诗,要了解用典。顺便说到,古代汉语的字、词汇,像一条河流流到今天。像空气、水分,我们生活在其中而不自觉。我们今天使用的绝大部分汉字、词汇,来自古人。例如上面杜诗"如何""了""造化"等词汇,就一直沿用到今天。

"荡胸生层云",言远望泰山云海荡漾,自己胸中也为之而激荡。"决眦入归鸟",言睁大眼睛,一眨不眨,久久目送归鸟飞向泰山,直到飞鸟渐飞、渐远、渐小,渐渐融化在泰山云海之间。此句传神地写出青年杜甫对泰山的神往。

"会当凌绝顶,一览众山小。"二句典出《孟子·尽心上》:"孔子登东山而小鲁,登泰山而小天下。"

诗言自己终将登临泰山绝顶,一眼俯瞰群山,都在自己脚下。尽管杜甫此刻只是远望泰山,实际上他所受到的泰山给予的洗礼,已经是和登上泰山一样了。

杜甫《望岳》与王维《终南山》,同是五言诗、写名山,具有可比性。因此可以比较双方同写山之远大的句子。

王维《终南山》:

> 太乙近天都,连山到海隅。
>
> 白云回望合,青霭入看无。
>
> 分野中峰变,阴晴众壑殊。
>
> 欲投人处宿,隔水问樵夫。

王维"连山到海隅"与杜甫"齐鲁青未了",同是写山之远大。其中,"到海隅",与"齐鲁""未了",谓语部分相似,都是写山之远大。"连山"与"青",主语却是大不相同。"连山",好比一幅线描,是实实在在地画出山之远大;"青",好比一抹青绿的水彩,是空灵淡宕地画出山之远大、气势磅礴。

王维《终南山》诗,亦是神韵之作。此诗之神韵,在写山之云气。"白云回望合",写走出云层之上的俯看:云带又成云带;隐含了走进云层之前的仰看:云带;和走进云层之中的入看:雾气。"青霭入看无",写走进青霭的入看:青霭没有了;隐含了走进青霭前的远看:有一片青霭。山中云气之气象万千,游山之历历过程以及种种趣味,隐藏于言外。

宋代郭熙《林泉高致·山川训》:"山,近看如此,远数里看又如此,远十数里看又如此,每远每异。""山以水为血脉,以草木为毛发,以烟云为神彩,故山得水而活,得草木而华,得烟云而秀媚。"虽然是山水画理论,却与山水诗神理一脉相通。比较杜甫《望岳》与王维《终南山》,《望岳》写远看,《终南山》写云霭,各有神韵,各有千秋。"齐鲁青未了"的神韵,并不亚于"白云回望合,青霭入看无"。

2. 四更山吐月,残夜水明楼

杜甫《月》:

> 四更山吐月,残夜水明楼。

诗言四更残夜,月亮涌出巫山,照亮天地、江楼,天地、江楼从黑暗转变为光明。隐喻了独坐江楼、彻夜不眠、黑夜盼望光明的诗人,心灵亦从苦闷复苏为光明。心灵复苏的来源,是由于体验月出照亮黑暗的天地,汲取了精神的生机,克服了心灵的忧伤。画面传神,韵致深永不尽。

宋代苏轼被贬谪惠州,作《江月五首》,序云:

> 杜子美云:"四更山吐月,残夜水明楼。"此殆古今绝唱也。因其句作五首,仍以"残夜水明楼"为韵。

明末王夫之抗清失败后,隐居湖南,作《读文中子》二首:

乐天知命夫何忧,不道身如不系舟。

万折山随平野尽,一轮月涌大江流。

天下皆忧得不忧,梧桐暗认一痕秋。

历历四更山吐月,悠悠残夜水明楼。

东坡、船山诗采用杜诗,表示此诗对他们感动之深。

"四更山吐月,残夜水明楼"之神韵,由于包含了从大自然汲取精神的生机,克服了心灵的忧伤的深度,已经超越一般纯粹审美之神韵的范围。

三、杜诗诗史之神韵

神韵与诗史的融合,《诗经·燕燕》开其端。《诗序》:"《燕燕》,卫庄姜送归妾也。"《郑笺》:"庄姜无子,陈女戴妫生子名完,庄姜以为己子。庄公薨,完立,而州吁杀之。戴妫于是大归。庄姜远送之于野,作诗见己志。"由此可见,《燕燕》实为春秋卫桓公完末年(前719)时卫国之诗史。

《诗经·邶风·燕燕》:"燕燕于飞,差池其羽。"《毛传》:"燕之于飞,必差池其羽。"《郑笺》:"差池其羽,谓张舒其羽翼。兴戴妫将归,顾视其衣服。""燕燕于飞,差池其羽",描写出燕子起飞,舒张开双翅双尾的优美形象,象喻出戴妫被迫大归之际,整理衣服仪容的优美形象,从而刻画出她临危不惧、从容不迫、维护自己人格尊严的性格。如朱熹所说:"譬如画工传神一般,直是写得他精神出。"⑧《燕燕》是中国诗神韵与诗史融合的原始典范。

杜诗被称为"诗史"是在唐代⑨。"诗史"的"史",不是指古代史,而是指当下史、时事。历史、诗史的核心,是人。

杜甫诗史,亦有神韵。诗史的核心是人,杜甫诗史的神韵所在,往往正是人物描写。其中包括写景咏物寄托写人,也包括直接写人。

1. 林花着雨胭脂落

杜甫《曲江对雨》:

城上春云覆苑墙,江亭晚色静年芳。
林花着雨胭脂落,水荇牵风翠带长。
龙武新军深驻辇,芙蓉别殿谩焚香。
何时诏此金钱会,暂醉佳人锦瑟旁。

诗作于唐肃宗乾元元年(758)春,借写曲江而哀杨贵妃、哀玄宗、哀盛唐。其中包含唐朝当时最重要的时事,是诗史。

"曲江",即曲江池,又称芙蓉苑,是唐代长安城东南隅的绝大风景名胜,皇家与士民同游同乐的胜地,盛唐时玄宗、杨贵妃常常来此春游,因此成为盛唐之一象征。

"城上春云覆苑墙,江亭晚色静年芳。"诗言独坐江亭,见那长安城上、芙蓉苑上,黑云压城,天色向晚,无边春花春草,一片寂静。

"林花着雨胭脂落"。"胭脂",是红色化妆颜料,泛指鲜艳的红色,此指林花。诗言胭脂般之美的林花,经受风吹雨打,而终于凋落。

"林花着雨/胭脂落",上四字与下三字,是同一主语的并列与递进结构,使林花画面动态绵延,好比慢镜头一样,写出林花胭脂般之美,林花着雨至凋落之过程,林花凋落之从容。隐喻出杨贵妃之风华绝代,马嵬驿之变杨贵妃之死以及杨贵妃临死之从容。神韵之妙就在于此。

唐姚汝能《安禄山事迹》:"兵犹围驿不散……上策杖蹑履,自出驿门,令各收军,军人不应。行在都虞候陈玄礼领诸将三十余人,带仗奏曰:'国忠父子既诛,太真不合供奉。'上曰：'朕即当处置。'乃回步入驿，倚回久之不进，韦谔极言，乃引步前行。高力士乃请先入见太真，具述事势，太真曰：'今日之事，实所甘心，容礼佛。'遂缢于佛堂。舁置驿庭中。令玄礼等观之，玄礼等免胄谢焉，军人乃悦。"

由姚汝能所载"高力士入见太真，具述事势"，与"太真曰：'今日之事，实所甘心，容礼佛。'遂缢于佛堂"，可知杨贵妃临死之从容，为救玄宗、救国家而死之心甘情愿。杜甫作诗时未必知道杨贵妃临死时此情此景，但是杜诗"林花着雨胭脂落"，写出林花凋落之从容与林花之美，竟与杨贵妃临死之从容，为救玄宗、救国家而死之心甘情愿，不期然地相合。

神韵与诗史融合，杜诗"林花着雨胭脂落"，与"燕燕于飞，差池其羽"，两臻绝顶。

杜甫同情杨贵妃之死于非命。

杜甫至德二载春作《哀江头》："明眸皓齿今何在，血污游魂归不得。清渭东流剑阁深，去住彼此无消息。人生有情泪沾臆，江水江花岂终极。"

杜甫至德二载闰八月作《北征》："不闻夏殷衰，中自诛褒妲。"

如果说"人生有情泪沾臆，江水江花岂终极"，纯是诗人之同情，"不闻夏殷衰，中自诛褒妲"，则是诗史之实录。玄宗之被迫同意赐死杨贵妃（"夏殷衰"），与玄宗毕竟应当为杨贵妃死于非命负责（"中自诛"），寥寥十字，交代得清清楚楚。实录之中，有同情在。

杜甫乾元元年作《曲江二首》其一："一片花飞减却春。"

在杜甫看来，每一个人死于非命，都使人类受到伤害，都使自己感到痛苦，而不论他或她是贫民，或是贵族。"一片花飞减却春"的意境，同于17世纪英国诗人约翰·多恩的宗教境界："每个人都是大陆的一小块"，"如果一块泥土被海浪冲掉,欧洲就小了一点","任何人的死亡使我有所缺损,因为我与人类难解难分,所以别去打听丧钟为谁而鸣,丧钟为你而鸣"⑩。

"一片花飞减却春"的深层意义,是人命关天,生命权利人人平等。中国古典文学的深层意义,与人的价值、尊严及权利的哲学,息息相通。

五代南唐李后主词《乌夜啼》:

> 林花谢了春红,太匆匆,无奈朝来寒雨晚来风。
>
> 胭脂泪,留人醉,几时重。自是人生长恨水长东。

"林花谢了春红,太匆匆,无奈朝来寒雨晚来风","胭脂泪,留人醉",是用杜诗"林花着雨胭脂落"。"自是人生长恨水长东"之"长恨",射杜诗"水荇牵风翠带长"之"荇长"。"胭脂泪,留人醉",林花胭脂色之雨点,幻为人面胭脂色之泪光,尤为神韵所在。

"水荇牵风翠带长"。"荇",典出《诗经·关雎》:"参差荇菜,左右流之。"《序》:"《关雎》,后妃之德也。"《毛传》:"后妃有关雎之德,乃能共荇菜,备庶物,以事宗庙也。"可知"荇"与后妃有关。

五代前蜀花蕊夫人徐氏《宫词》:

> 锦鳞跃水出浮萍,荇草牵风翠带横。
>
> 恰似金梭撺碧沼,好题幽恨写闺情。

"荇草牵风翠带横",是用杜诗"水荇牵风翠带长";"好题幽恨写闺情"之"恨"字,射《宫词》"荇草牵风翠带横"及杜诗"水荇牵风翠带长"之"荇"字。

今天许多南方地区方言包括笔者家乡四川方言,"荇"字、"杏"字皆念"恨",可见花蕊夫人《宫词》、李后主《乌夜啼》,"荇"字谐音"恨"字,"荇长"即"恨长"。

"翠带",在南朝诗及唐诗中,多指女性服饰。如梁简文帝《伤美人》："翠带留余结，苔阶没故綦。"陈后主《乌栖曲》："含态眼语悬相解，翠带罗裙入为解。"

"水荇牵风翠带长"，言曲江水荇长得很长，宛如女性服饰之翠带，隐喻杨贵妃死于非命之长恨。

"龙武新军深驻辇"。"龙武新军"，指玄宗过去的禁军。《旧唐书》卷四四《职官志三·武官》左右龙武军："初，太宗选飞骑之尤骁健者，别署百骑，以为翊卫之备。天后初，加置千骑，中宗加置万骑，分为左右营，置使以领之。自开元以来，与左右羽林军名曰'北门四军'。开元二十七年，改为左右龙武军，官员同羽林军也。"

"辇"，天子车驾，借指天子。《汉书·刘向传》"辇郎"唐颜师古注引服虔曰："辇郎，如今引御辇郎也。"杜甫《哀江头》："昭阳殿里第一人，同辇随君侍君侧。"《洗兵马》："鹤驾通宵凤辇备，鸡鸣问寝龙楼晓。"

"龙武新军、深驻辇"，是上四、下三字两节句法，中间念断。上四字，言龙武新军何在？暗指玄宗早已不是天子，玄宗禁军早已被肃宗解散。下三字，言玄宗深居南内不出，暗指玄宗处于肃宗武力监控之下。下一步，玄宗会不会死于非命？杜甫的隐忧，意在言外。

不妨回顾一下当时最近的历史。

《旧唐书》卷五一《杨贵妃传》："从幸至马嵬，禁军大将陈玄礼密启太子，诛国忠父子。既而四军不散，玄宗遣力士宣问，对曰：'贼本尚在。'盖指贵妃也。力士复奏，帝不获已，与妃诀，遂缢死于佛室。时年三十八，瘗于驿西道侧。"

《旧唐书》卷九《玄宗本纪下》天宝十五载八月："癸巳，灵武使至，始知皇太子即位。丁酉，上用灵武册称上皇，诏称诰。己亥，上皇临轩册肃宗。"

唐郭湜《高力士外传》："至德二年十一月，诏迎太上皇于西蜀,十二月,至凤翔,被贼臣李辅国诏收随驾甲仗。上皇曰:'临至王城,何用此物?'悉令收付所由。"

《资治通鉴》卷二二〇唐肃宗至德二载:"十一月……丙申,上皇至凤翔,从兵六百余人,上皇命悉以甲兵输郡库。上发精骑三千奉迎。十二月……丁未……上皇自开远门入大明宫……即日,幸兴庆宫,遂居之。"

可见马嵬驿之变、杨贵妃之死,至少是受到太子亨即后来的唐肃宗的支持。在杜甫看来,马嵬驿之变、杨贵妃之死,毕竟获得玄宗认可,肃宗擅自即位,亦毕竟获得玄宗认可。玄宗失去杨贵妃与失去君位,业已为其政治失道付出沉重代价亦即赎罪,因此肃宗理应善待玄宗。但是肃宗解除玄宗卫队武装、武力监控玄宗,玄宗生命有无保障,都已经大成问题。

"芙蓉别殿谩焚香"。诗言上皇深居南内不出,芙蓉苑行宫别殿,空劳焚香洒扫,上皇已不复来游。

"何时诏此金钱会,暂醉佳人锦瑟旁。"二句今典,见于《旧唐书》卷八《玄宗本纪上》:"开元元年九月己卯,宴王公百寮于承天门,令左右于楼下撒金钱,许中书门下五品以上官及诸司三品以上官争拾之。"以及唐康骈《剧谈录》卷下《曲江》:"花卉环周,烟水明媚。都人游玩,盛于中和、上巳之节。彩幄翠帱,匝于堤岸。鲜车健马,比肩击毂。上巳即赐宴臣僚……百辟(百官)会于山亭,恩赐太常及教坊声乐。"

"暂醉佳人锦瑟旁",典出《世说新语·任诞》:"阮公邻家妇有美色,当垆酤酒,阮与王安丰常从妇饮酒。阮醉,便眠其妇侧。夫始殊疑之,伺察终无他意。"

关于"锦瑟",《分门集注杜工部诗》卷三:"锦瑟,言瑟彩绘,其文如锦。"

"何时诏此金钱会,暂醉佳人锦瑟旁",言何时才能重开

105

开元时金钱会,赐群臣曲江宴并赐教坊声乐,可以暂醉佳人锦瑟旁边。抒发了对玄宗开元之治的深深怀念。

《曲江对雨》是反映唐朝当时最重要时事的诗史。"林花着雨胭脂落"之句,是诗史,亦是神韵之句。杜诗不仅继承了盛唐诗追求神韵的艺术传统,而且突破和发展了神韵的传统。因为神韵已不仅是盛唐诗的纯粹审美,而且包含了诗史与风骨。

2. 色难腥腐餐枫香

杜甫《寄韩谏议》:

> 今我不乐思岳阳,身欲奋飞病在床。
>
> 美人娟娟隔秋水,濯足洞庭望八荒。
>
> 鸿飞冥冥日月白,青枫叶赤天雨霜。
>
> 玉京群帝集北斗,或骑麒麟翳凤凰。
>
> 芙蓉旌旗烟雾落,影动倒景摇潇湘。
>
> 星宫之君醉琼浆,羽人稀少不在旁。
>
> 似闻昨者赤松子,恐是汉代韩张良。
>
> 昔随刘氏定长安,帷幄未改神惨伤。
>
> 国家成败吾岂敢,色难腥腐餐枫香。
>
> 周南留滞古所惜,南极老人应寿昌。
>
> 美人胡为隔秋水,焉得置之贡玉堂。

诗题之"韩谏议",指韩洎。

《旧唐书》卷九八《韩休传》附《洎、洪、泆、滉传》:"子洎、洪、泆、滉,皆有学尚,风韵高雅……属安禄山反,西京失守,洪陷于贼,贼授官,将见委任,洪与浩及泆、滉、浑同奔山谷,以投行在。至谷口,洪、浩、浑及洪子四人并为贼所擒,并命于通衢。洪重交友,籍甚于时,见者掩涕,肃宗闻其重臣子,能以忠而死,赠太常卿。浩赠吏部郎中,浑赠太常少卿。泆,上元中为谏议大夫。"

《新唐书》卷一二六《韩休传》附《浩、洽、洪、滉、滉、浑传》："滉,上元中终谏议大夫。"

由上可知,第一,韩滉兄弟皆忠义之士。故杜甫信任之。第二,肃宗上元年间(760—761),韩滉任谏议大夫,杜甫《寄韩谏议》诗正是作于此时。杜甫在诗中期望韩滉能够荐举李泌,使李泌复出救国。李泌自至德二载(757)十月十八日辞别肃宗归隐衡山,至今已经三四年,而唐朝政局之败坏,已至于难以收拾。

李泌是唐代玄、肃之际最优秀的政治家,具有非凡的政治智慧,非凡的淡泊超逸的品格,以佐命元勋为肃宗所器重,尤要者,就杜甫所见,李泌是一有良知之人。由于这一切,杜甫对李泌寄予了极大的政治期望。

"今我不乐思岳阳,身欲奋飞病在床。美人娟娟隔秋水,濯足洞庭望八荒。""岳阳""洞庭",皆指湖南,李泌所在之地。

"美人",喻君子,指李泌。汉王逸《离骚经序》:"善鸟香草,以配忠贞……灵修美人,以媲于君。"《文苑英华》卷一五〇陆龟蒙《采药赋》序:"香草美人,得比之君子"。

"八荒",指天下,语出贾谊《过秦论》:"有席卷天下,包举宇内,囊括四海之意,并吞八荒之心。"

此四句诗言,今我为国而忧,特别思念李泌,想奋飞到湖南却卧病在床。我仿佛看见渺渺秋水之间,隐居湖南、关注天下的李泌。诗之意境,神似《诗经·蒹葭》。

"鸿飞冥冥日月白,青枫叶赤天雨霜。""青枫叶赤",语见谢灵运《晚出西射堂》:"晓霜枫叶丹,夕曛岚气阴。节往戚不浅,感来念已深。"

诗言鸿雁南飞,天空阴沉,日月无光,枫叶已红,严霜已降,一片肃杀。此有意无意地隐喻唐朝危机深重,积重难返。

"玉京群帝集北斗,或骑麒麟翳凤凰。""玉京群帝",指天上诸神仙,喻朝廷王公大臣。《太平御览》卷六七四《道部十六》:"《玉京经》曰:玄都玉京山,有七宝城,太上无极大道虚皇君之所治也。"宋张君房《云笈七籤》卷二一《四梵三界三十二天》:"四天之上则为梵行,梵行之上则是上清之天。玉京玄都,紫微宫也。乃太上道君所治,真人所登也。自四天之下二十八天,分为三界,一天则有一帝王治其中。"

"北斗",指北斗七星之神,喻君主。《晋书·天文志上》:"北斗七星在太微北⋯⋯为人君之象,号令之主也。"

"骑麒麟""凤凰",乃描写神仙出行的常语。如晋葛洪《神仙传》卷五《茅君》:"骖驾龙虎、麒麟。"《云笈七籤》卷一八引《老子中经·第二十三神仙》:"骖驾凤凰。"

"芙蓉旌旗烟雾落,影动倒景摇潇湘。""芙蓉旌旗",指神仙仪仗旌旗,喻朝廷仪仗旌旗。北齐萧悫《秋思诗》:"芙蓉露下落,杨柳月中疏。"

"影动",光辉流动,"倒景",就是倒影。《汉书·司马相如传》引《大人赋》:"贯列缺之倒景兮",唐颜师古注引服虔曰:"列缺,天闪也。人在天上,下向视,日月故景倒在下也。"

"星宫之君醉琼浆,羽人稀少不在旁。""星宫之君",道教崇奉的星神,喻朝廷王公大臣。

"琼浆",美酒。语出《楚辞·招魂》:"华酌既陈,有琼浆些。"

"羽人",仙人,指隐士李泌。《楚辞》屈原《远游》:"仍羽人于丹丘兮。"汉王逸注:"因就众仙于明光也。"洪兴祖补注:"羽人,飞仙也。"

以上六句诗,言天上诸神仙骑上麒麟、凤凰,朝见天君北斗七星之神,仪仗旌旗,淹没在夜雾中,宴会灯火辉煌,倒影落在潇湘洞庭水面摇晃。星神们酣饮琼浆美酒,纷纷醉倒。但是天君身边,就是缺少了那么一位羽人。隐喻长安朝廷,一派醉生梦死,天子身边,就是缺少了一位李泌。"影动倒景摇潇湘",暗指李泌虽在潇湘,亦在关注长安国事。"羽人稀少不在旁",与之上下呼应,暗指朝廷不能没有李泌。

意境一派南国情调,楚辞色彩,贴切湖南风光,以及肃宗末年时局氛围。

"似闻昨者赤松子,恐是汉代韩张良。""似""恐",皆不确定之词,用以增添叙述李泌时的迷离恍惚之氛围。其实,语气越是恍惚,越是引人关注李泌其人。

"赤松子",上古的神仙,喻隐士,指李泌。古典出自《列仙传》:"赤松子者,神农时雨师也……常止西王母石室中,随风雨上下。"以及《史记·留侯世家》:"留侯乃称曰:'家世相韩,及韩灭,不爱万金之资,为韩报雠强秦,天下振动。今以三寸舌为帝者师,封万户,位列侯,此布衣之极,于良足矣。愿弃人间事,欲从赤松子游耳。'乃学辟谷,道引轻身。"

今典,如《资治通鉴》卷二一八唐肃宗至德元载七月所载:"上欲以泌为右相,泌固辞,曰:'陛下待以宾友,则贵于宰相矣,何必屈其志!'上乃止。"同书同卷同年九月所载:"上与泌出行军,军士指之,窃言曰:'衣黄者,圣人也。衣白者,山人也。'"

此二句诗言,好像听说昨在朝廷的白衣山人李泌,他可是汉代张良一样安邦定国的大才。

"昔随刘氏定长安,帷幄未改神惨伤。"此二句,古典出自《史记·留侯世家》:"留侯从入关。留侯性多病,即道引不食谷,杜门不出岁余。"以及《史记·留侯世家》载汉高祖刘邦之语:"夫运筹帷幄之中,决胜千里之外,吾不如子房。"

"神惨伤",当是语本后汉傅毅《七激》:"陟景山兮,采芳苓。哀不惨伤,乐不流声。"但是改变了"哀不惨伤"的传统,直言惨伤。

今典，如《资治通鉴》卷二二〇唐肃宗至德二载九月所载："癸卯，大军入西京……甲辰(二十九日)，捷书至凤翔，百寮入贺，上涕泗交颐，即日遣中使啖庭瑶入蜀，奏上皇……上以骏马召李泌于长安，既至，上曰：'朕已表请上皇东归，朕当还东宫，复修人子之职。'泌曰：'表可追乎?'上曰：'已远矣。'泌曰：'上皇不来矣。'上惊，问故，泌曰：'理势自然。'上曰：'为之奈何?'泌曰：'今请更为群臣贺表，言自马嵬请留，灵武劝进，及今成功，圣上思恋晨昏，请速还京，以就孝养之意。则可矣。'上即使泌草表……立命中使奉表入蜀。"

至德二载九月二十九日肃宗奏请玄宗还京第一道表自称"当还东宫"，只是虚伪，其内心实深不可测(不到两个月以后，十一月二十二日，玄宗还京行至凤翔就被解除卫队武装、置于肃宗武力监控之下，即是证明)。所以玄宗见表，不敢还京。李泌代肃宗起草第二道表只说"孝养"，不说归政，态度实在，似无玄机，玄宗始敢还京。玄宗误以为双方说定让位，自己付出让出皇位的代价，便可以求得生命安全、生存权利，此是不了解肃宗的阴暗心理。李泌调护玄肃父子关系，可以说是煞费苦心，而要善始善终，其实毫无把握。当至德二载十月十八日两京收复之日，玄宗将还之时，李泌当天便告辞肃宗归隐衡山，真实原因即是深知肃宗其人，自己不愿见到玄宗未来的悲剧命运。

"昔随刘氏定长安，帷幄未改神惨伤"，字面言张良运筹帷幄之中，决胜千里之外，辅佐刘邦平定天下，但是张良即使在帷幄之中，亦未能改变惨伤的心情和神色，是因为不忍目睹汉室内部流血斗争。实际是言李泌运筹帷幄之中，决胜千里之外，辅佐肃宗收复两京，但是李泌即使在帷幄之中，亦未能改变惨伤的心情和神色，是因为不忍目睹唐朝内部血腥。

"国家成败吾岂敢，色难腥腐餐枫香。""色难腥腐"，顾炎

110

武《日知录》卷二七:"《寄韩谏议》诗:'色难腥腐餐枫香。'《汉书·佞幸传》:'太子齰痈而色难之。'"《杜诗详注》卷一七:"《前汉·邓通传》:'太子齰痈而色难之。'《神仙传》:'壶公数试费长房继令啖溷,臭恶非常,房色难之。'鲍照《升天行》:'何时与尔曹,啄腐共吞腥。'注:'啄腐吞腥,谓酒肉之人。'""腥腐"二字,旧注似仅得其表面义。

按"色难",语出《论语·为政》:"子夏问孝,子曰:'色难。'"本指面有难色,此借指不忍面对。[11]

"腥腐",古典当出自唐瞿昙悉达《唐开元占经》卷一一四《器服休咎·城邑宫殿怪异占》"宫殿臭"条:"《天镜》曰:'宫殿中及宫府间闻腐臭,不出一年有暴丧,若妇人暴死。'又曰:'宫殿闻血腥腐臭,是谓不出一年,有大水流血。'"

《高力士外传》:"乾元元年冬,上皇幸温泉宫,二十日却归,因此被贼臣李辅国阴谋不轨。"

《资治通鉴》卷二二一唐肃宗上元元年秋七月:"丁未,辅国矫称上语,迎上皇游西内,至睿武门,辅国将射生五百骑,露刃遮道奏曰:'皇帝以兴庆宫湫隘,迎上皇迁居大内。'上皇惊,几坠。高力士曰:'李辅国何得无礼!'叱令下马。辅国不得已而下。力士因宣上皇诰曰:'诸将士各好在!'将士皆纳刃,再拜,呼万岁。力士又叱辅国与己共执上皇马鞚,侍卫如西内,居甘露殿……丙辰,高力士流巫州,王承恩流播州,魏悦流溱州,陈玄礼勒致仕,置如仙媛于归州,玉真公主出居玉真观。上更选后宫百余人置西内备洒扫,令万安、咸宜二公主视服膳,四方所献珍异,先荐上皇,然上皇日以不怿,因不茹荤,辟谷,浸以成疾。"

当杜甫于肃宗上元年间(760—761)作《寄韩谏议》时,上距至德二载十一月玄宗还京途中被解除卫队武装、置于肃宗武力监控之下,已有三四年时间。正当上元元年(760)七月玄宗自兴庆宫被武力劫迁西内冷宫加以囚禁，其后离奇地"辟谷"（不吃饭）之前后。下距宝应元年（762）四月五日玄宗之死离奇地仅早于肃宗之死 13 天[⑫]，只有一年左右时间。"色难腥腐"四字，直是画得李泌不忍之心之精神出，也刻画出李泌之洞烛机先。

"枫香"，枫香树叶。《尔雅》卷九"枫"晋郭璞注："枫树似白杨，叶圆而岐，有脂而香，今之枫香是也。"宋邢昺疏："注云即今枫香树也。"

按唐李延寿《南史》卷五九《任昉列传》："营佛斋，调枫香二石。"

唐孙思邈《备急千金要方》卷一七《薰衣香方》略云："零陵香、丁香、青桂皮、青木香、鸡骨煎香、郁金香、枫香各三两。"

《备急千金要方》卷二○《治风毒咽水不得下及瘰疬肿方》略云："升麻、芍药、射干、杏仁、枫香各六两。"

唐王焘《外台秘要方》卷三二《莲子草膏疗头风白屑长发令黑方》略云："枫香各一两。"

由上可见，在唐代医学，枫香作为配方药物，具有解毒除病、长发令黑、薰衣卫生的功效，可以作为隐士养生生活的象征。

"枫香"，依据《尔雅》郭璞注枫树"叶圆而岐，有脂而香"，亦可以照字面理解为枫树树叶之香气。

"国家成败吾岂敢"，是代李泌言，哪敢说自己关系到国家成败。此写出其谦虚之品格。

"色难腥腐餐枫香。"上四字、下三字，是并列画面，既是递进，也是对照。"色难腥腐"，写出李泌在朝时，不忍面对唐室内部血腥的痛苦神情；"餐枫香"，写出李泌归隐后，餐枫香优哉游哉的神情。神情，端在于眼神，东晋画家顾恺之称之

112

为"阿堵"。李泌的不忍之心与自由之心,儒家品格与道家品格,"传神写照,尽在阿堵之中"⑬。

以嗅觉化之"枫香",代实质之枫叶,尤为神韵空灵荡漾,有不尽之致。

此是神来之笔,无上之逸品,神韵妙绝。

写人之神韵,归根到底,在于人品。试想,麻木不仁,哪有不忍之心之"色难"?贪图利禄,哪有"餐枫香"之超逸?

"周南留滞古所惜,南极老人应寿昌。""周南留滞",典出《太史公自序》:"是岁天子始建汉家之封,而太史公留滞周南,不得与从事。"《集解》:"周南,今之洛阳。"此借指李泌滞留湖南。

"南极老人",指李泌。《晋书·天文志上》:"老人一星在弧南,一曰南极……见则治平主寿昌。"用此古典,含藏对李泌安邦定国之才的崇高评价。

诗言李泌隐居湖南,为人所共惜,李泌好比南极老人星,应该复出,安邦定国。

"美人胡为隔秋水,焉得置之贡玉堂。""美人"喻君子,指李泌。"美人胡为隔秋水",用《诗经·蒹葭》意境:"蒹葭苍苍,白露为霜。所谓伊人,在水一方。溯洄从之,道阻且长。溯游从之,宛在水中央。""玉堂",指朝廷。《汉书·五行志中之上》:"玉堂金门,至尊之居。"杜甫《八哀诗·故右仆射相国曲江张公九龄》:"上君白玉堂,倚君金华省。"

诗言美人为何远隔秋水,隐居一方?诗人吁请韩谏议,如何能将美人贡置于玉堂,为国造福?

李泌复出,是在唐代宗宝应二年(763)以后。

《寄韩谏议》亦是反映唐朝当时最重要时事的诗史。"色难腥腐餐枫香"之句,是诗史,亦是神韵之句。

3. 落月满屋梁,犹疑照颜色

杜甫《梦李白二首》其一：

> 落月满屋梁，犹疑照颜色。

至德二载二月，江淮兵马都督永王璘奉唐玄宗之命并获得肃宗认可率水军自江陵沿长江下扬州渡海取幽州，至丹阳郡时，被唐肃宗突然宣布为"叛逆"加以镇压[⑭]。永王璘江淮兵马都督从事李白也被打成"从逆"，系狱浔阳，免罪出狱后，又被长流夜郎。乾元二年（759），杜甫在秦州作《梦李白》，担忧李白性命安危，此诗可以说是诗史。

"落月满屋梁，犹疑照颜色"，诗言梦醒看见满屋梁的月光，还仿佛照见梦中李白的容颜。神韵之妙，在于梦醒时分，梦中人之容颜如在眼前的错觉[⑮]，写得如此传神。韵致袅袅，宛如余音绕梁而不绝。

宋代姜夔《霓裳中序第一》词："人何在？一帘淡月，仿佛照颜色。"能得杜诗之神韵。

四、结语

杜诗写景，特具神韵。如"齐鲁青未了"，神韵之妙，在于一抹青绿空灵淡宕，却写出了泰山的气势磅礴。

杜诗诗史，亦有神韵。如"林花着雨胭脂落"，神韵之妙，在于以林花画面的动态绵延，写出林花凋落之从容，隐喻出杨贵妃临死之从容。

"色难腥腐餐枫香"，写出李泌不忍面对唐室内部血腥的痛苦神情，归隐后餐枫香优哉游哉的神情。李泌的不忍之心与自由之心，"传神写照，尽在阿堵之中"。以嗅觉化之"枫香"，代实质之枫叶，尤为神韵空灵荡漾。

"林花着雨胭脂落"，是写景咏物寄托写人而有神韵；"色难腥腐餐枫香"，是直接描写人物而有神韵。

杜诗融合了诗史与神韵。诗史的核心是人,诗史的神韵所在,往往正是人物描写。

盛唐诗的神韵,往往在于写景和纯粹审美的范围。杜诗不仅继承了盛唐诗追求神韵的艺术传统,而且以神韵与诗史的融合,突破和发展了盛唐诗的神韵传统。

注释

① 钱钟书《谈艺录》六《神韵》:"郑君朝宗谓余:'渔洋提倡神韵,未可厚非。神韵乃诗中最高境界。'余亦谓然。"(中华书局,1996 年,第 40 页)钱钟书《中国诗与中国画》:"中国旧诗……不能由'神韵派'来代表","神韵派在旧诗史上算不得正统,不像南宗在旧画史上曾占有统治地位","旧诗的'正宗''正统'以杜甫为代表。"(《七缀集》,三联书店,2004 年,第 17、22、23 页)可以参考。

② 关于绘画品第的认识史,参阅宋邓椿《画继》卷九:"自昔鉴赏家分品有三,曰神,曰妙,曰能。独唐朱景真撰《唐贤画录》,三品之外,更增逸品。其后黄休复作《益州名画录》,乃以逸为先。而神妙能次之。景真虽云逸格不拘常法,用表贤愚,然逸之高,岂得附于三品之末,未若休复首推之为当也。至徽宗皇帝专尚法度,乃以神逸妙能为次。"

关于神品的主观因素,或可参阅元夏文彦《图绘宝鉴》卷一:"气韵生动,出于天成,人莫窥其巧者,谓之神品。"

③ "羚羊挂角,无迹可求"的确解,见《资治通鉴》卷一九五唐太宗贞观十三年"羚羊角"胡三省注:"陈藏器余曰:'羚羊有神,夜宿,以角挂树,不着地。'"

④ 钱钟书针对王渔洋神韵说,已提出"优游痛快,各有神韵",不是优游才有神韵(《谈艺录》,中华书局,1996 年,第 41 页)。又提出远景大写、工笔近景,各有神韵,而不是远景大写才有神韵(《管锥编》,1999 年,第 722 页)。

⑤ 参阅邓小军:《谈以诗证史》,《诗史释证》,中华书局,2004 年,第 6—7 页。

⑥《尚书·虞书·舜典》"至于岱宗"孔氏传。

⑦《尚书·虞书·舜典》"至于岱宗"唐孔颖达疏。

⑧ 南宋辅广《童子问》卷一《国风一·燕燕》。《四库全书总目提要》："是编大旨主于羽翼《诗集传》，以述平日闻于朱子之说，故曰《童子问》。"

⑨ 唐孟棨《本事诗·高逸第三》："杜逢禄山之难，流离陇蜀，毕陈于诗，推见至隐，殆无遗事，故当时号为诗史。"其中"推见至隐"一语是卓见。

⑩ 译文根据海明威著、程中瑞译《丧钟为谁而鸣》扉页题词所引（上海译文出版社，2004年），以及约翰·多恩（John Donne）著、林和生译《丧钟为谁而鸣——生死边缘的沉思录》，《祈祷文集》第十七篇（新星出版社，2009年，第142页），并参照英文原文略加修订。

⑪ 朱熹《四书章句集注》："'色难'，谓事亲之际，惟色为难也……盖孝子之有深爱者，必有和气；有和气者，必有愉色；有愉色者，必有婉容。故事亲之际，惟色为难耳。服劳奉养，未足为孝也。旧说：承顺父母之色为难，亦通。"足资参阅。

⑫《资治通鉴》卷二二二唐肃宗宝应元年建巳月即四月："甲寅（五日），上皇崩于神龙殿……丁卯（十八日），上崩。"关于玄宗之死之隐情，参阅邓小军：《杜甫〈北征〉补笺》，《北京大学学报》2007年第3期。

⑬ 唐张彦远《历代名画记》卷五《顾恺之》："尤工丹青，传写形势，莫不妙绝。刘义庆《世说》云：'谢安谓长康曰：'卿画，自生人以来未有也。'……画人尝数年不点目睛，人问其故，答曰：'四体妍蚩，本亡关于妙处；传神写照，正在阿堵之中。'"

⑭ 参阅邓小军：《永王璘案真相——并释李白〈永王东巡歌十一首〉》，《文学遗产》2010年第5期。

⑮ 在唐诗，错觉往往就是神韵。张若虚《春江花月夜》"空里流霜不觉飞"，李白《静夜思》"床前明月光，疑是地上霜"，杜甫《梦李白》"落月满屋梁，犹疑照颜色"，皆是好例。

（讲座时间：2012年10月）

孙克强

唐宋词兴盛原因新论

　　孙克强,南开大学文学院教授,博士研
究生导师,教育部文科研究基地复旦大学中
国古代文学研究中心兼职教授,中国词学学
会副会长。发表著作论文多种,主要有:
《清代词学》、《清代词学批评史论》、《历代
词人词话》系列、《大鹤山人词话》、《论词绝
句二千首》。

今天我给大家报告的题目是"唐宋词兴盛原因新论",这个唐诗宋词的系列讲座,这样的题目可以说是关于唐诗宋词的第一个话题。在讲这样一个话题之前,首先要对什么是"词"稍作一些解释。按照一般的说法,词是诗体的一种或者说是一种诗,这种概念既对也不对,尤其是在词体兴起之初,它是和诗体有着严格的区别的。主要的区别就在于它必须要有演唱者来演唱,离开了演唱者,当时的这种韵文体裁是无法传播的。我们了解了这一点以后,第二点再往下引申一下,就是说这个演唱的人当时一定是歌妓,在文献里面一般称为妓女。在唐宋时期文献中所说的妓女是多种多样的,大概来说,分为这么几种,一种是宫妓,就是皇宫里面的,为皇家服务的这种歌妓;一种是营妓或者叫官妓,是政府机关的服务人员;还有一种是家妓,达官贵人家里豢养的歌舞团;还有一种叫做市妓,市妓也称为野妓,就比较复杂了,和前面三种是主要表现才艺不同,市妓还有其他的比方说色情方面的服务。

　　那么在唐宋词兴起的时期,我们主要应该关注于这种歌妓的生存状态,她的生态状态直接影响着这种文体的兴盛。这是我开始要给大家介绍的关于文体方面的知识,其实这些在座的都清楚。

　　首先,今天我谈的这个话题从何而来,也就是说我对目前学术界或者说教科书上这个问题的表述是有所不满或者说需要有新的探索。我们就回过头看一看,研究界现有的认识或者看法到底是什么。最为典型的或者流传最广的民国时期的词学家胡云翼在《宋词研究》中论《宋词发达的因缘》谈到五个方面:一个是诗体之敝,就是说唐诗发展到一定时候,它发展不下去,衰敝了,然后词代诗而兴,这是他的一个观点;第二个是五代词的成功,这里面就有两个意思了,其中一个是五代词——主要是指花间词和南唐词,花间词和南唐词已经取得了很大的成功,宋词于是就接着发展起来了,这里是探讨宋词发达的因缘,和我们今天演讲的唐宋词兴盛的原因概念还不完全一样;第三个是君主的提倡,就是皇帝或者朝廷在大力提倡这个词体;第四个是音乐的关系,由于词要与音乐配合的,就是西域传来的相当于我们现在的新疆乃至伊朗、伊拉克等地流传过来的音乐元素和本地的音乐元素结合起来,形成了这种新的音乐模式,这种新的模式非常动听非常吸引人,所以发展起来了;再一个就是时代背景,主要指我们常说的经济发展了,生产力发展了,城市发展了,市民增加了。

笼统地是这样说一下,那么他说的到底对不对? 一般的教科书就按照这个路数来说了,所有的教科书基本上都是这么说的。我们再来看一下当下说的最系统的,就是有一本叫做《中国文学史》,是北京师范大学郭预衡教授主编的,在这里面他谈了四点,和上面胡云翼先生所说差不多,但是还是有他一定的突破、一定的进展。比如他说"诗这种体裁,由于形式过于整齐,有时难免影响它的表现力……词正弥补了这种不足。它可以用各种长短句或疏或密、灵活多变地表达深长、细腻、丰富的情感"。这些看起来都没有问题,但是如果我们深入分析一下的话,就会发现里面问题不少。我们来分析一下以往对唐宋词兴盛原因说的分析。

首先,这种分析往往是沿袭了其他文体兴盛原因之说,比如说君主提倡,就是朝廷皇帝在直接提倡词体,这是完全没有的事情。说这一条是唐诗兴盛的原因之一,是可以的,因为我们从文献上确实可以看到,唐朝的皇帝乃至武则天曾经对诗有过很明确的提倡,比如说在朝廷上举行赛诗会,或者说诗赋取士,这都是提倡的重要表现。但是词我可以告诉大家,从来没有一个皇帝来提倡过词。因为词是什么?词和诗的最大的区别,除了它的音乐性之外,就是它的娱乐性。诗是表达与政治和朝政、国家民族社会有关系的"志"的表现,所以说"诗言志",诗主要是一种政治性的东西。词在它初期阶段,完全是娱乐性的东西,这个娱乐性和政治完全没有关系,和诗是完全不同的两种文体。词的这种特点就使得它和政治背离,统治者或者朝政君主不管私下对它是否喜欢,表面上都是严厉排斥的。所以我们看到文献资料中从来没有君主提倡的记载,但是也有个别的皇帝私下喜欢,只能悄悄的,比方说对自己亲信的大臣说给我找找这个曲子听听,但是他从来不会提倡,这是很明确的,所以词在当时有很多不好听的称呼,比如说小道、卑体、末技,就是因为这种东西不登大雅之堂。因为词在初起的时候,在唐宋词兴起的时候,词的主要内容是什么呢?就是写的男女之情。这个男女之情还不是我们今天说的男女之间的爱情,而是私情或者婚外恋,或者是寻花问柳的这种感情,这种东西不能登大雅之堂的,所以不可能有君主的提倡。

我们再来分析"诗体之敝"一条。以前的这个分析过于浮泛化,或未明其详或未明其深,就是说得不透。比如说诗这种体裁由于形式过于整齐,好像诗不行了,那么诗是不是不行了?不是的。首先我们看,宋诗要比宋词多得多,保留下来的宋词才两万首,而宋诗有几十万首。宋代之后,历朝历代,诗歌都是主流的文体,怎么能说诗不行了呢?到当代为止,在座的有很多古典诗词的爱好者,你们有的喜欢填词,更多的喜欢写诗,诗没有不行,它没有消亡或者说没有走向衰落,这是一个常识。"诗不行了,词起来了。"为什么有这种说法?清朝以来有一个说法就是"一代之文学",王国维先生说"一代有一代之文学",唐诗、宋词、元曲,这样一代一代的发展过来。可以这样说,在某一个时代某一个文体可能更发达一些,但是绝不是说这种文体不行了以后,后面兴起了一个。这是我们对这个问题进行的一些简单分析,如果要分析起来,问题就很多了。这里面我主要想表达一个今天演讲的核心叫做"新论"。新论一定是一种新的理念,一定是大家所没有听说过的,各种教科书上各种文章里面都没有涉及的。

我们今天从三个方面分析唐宋词兴盛的原因。第一个是时代精神的变化与词体的产生,第二个是城市格局功能的变化,怎样引起了词的兴盛,第三个是词体展示词人才能的特点。因为这个研究课题比较长,我们只能选择重点来讲,我准备重点讲后两个,第一个简单介绍一下。

所谓时代精神的变化与词体的产生,指的就是随着经济政治文化的变化,一个时代的审美特点会有所变化,当它变化了以后,就会影响一个时期的文学创作的审美走向,审美风格的演变是指这样的一个东西。我简单给大家介绍一下,如果我们把唐代看作有初、盛、中、晚几个时期的话,就会发现随着时代的不同,诗风——我们回头来说诗了,注意这里面有一个跳跃——也不同,我们通过唐诗风格的时代演变来说明时代精神的变化。

比如说盛唐时期人们崇尚事功,说"宁为百夫长,胜作一书生",就是宁可当个连长,也不去读书,也不去考进士,为什么?因为要建功立业,这是这个时代精神的表现。到了中唐就开始收缩,就开始关心身边社会的变化。到了晚唐,时代审美风气的主旋律已经变成反映自身乃至内心深处的感受,因而闺阁生活、爱情主题成为这个时期的诗歌创作的主流。正由于词体的特性与时代审美风气一致,使词体得到了发展成熟的空前机遇。有些研究者也注意这一方面,所以我就不多说了。晚唐的时候比如说像李商隐、李贺、韩偓这些诗人特别关心自己内心的感受,所以他们的诗歌里面就开始写了很多跟词非常相似的内容,所以说这个时候,是时代精神造就了词体的变化,同时也造就了诗风的变化。

这个时期的诗风的变化,这里给大家概括三点。一个是"男子而作闺音",在中晚唐的时候开始有些诗人在写诗的时候,抒情主人公给自己的性别做了一下错位,他本身是一个男性的诗人,但是在诗里面却以女性的口吻出现。有相当一批诗人是这样去写的,也就是我们所说的他雌化了,诗歌在雌化,因为只有女性才能写出那么细腻、那么敏感的诗作,中晚唐有不少这样的作品。这就和初盛唐诗人的那种风格形成了完全不同的面貌。

第二个,在这个时期都市女性生活题材作品增多了。这里我们要明确一个概念——词是什么?词是一种女性文学、城市文学或者叫做情色文学。如果我们来考察一下唐宋词之前文学作品里面描写的女性主人公的身份的话,就会发现一个特点,她们都是农村的姑娘或者说是村妇、村姑,到了唐宋词的女性主人公,大都是城市女性。这是一个巨大的变化,主人公变化了。这个城市女性是哪一些?一个是妓女,一个是深闺的怨妇,这是他们描写比较多的。所以这种都市女性题材的增多是词体产生的一个主要的表现特点。词可以这样说:在城市里面,由在城市生活的歌妓歌唱着城市女性的生活,这是词体的一个重要特点,而这种重要特点在晚唐的诗歌里面就有了，有很多像李贺、像韩偓的诗都在写着和词体一样的题材，写城市女性的生活。

第三个就是晚唐时期的诗歌绮艳、淫靡的内容非常多，有的写得非常过分，写女性的生活、男女之间的爱情，有的甚至写到闺房里，甚至写到床上，都多起来了，这些诗歌的变化在催生着一种新的文体，也就是缪钺先生所说的——这一段我给大家读一下——他说"中国诗发展之趋势，至晚唐之时，应产生一种细美幽约之作，故李义山以诗表现之，温庭筠则以词表现之，体裁虽异，意味相同"。内容和风格都是相同的，也就是说时代精神改变了诗歌风格的走向，同时催生了词体的产生和兴盛。这就是第一个部分，我简略地说一下时代精神和词体的发展。

下面第二点进入我们今天演讲的主要内容，就是城市格局功能的变化。这个城市格局怎么还会对词体兴盛起作用呢？作用非常之大。我们首先来看一下，这个功能格局产生哪些变化。主要有三个变化，第一个是坊市制的变化，第二个是夜市的出现，第三个是歌妓居住分布的变化。

第一个坊市制，在宋代之前，中国的城市实行严格的坊市制，一个城市里面分为坊和市，坊就相当于一个生活小区，有院墙围着，叫做坊墙，设一个大门叫做坊门。城市之中只能有一个规定的地方进行交易叫做市场，所以叫做市，市也有市墙、市门，规定得很严。坊也称为里，叫做坊里，坊门是早晨打开，晚上关闭。坊有坊正，就是坊的管理官员，朝廷派的官员，坊正、坊佐就是正副的管理长官，管理这个坊，大街上不允许随便开店。唐代的长安一共有108个坊，设有东、西两个市，市门是中午开，坊门是早上开，如果需要买东西，就等到中午之后，到市里面去交易。洛阳城内有112个坊，有三个市，是北、南、西三个市。

开封城在唐代和五代时期,坊市制建立得比较乱,不像长安和洛阳那样严整,所以北宋刚刚建都的时候,首先加强的是坊市制,严格要求都要建好,学习长安和洛阳,所以开封曾经建有 136 个坊。

坊市制为什么会用这样一个模式?坊市制形成了城中之城的格局。进了城墙之后,一个一个的坊,一百多个坊,大街很整齐,坊都设置得好好的,还有管理人员坊正和坊佐,管理得好好的,手下带着一支军队,市场也管理得很好。这样的做法主要是和当时的经济水平相适应,是城市经济水平不发达,商品流通不充分的表现,当时没有太多的需要去交易的东西。唐朝还规定县一级以下的村镇不准设市,只有县以上的城市才能建坊市。另外坊市制是传统里坊制度的余绪,主要是出于安全考虑。坊里面有兵把守,晚上关门,称之为宵禁。在这样的情况下,安全得到了充分的保障。所以后来坊市崩溃以后,很长时间还有人怀念这个制度,比如说宋代朱熹就说:“唐官街皆用墙,居民在墙内,民出入皆有坊门,坊中甚安。”也就是相当于我们一个生活小区,大门管理得比较好,里面治安很好,道理一样,我们现在开始怀念当时那个城市格局了。但是这个格局很快在北宋的时候被打破了。

我们再来看市。市场上规定,市门有严格的开闭时间,市中的交易活动仅限于白天,太阳一落山,交易就要停止。《唐会要》记载,中午的时候敲鼓 200 下,然后大家去市里面买东西,平时其他时间是不准交易的,大街上也是不准交易的。这样一个坊市的开闭就特别有意思了,我们可以想象一下,按照当时的规定,是天一亮,首先是长安的承天门开始敲鼓,敲 600 下,然后各个大街的十字路口都有街鼓,注意一下街鼓这个概念,下面还要谈到,它的变化是唐宋词彻底兴盛的一个重要标志。各个街口都有街鼓,承天门一开始敲鼓,

文津演讲录 13

各街街口的街鼓同时敲响，都敲 600 下，城门打开，城外的人可以进来了，然后坊门打开，每个小区都打开门，居民都出来了，开始一天的工作和生活。到了傍晚，承天门开始敲鼓，街鼓响起，城门关闭，坊门关闭，整个城市归于寂静。

我们可以想象，唐代长安的街头到了晚上，两边是森严的坊墙，居民们都回家了，除了巡逻的士兵在走动，街上没有行人，是一个非常安静的城市。所以我们在唐诗里面读到这样的句子的时候，你一定要有感觉，就是"长安一片月，万户捣衣声"。怎么这么静呢？连邻居家远远近近的捣衣声都能听得见，可见多么的安静，现在北京晚上能听得到吗？这就是现代化的都市带来的噪音，也是城市繁荣的表现，而这样的一个变化到了北宋的开封城就完全不一样了。

北宋开始，唐代的坊市制度逐渐取消，这个逐渐的过程有多长时间？70 年之久。东京城内部布局发展为街市、桥市的坊市混合型，这时候开封的市就没有什么意义了。老百姓干什么事？他把坊墙打开，临街开店，就临街做买卖，那这个坊墙还有什么意义？坊门也没有意义了。他可以随时从这里出入了，也就是小区到处开的都是商店，一圈开的都是商店，这个小区的围墙还有什么用？一点用都没有了。我们如果对北宋开封的街道进行考察的话，就会发现，北宋皇宫前面的那条御街，就是皇帝那个大门直接朝南的大街，本来是非常神圣的，而现在御街两边前店后厂，全是商店。没有唐代长安那么规整、肃穆，那么庄严，但是带来的是繁荣，坊市不再是以墙作为界限。如果说市也是一个聚集地的话，也没有什么限制了，全城到处都在做生意，到处都是商店，我们从当时的文献里面能看得很清楚。

北宋坊市废弛之后带来了一系列新变化，首先是为什么要临街开店？就是城市发展了，交易的需求增加了，商品的流通急剧膨胀,仅仅是那一个下午的交易时间,远远不能满足这个城市里面人们的需要,他有大量的需求,怎么办?因为当时城市的人口也急剧增加,开封当时的人口最多的时候达到150万,那么多人的生活需求,于是商人们或者市民们抓住这个商机,所以坊、市的围墙拆除之后,带来了城市生活的一系列变化,工商业者和居民都可以自由选择他们的地点,可以在城内随处设置店肆,也可以面临大街开设,甚至连普通的市民居住的胡同、小巷也面街开放,营业方便。

吴自牧的《梦粱录》有一条文献:"自大街至诸小巷,大小铺席连门俱是,即无空虚之屋,每日凌晨,两街巷门上行百市,买卖热闹。"早上两点钟做生意的就开始了,这就和长安的那个情况形成了鲜明的对比。我们现在说到这还没有说宋词。往下你慢慢就知道它和宋词有什么关系了。

再说夜市的出现,夜市的出现是现代大都市的重要标志,也就是说从这个意义上来说,唐代的长安并不是现代化的大都市,第一个现代化的大都市是北宋的开封。唐代的长安晚上是要实行宵禁的,要定时开、闭城门。晚上人不准上大街,如果上街,那叫做犯禁。《唐律》记载,如果犯夜的话,"杖二十",打二十板子。所以唐代经常有记载,有的人跑到街上去被打了,被巡逻的士兵抓住了。温庭筠有一天夜里就喝醉了,上街了,被巡逻的抓住了,打一顿,牙也打掉了。这种记载很多。所以晚上关闭以后,城市街道是非常安静的。到了北宋开封的时候,它的坊墙推倒了,没有这个宵禁了,想宵禁也不可能了,人们早早地就出来了,晚上还不回去,都在街上逛街。无须定时集散,经营时间也不受限制,于是夜市应运而生。与唐代长安入夜之后的寂静、黑暗相比,宋代东京的夜晚华灯璀璨、人群熙攘、市声鼎沸,整个是一个现代化都市的模样,这一点很关键。

我们从一些文献来看,《东京梦华录》上有记载,有一个店叫做任店,任店是当时开封的大酒店,到了夜晚,你到任店,入其门,走一百多步,灯烛通明,上下相照,浓妆妓女有几百人,就站在走廊上等着迎接客人。下面一条材料,蔡絛《铁围山丛谈》也是说东京的夜晚到四鼓天,通宵达旦营业,夜生活非常之丰富。

　　娱乐业的活动主要集中在夜间,所谓"夜生活"。北宋东京夜市的出现给娱乐业提供了蓬勃发展的空间。歌妓的演唱是一种娱乐业,在唐五代的时候,受坊市制和宵禁的影响,它想发展,但不可能,晚上不是营业时间,所以它受到了极大的限制。可是到了北宋的开封完全不同了,需求量也增加了,于是歌妓的营业时间得到了无限制的扩展,各种酒楼亭台舞榭乃至整个娼馆妓院营业时间可以是通宵达旦,这些歌妓的营业时间有了极大的扩展。

　　我们再来看一下歌妓生存状态的变化。那些演唱词曲的歌妓,她们在唐代的时候受到很大的限制,因为她们要住在里坊里面,并且政府给她们规定好的,只能住在某一个小区,在长安就居住平康里。唐代小说有很多这样的描写,就是平康里是在什么位置,出门走,从哪一个坊哪一个里走多少步拐几个弯到了平康里,平康里就是妓女集中居住之地。并不是说歌妓愿意住在那里,而是政府规定要这样去住,当时长安的108坊基本上是按照工作特点、职业特点来分类居住的。这个地方全住工匠,这个地方全住公务员,那个地方全住商人,平康里主要住妓女。成都的富春坊也是妓女集中之地。《北里志》载"诸妓皆居平康里","平康里,入北门,东回三曲,即诸妓所居之聚也"。就是说从长安北门进去,往东绕几个弯就到平康里了,大概在那个位置。

　　到了北宋的开封,坊墙都推倒了,夜晚也开放了,歌妓的居住地和营业场所的选择十分自由。从史料文献来看，宋代东京的歌妓不再集中居住，而是遍布全城各处，这样一来，无论营业场所的分布还是规模均得到了充分的发展，妓女的人数也大为膨胀，舞榭歌楼遍布全城。这就是它充分营业时间的保证了。

当时的歌妓到底有多少人？我专门做过一些这方面的研究。首先来看当时这个妓女——当时称之为妓——的分布。如果你打开《东京梦华录》的话，就会发现全城到处都是妓女所居之地，比如说："至朱雀门街西过桥，即投西大街……向西去皆妓馆舍，都人谓之'院街'。"很多，到处都是。下面一条，"出朱雀门东壁，亦人家。东去大街、麦秸巷、状元楼，余皆妓馆，至保康门街。其御街东朱雀门外，西通新门瓦子以南杀猪巷，亦妓馆。"

"出旧曹门，朱家桥瓦子……两街有妓馆。以东牛行街、下马刘家药铺、看牛楼酒店，亦有妓馆，一直抵新城……先至十字街，曰鹩儿市，向东曰东鸡儿巷，西向曰西鸡儿巷，皆妓馆所居。"

"寺东门大街，皆是幞头、腰带、书籍、冠朵铺席，丁家素茶。寺南即录事巷妓馆……北即小甜水巷，巷内南食店甚盛，妓馆亦多。向北李庆糟姜铺。直北出景灵宫东门前。又向北曲东税务街、高头街，姜行后巷，乃脂皮画曲妓馆。"

这些材料说明什么？说明这个时候妓馆已经分布于开封的全城，到处都是，不像长安的都住在平康里了。

我们再来看一下妓女的人数，据当时的记载，这些妓馆"举之万数"，好几万个妓馆，另外一些文献记载也都证实了这一点。如果我们计算一下的话，比如大型酒楼有妓女几百人，刚才我们说的任店就有几百个妓女，最小的妓馆也应该有几个人，几万个这样的营业场所，妓女的人数最少有好几万,保守的估计也有十万大军。

那么我们就开始来考虑这个问题了,这么多的歌妓主要是演唱词曲来进行营业的,这十万大军天天在演唱,曲子从哪里来?当时唐宋词的歌曲曲调是从西域流传过来的,流传过来以后,经过本土的加工形成很多的曲调。我们至今看到的唐宋词的词牌有 660 个之多,加上各调的"另一体"计算在内,有 1000 多个词牌。而在当时,这个数量最少是它的十倍,我们怎么得出这个结论呢?如果去考察一下《教坊录》里面存的曲名,还有很多遗失的曲子的曲名,就会发现这样一个数字,有很多的曲牌、曲调没有流传到今天,而我们今天能够见到的还有 1000 多个调式。所以当时有很多曲调供她们演唱,但是歌词却不多,因为当时是乐工歌妓填的词,市民不是太喜欢,尤其是有些文化的市民不太喜欢他们的歌词,太过于俚俗。俚俗的程度我们可以从当时的记载看得出来,从敦煌词里,甚至从当时教坊曲的曲名上也可以得到一些启示,就是当时很多歌词过于俚俗,有文化的市民不愿意听,可是文人士大夫又不擅长填词。于是在这个漫长过程中,文人逐渐介入到词的创作。为什么他们会介入?因为有巨大的利润。歌妓演唱是一种营业行为,演唱是有回报的。那么歌词的创作也是有回报的,所以这个时候像柳永这样的词人就应运而生,因为他们既懂音乐又会创作歌词,于是他们和歌妓形成一种商业上的供求关系,就是柳永等人创作出歌词,卖给歌妓,歌妓再把这些词唱出来给客人听,获得利润,形成这样一个利益链条。

由于有庞大的消费市场——东京当时有 150 多万人,这个数字是一个什么概念,我们可以做一下比较。这个时候欧洲最大城市没有超过 5 万人的,最大的可能就是 3 万人,到了元朝他们最大的城市才 5 万人,当时的开封人口 150 万之多,有庞大的消费群体,又有庞大的演唱群体——歌妓,十万大军。这样一个庞大消费群体就呼唤着或者催生出来一些新词。我们从宋代的文献看,老是强调"新词",要不断创作来满足这样一个娱乐业的发展,满足这个市场的需求。其实现在何尝不是如此?现在有庞大的欣赏群体,有非常大的消费能力,有那么多歌星,但是最缺的还是词曲作者。现在的情况和当时有某种相通之处。

北宋东京的人口,太宗晚年的时候就已经超过百万了,北宋末年的时候有 26 万户。杭州在北宋末年的时候有 10 万人家,开封要比它多一倍还多。据周宝珠先生《宋代东京研究》的研究,当时最少有 150 万人,这还不算当时大量的外来人口、临时旅客,和现在的北京太相似了,每天都有大量外地人在这里生活,所以娱乐业的需求是不可遏止的。

总结一下。北宋时期外来的音乐与中土音乐素材相结合,已经形成相对稳定的"燕乐"系统,曲调词牌丰富多样,为歌词的创作提供了广阔的空间。词是先有曲调后填词的,首先曲调的丰富多样就给词提供了广阔的空间。再一个,北宋的东京,妓女的人数达数万人之多,她们在各种酒店旅舍、歌榭舞台乃至大街小巷演唱词曲。她们都需要歌词的创作来丰富她们的内容,曲调虽然好听,但是陈辞旧语难以长期吸引消费者。词曲的消费市场和演唱者歌妓的群体都需要新词创作来满足,于是那些善于填写新词的各个阶层的词作者应运而生,乘势而起,歌词的创作开始繁荣起来。歌词——宋词的繁荣从此开始了,从第一个坊墙推倒的那个时候就开始了。坊墙推倒,夜市出现,歌妓膨胀,创作就开始繁荣了,就是这样的一个逻辑关系。

我们来看一下柳永的这首词,看他描绘的是什么。在这之前,先回顾一下唐五代词写的都是什么内容。唐五代词绝大多数写的是闺中之事,就是一个相思的女子,她在闺房里面,一般来说晚上睡不着觉,为什么?因为她的心上人出去了,她很寂寞很孤独,就在那里看看这个,看看那个,然后表现一个心声。她足不出户,没有写到哪一个女子是上街了的,都是在深院里,在闺房中,在寂静的夜晚里面述说着内心的一些情感。唐五代词绝大部分都是这样的,而柳永的这一首词就不一样了:

　　玉城金阶舞舜干。朝野多欢。九衢三市风光丽,正万家、急管繁弦。凤楼临绮陌,嘉气非烟。雅俗熙熙物态妍。忍负芳年。笑筵歌席连昏昼,任旗亭、斗酒十千。赏心何处好,惟有尊前。

这个描写是在北宋建国之后大概 60 年的时候,正是坊墙开始推倒之后的情况。他写道"九衢三市",可见酒店歌楼遍布大街小巷,不再是集中设置了,不再是唐代长安集中管制的那个模样;"凤楼临绮陌",坊墙拆除之后临街开设的情况,就是大街旁边临街建的楼;"笑筵歌席连昏昼",通宵达旦,夜晚的经营更加繁盛,不再有时间限制;"正万家、急管繁弦",表明娱乐场所遍布全城所有的地方,并不是只在某一个局限的地方。这首词是北宋开封城市娱乐业经营分布和时间的最好说明。柳永有很多这样的作品。也只有北宋这样城市的格局、城市的变化才可能产生柳永这样的人,也才能产生柳永这样的作品。柳永是北宋的第一个大词人,他的词在当时受到各阶层的疯狂喜爱,他是第一大明星。他所生活的状态和城市格局、城市的变化有着直接的关系。

　　我们就把以上的这三点进行了一下总结。北宋东京的新型城市面貌给歌妓提供了广阔的舞台,同时也为像柳永这样的词人提供了展示才能的充分机会。商业的繁荣为娱乐业的勃兴提供了条件,酒楼妓馆遍布全城,歌妓于此展示才

132

艺,消费者在此听歌赏艳。消费需求不仅促进了歌妓人数的膨胀,也带来了消费品之一的歌词需求的膨胀。词体——歌词就是词体——正是在这种需求膨胀之中繁盛起来。宋词就是这样繁盛的。这就是我今天演讲的核心观点之一。

顺便谈一下关于文学史上的一个悬案,这个悬案到目前为止还在继续探讨,就是宋初词坛沉寂的原因。所谓"宋初"是指宋代建国之后,从 960 年到柳永登上词坛这六七十年的时间,在两宋三百余年的历史发展过程中,它仅占近五分之一。但是在这漫长的六七十年间,现在保留下来的词人词作极少,一共只有 11 个词人,加在一起才有 34 首作品,何等的沉寂!如果这个人数和词作的数量和《全宋词》的 2 万多首相比,简直不成比例。这是为什么?其实我说到这,大家都已经能猜出来了,就是因为坊市制的逐步变化。说白了,就是在这六七十年间,坊市制限制得非常严格,词人就无法创作,后来逐渐放松了,废弛了,市场繁荣了。什么时候开始彻底放开了?我们找到一些根据。

所以考察北宋初期词坛萧条冷落的原因,可以从宋代坊市制度的破坏得到启发。北宋初期六七十年恰好是坊市制度从局部损毁到全面崩溃的过程。这六七十年是逐渐的,比如说今天开了一个店,明天城管就来管了,给它堵上了,后天又开两个,城管慢慢不管了。逐渐的,政府就放开都不管了,这样一件过程持续了六七十年。

这里引入一个历史词汇叫做"侵街"。很有意思的一个词,和现在的城市管理也有很大的关系。北宋建立之后,朝廷是要加强坊市制的,坊市制便于治安好管理,所以朝廷多次颁发政令强调坊市的重要性,意在通过强化坊市制度加强治安。然而由于商品增加,市场繁荣,流通需要的急速膨胀,坊市制度对城市商业的限制与城市经济的高度发展之间形成了尖锐的矛盾。都市里破墙开店、临街摆摊、坊中开铺的现象逐渐增多起来。拆毁坊墙市墙开店经商不仅破坏了城市格局,造成治安的隐患,而且难免要侵占道路,阻碍交通,这种现象当时被称之为"侵街",即侵占街道之谓。

那些破墙开店的人开了墙以后,今天往前推一点,明天往前推一点。他今天搭一个棚,过几天把这个棚给垒起来,过两天再往前撑一点棚,慢慢把街道给堵了。朝廷于是想管,限令他拆掉,然后把墙封起来。后来他又开了,开的人越来越多,最后政府也不好办了。如果有一个达官贵人临街开店,"侵街"了,城管是不敢管的,而老百姓开了以后,他就去管,把店封了,人抓了,真是朝政官员家这么开的话,他又不敢管了。于是在朝廷上引起了争议,有好几次辩论,认为这事得要管,于是派某一个大臣去管,他说我要去管的话,我先抓达官贵人,但下面的人不敢去抓。后来街道越来越窄,连车马轿子都过不去了。有一次皇帝从那过,过不去了,很生气,回去说还要管,然后,先抓当官的,这件事当时弄得还很热闹。

"侵街"的情况,影响城市面貌,大家有时还很气愤,但是在当时来说,除了牵涉到商业发展之外,坊墙打开的同时在呼唤着一种新的文学的繁荣,这是任何人都没有想到的。"侵街"和反"侵街"的斗争持续了六七十年,朝廷最后也没有办法了,怎么办?墙开了,朝廷从这个街的这一头到那一头画一条红线,用现在的话说,城市的建筑红线,红线一划,就在这个里面开吧,朝廷不管了。不能越这个线,还打了木桩作标记,等于承认了破墙开店的合法性。坊市制度开始彻底崩溃。

这个崩溃,朝廷并没有下一个文件说,坊市制度不要了,我们通过一些历史文献来证明它是在这个时间废弛的或者说是不要的。在宋仁宗即位之后,面对屡禁不止的侵街现象,下令允许居民临街开设邸店,但是有一个限制,开店随便开,但是要画一条红线,实际上就意味着允许开店了,这是一个非常有意思的变化。过去开店,朝廷把店封了,把人抓起来,现在是画一条红线,红线之内随便开。

到了熙宁七年的时候,发现院墙都没了,坊正、坊佐干吗呢?干脆废坊正,就是坊正这个官职取消了。这个官职取消意味着什么?很明显,说明作为行政区划的"坊"已经不存在了,坊的行政官员"坊正"自然也没有存在的必要了。这个时间,我们可以从一些文献中推导出来。在北宋建国六七十年的时候,"二纪以来不闻街鼓之声"(宋敏求《春明退朝录》),街鼓是城市作息时间规定性的信号,是城门、坊门、市门开闭的号令。街鼓不闻,说明坊市制的时间规定不复存在。而前面所说的"二纪以来",我们推导过去,恰好是北宋建国六七十年,就是在这个时间,柳永登上词坛。街鼓、坊正没有了,坊墙也没有了,夜市出现了。再往后一点,朝廷开始动脑筋,收"侵街钱"——只要交钱,就允许临街开店。就是这样的一个变化。

在这个过程中间,从北宋建国开始严格沿袭唐五代的坊市制度,到逐渐"侵街"和反"侵街"这样一个变化过程中间,城市经济越来越繁荣,歌妓越来越多,营业规模越来越大,这个城市也彻底地改变了模样。宋词在这个时候才彻底繁荣起来,大量作品产生。

以上我们给第二个问题作了一下解释,说宋词为什么能够兴盛,为什么是在北宋建国六七十年之后才兴盛,谈了我自己的一些看法。

下面我们进入第三个话题。词体我们前面说过,它是一个小道,是一个卑体,卑鄙的卑,或者叫做鄙体,卑鄙的鄙,很被人看不起的。这种东西往往会受到道德批判，影响到作者的仕途，这就有一个不解的问题出现了，既然是一个对自己的政治生命有影响的文体，文人为什么还这么喜欢去创作？为什么好之而不绝？我们通过一些材料来看一下。

"柳永，字耆卿。为举子时，多游狭邪。"就是柳永为举子时，天天在大街小巷里面闲逛。"善为歌辞，教坊乐工每得新腔，必求永为辞"，就是得到了新的曲调以后，都求柳永给他写歌词，"始行于世，于是声传一时。……柳永亦善为他文辞，"就是柳永诗文也写得很好，但是由于填词名气更大，"始悔为己累"。他就因为填词的事影响了他的仕途。他很长时间得不到官职，就因为他填词，晏殊等人，甚至皇帝都批评过他。这个事情，我们后面还会谈到。

陆游因为年轻的时候填了不少词，"晚而悔之"，晚年的时候后悔了，可是他自己写了一个序，说我年轻的时候喜欢填词，填一些情词——比如陆游和唐婉的故事——到了晚年以后，想着青少年写的这些词，想起来很不好意思，我现在要把这些词给汇集起来，把它刻印出来，干什么？"以识吾过"，来记载我犯过的错误。这就很奇怪了。要真是以为犯错误了，还把它刻印出来干吗？销毁了不就行了吗？他不仅不销毁，还搜集起来，刻印出来，说是"以识吾过"，他真是这样吗？肯定不是。那么他是什么心理？下面就来分析一下他这样一个心态。像这样写词后来又后悔的人，正像胡寅所说的，词曲这种东西，"豪放之士鲜不寄意于此者，随亦自扫其迹"，写完以后，赶快说我没写过，不是我写的，"曰谑浪游戏而已也"。既然知道对自己的名声不好，为什么还要去写？这是一个特别值得我们注意的现象。

我们再来看，一些政治家或者朝臣以此受到了批评，比方说和凝在少年的时候写了好多曲子词，这些词流入了开封、洛阳,到他当了宰相的时候,专门派人把这些传抄的词都收拾销毁,为什么?因为他觉得很丢脸,当一个国家的总理居然写那种词,很不好意思,赶紧销毁,但是即便是这样,大家还说你本身生活上是有污点的,"厚重有德,终为艳词玷之",你还是有问题的,并且还说"好事不出门,恶事行千里",当年你犯过这样的错误。可见当年填词在大家心目中不是什么好事。

下面一条材料是王安石在做副宰相参知政事的时候,有一天读晏殊的词,问道:"为宰相而作小词可乎?"当总理的人还能写这些小词、这种艳词吗?旁边有人替他说话:"彼亦偶然自喜而为尔",偶尔写着玩玩,别当真。"顾其事业岂止如是耶!"他政治上的功劳不是很大吗?另外的人就不同意,说:"为政必先放郑声,况自为之乎?"他说政治家首先从道德上要对自己有要求,怎么能够违反自己的原则呢?批评得很严厉。

晏几道是一个擅长填词的人,后来他父亲的一个部下就跟他说,说你这个人是"才有余而德不足",你填词确实很有才,但是道德品质有问题,"愿郎君捐有余之才,补不足之德",以后你别填词了,好好学习政治,好好地做事吧。

可见填词在当时社会上知识分子及官僚群体之间不是什么好事,但是这些人为什么又都好之而不绝,还在拼命地填词?也就是说,宋词这种文体在宋代300多年能够持续发展的内在动力是什么?如果我们说里坊制的破坏是它开始兴盛的原因的话,为什么能在300年里持续地发展繁荣?这就不能用坊市的变化解释了,只能从另外一个角度去解释。

词是一种才华的表现,正像每一个女性都希望别人夸奖她漂亮一样,每一个男性心里面都有一个潜意识,都希望别人称赞他有才。而在当时,写诗是每一个文人士大夫的必修

137

课,是必备的技能,一般来说写诗并不是展示才华的最好方式,尤其是写诗的过程不可能展示出来你有才,而填词则是才的表现。

柳永就认为他虽然没有当官,在事业上没有什么成就,但是是一个才子。他说"才子词人,自是白衣卿相",我是一个不穿官服的卿相,因为我是一个才子词人,我有才,我的词比别人填得好,我的才华就比别人多。他另外一首,写他在大街小巷闲逛,结识了开封最漂亮的歌妓,"美人才子,合是相知",说这个漂亮的歌姬为什么要和我合作?为什么和我相知?因为我是才子,我有才。他特别得意。最后一首,"我不求人富贵,人须求我文章。风流才子占词场,直是白衣卿相。"他就认为自己有才,因为那些歌姬确实都在捧他,市场上的需求者听歌的人都在捧他,他有无数的"粉丝"。宋朝快灭亡的时候,敌国的军队都要破城了,皇帝还在那里听柳永的歌。如果有人在市场上诋毁柳永,就有人当面翻脸,说我就崇拜柳永,要不然你写一个我看看。他的"粉丝"很多,就更加造就了他这种才子的心态。实际上不仅是他,所有会填词的人都是以有才自诩的。

唐代诗人元稹擅长乐府歌诗——还不是词,但是和词有点共同之处,就是音乐文学——所以人称为"元才子"。别人不能称才子,可以是诗仙、诗圣、诗什么都行,但不是才子。作为一个普通的文人,想去当仙、当圣不太可能,当一个才子总可以,那就写词。清人云:"无才固不可作词。"要是没有才华的话,就别去填词了,去写诗好了,写诗是本分。考科举的话必须要写诗,但是不需要写词,要是想成为才子,就得填词。清初人毛奇龄,"三毛"之一,很有名的文人,他说唐代的时候,温庭筠和韦庄这两个人是花间词人的典范人物,"称才子",温、韦是才子,而唐代的韩愈、柳宗元、李白、杜甫没有人

讲 座 丛 书

138

称他们为才子,为什么?因为"以其独能艳也"。"艳"就是填词的意思。上面四个人不填词,文章、诗写得再好,不能称为才,不是才子,温、韦别的方面不如他们,但是人家会填词,可以称为才子。男性的士大夫被这个才名给诱惑得简直不能自拔。

我们来看,这个例子特别有意思:有一个人叫做王元泽,"一生不作小词",朋友们就看不起他,说这个人没有才,不行。他听说以后,笑了笑,回家就写了一首《倦寻芳慢》,写完以后,拿到公众场合,大家一看,"时服其工",大家说写得太好了。王元泽却宣布从此再也不写词了,什么意思?他是告诉大家,我不是没有才,我有的是才,写一首让你们看看就行了,我不在这方面发展,不愿意用这种小词来损坏我的政治名声而已。小词我是能写的,这是一种典型的呈才的心理表现。

清代有一个大词人叫做朱彝尊,另外一个词人叫做汪懋麟,汪懋麟的词集《锦瑟词》写成的时候朱彝尊写了一首词表示祝贺,"锦瑟新词凤阁成,赢得才名,不减诗名",这是最好的说明,词填得好,赢得了才子的名声,又不减诗歌的名声,可见才名和诗名是两回事,就是会写诗那是诗名,写词写得好,是才名。"风流异代许推并,是柳耆卿,是史邦卿"。朱彝尊说你就是宋代的柳永和史达祖,了不起得很,柳永就是一个才子,你现在也是一个才子。所以从宋到清代的观念里面,会写诗不能称为有才,只有会写词的人才能称为有才。

那么这个才,不是晚上回家写一首,第二天抄出来,说我很有才,那不行,人家不信,这个才一定要当众表现出来,要在一定的地点、时间之内表现出来,而这种表现当时在宋代的时候有三种场合。有的时候主人请客,然后说,请你填首词,交给我们家的歌妓来唱,这个绝对不是为难你,而是请你

139

展示一下你的才华,同时也是让你在我的同事面前、在我家的歌妓面前,展示你的才华,这是我在奉承你,在给你面子。有的时候主人请在座各位宾客一同赋词,张三、李四我们坐一屋,每一个人写一首词,主人说大家都写,看你们谁有才,看谁写得好。有时候,主人说不好意思,我写一首词,让大家欣赏欣赏,有一个自谦的意思,同时也有一个自炫的意思。然后让大家品评,让你在欣赏词的过程中,再一次展示你的才华。这种即席赋词的过程,古人称之为"捷才"或者"急才"。是否有"急才"才是一个文人是否有才的真正表现。

我们看看苏轼的"捷才"。有一次苏轼和一群朋友、一群官妓在一起聚会,这群歌妓窃窃私语,都说苏轼是一个大文豪,咱们试试他到底是不是真的有才。"一日,歌者(就是歌妓)辄于老人之侧作《戚氏》",说苏大学士你给我们做一首词吧,作一首《戚氏》,这个词牌字多,慢词长调,很难写的,比小令要难写得多。她们就是要刁难苏轼一下:不是都说你是大文豪吗? 我们就要来考验你一下,"意将索老人之才于仓卒",就是很短的时间之内,看你能不能完成这首作品,"以验天下之所向慕者",天下那么多人崇拜你,我们今天就要考验你一下,你要是写不出来,我们就要说了,苏轼其实就是这么回事。然后苏轼"老人笑而颔之",笑着点点头,"邂逅方论天子事",朋友之间正在说朝政大事,他一边说着,一边写着,"随声随写,歌竟篇就,才点定五六字尔"。一气呵成,仅仅修改了五六个字。写完了,歌妓一唱,没有一个不佩服的,苏轼的才算是真正的"捷才",从此以后没有不服的了。

还有一个故事就更有意思了。有一个人叫做蒋璨,他的《墓志铭》里面竟然记载了这样一段话,说这个人在活着的时候,"客至命酒",客人来了以后喝酒,"即席赋长短句,界歌者持杯劝信,巧丽清新,不袭蹈前人一言一句",当场要写长短句的,

讲 座 丛 书

要写词,写得还那么好。把作词的才华写到墓志铭里的,这是仅见。到清代还有,但是宋代我还没见到第二个,也就是说这是一个即席填词,是突出蒋氏有捷才的突出事例。对于文人来说,才华是人生最值得夸耀的内容,所以特意写到墓志铭中,我们家主人太有才了,因为这肯定是他的后人给他写的。

为什么即席填词是他们共同追求、向往的一个境界?因为填词有一个特殊性,它和写诗不一样,写诗就是男性士大夫之间,聚会喝酒,你写一首,我写一首,而填词一定是和歌妓密切联系在一起的,正像五代时候欧阳炯写的《花间集叙》里面所说,"绮筵公子"——男性,"绣幌佳人"——女性,集合在一起创作词,"递叶叶之花笺"——公子把词写在纸上,"文抽丽锦"——特别有才,然后佳人——"举纤纤之玉指,拍按香檀"。男人当场表现才华,写出了很有文采的文字,歌妓把它演唱出来,于是"不无清绝之词,用助娇娆之态",文采的华美和歌妓的娇娆配合起来。词是士、女杂处之地产生的文学,一种音乐文学,它和诗歌的产生环境是不一样的。词曲的创作和表演在娱乐场所,即宴厅、歌楼、酒肆、娼馆。由男性词作者和女性演唱者相结合的场所,也是女性表演、男性欣赏的场所,总之是士、女杂处众人聚集的场所。面对异性,激情很容易得到促发。所以如果说都是一帮男人,他没有兴致,面对女性,尤其是在美丽娇艳的歌妓面前,词人充分展示才情;如果是在众词人同席之时,更要一较才情之高下,比一下,看谁写得更好,看歌妓最喜欢谁的词。在异性面前的这种刺激,正是填词里面"捷才"表现的一个重要内容。

而这些歌妓也很有意思,她知道你想填词是想展示自己的才华,或者用现在的一个词说叫做"技痒"。一到这种场合,比方说像现在聚会的时候,有人就想唱歌,按捺不住。古人想写词,歌妓深谙他的内心,然后就跑到他跟前去,说给我写首词吧。她绝不是为难你,她的潜台词是给你一次展示才华的机会,所以在很多宋词创作场合里,都是歌妓当场要词唱的,有很多这样的描写。比如柳永《玉蝴蝶》这首词里面"要索新词,殢人笑含立尊前",一个歌妓站在跟前,说给我一首词吧,展示一下才华。苏轼的《满江红》里面也写到歌妓要词。管鉴的这首词也是"醉中诸姬索词",也是诸歌妓来向他要词。赵长卿也有"坐前数妓乞词而歌",就是歌妓特别喜欢跟你要词。所以士大夫走入这种花酒的场合,要是不会填词,非常丢脸。歌妓到了跟前,"张先生,给我写一首词吧",你说不好意思,我不会,那你干脆不要去喝这场酒了。你要加入士大夫的群体,要到这种场合去,先学好填词,到时候才能展示你的才华。

这种在女性面前充分展示才华的机会,既是挑战,更充满了诱惑。这种诱惑将文人吸引到花间樽前,在珠环翠绕、莺声燕语之中浅吟低唱。词人们冒着政治声望有损,甚至仕途受挫的风险,也乐此不疲,这正是填词的魅力所在,也说明了词体繁盛的原因。这是它的第三个原因。

再把我今天的演讲做最后的总结。第一,时代精神和词体的关系,就是任何一种文体必须有一个时代的文化氛围,就是词为什么能够在晚唐五代逐渐成熟,逐渐地走进文人的视野当中。所以第一个问题说的是词为什么能乘势而起应运而生。第二,城市格局的变化,探讨的是词为什么能在宋代而不是在唐五代得到极大的繁荣的一个原因。第三,呈才这个问题说明,词为什么能够在宋代 300 年间持续地繁荣、持续地发展。

今天我的报告就到这里,谢谢。

（讲座时间:2012 年 10 月）

142

宋红

论古诗词之吟唱

　　宋红,女,原人民文学出版社古典部编审。30年间编发书稿3000余万字,成功引进海内不传之珍贵汉籍多种,如《日本足利学校藏宋刊明州本六臣注文选》、日本松平文库本《千载佳句》等。著作有《南社诗选》《先秦两汉诗卷》《中国古代诗歌精华(下)》《宴饮诗》等作品选注,《日韩谢灵运研究论文编译》等译著,《天地一客——谢灵运传》等人物传记及论文多篇。

非常感谢文津讲坛给我这样一个和大家交流的机会,我今天是讲古诗词的吟诵。今天天气比较糟糕,杜甫在《秋述》里头说过一段话,说他在长安的旅次卧病,这个时候长安大雨,结果"多雨生鱼,青苔及榻",积水中鱼都生出来了,而且青苔已经长到了他的床榻边上。"常时车马之客,旧,雨来,今,雨不来",就是说老相识的朋友在这个"多雨生鱼,青苔及榻"的情况下,还来跟他叙旧。而新朋友只在晴天来,雨天就不来了。

今天在这么一个雨雪交加的天气里,还有这么多听众来听讲座,让我很感动。对我来说,大家是新朋友,但是对文津讲坛来说,我相信今天来的都是铁杆的"粉丝"。

谢谢大家,谢谢!

一、诗与乐的关系

我们讲古诗词吟唱,"古诗"是指中国古代的诗歌。"诗歌"今天作为一个双音节固定语词,它所指向的是"诗",用于歌唱的诗意文字叫"歌词",不叫"诗歌",也不叫"歌诗"。那为什么我们要诗、歌连用,实际上就是因为过去的古诗都是可以歌唱的,本身有很强的音乐性。在《礼记》的《乐记》里有这样的文字:"故歌之为言也,长言之也。说(悦)之故言之,言之不足故长言之,长言之不足故嗟叹之,嗟叹之不足故不

145

知手之舞之、足之蹈之也。"就是说诗歌实际上是一种抒发情感的方式,它比一般的语言要更加抒情,就是"长言",长言之不足还有嗟叹之,还要手之舞之、足之蹈之。《诗大序》里也有类似的话。汉代的郑玄说:"长言之,引其声也;嗟叹,和续之也。"可见歌是"长言",比普通的话语能够更强烈地表达内心的情感。比如中国最早的诗歌总集《诗经》,尽管在是不是完全入乐这个问题上是有争议的,但至少在孔子的时代是完全可以歌唱的。

关于《诗经》是否全部入乐,历史上有不同意见。

《诗经》全为乐歌说

有的人认为《诗经》全都是乐歌,宋代的郑樵、明代的朱载堉,还有清代的乾隆皇帝,都认为《诗经》完全都是乐歌。

朱载堉说:"古诗存者三百余篇,皆可以歌,而人不能歌者,患不知音耳。苟能神解意会,以音求之,安有不可歌之理乎?臣尝取三百篇诗一一弦歌之,始信古乐未尝绝传于世。"他就认为300篇全部都是可以歌唱的。

《诗经》有入乐不入乐之分说

还有的说《诗》有的是入乐的,有的是不入乐的,比如像宋代的陈旸、程大昌都认为《诗经》"南、雅、颂为乐诗","诸国为徒诗",即十五国风中"周南""召南"之外的诸国之诗是徒诗,就是说它完全是不能唱的,明代的焦竑也从这个说法。清代顾炎武的《日知录》也有"诗有入乐不入乐之分"的主张。他认为变雅的诗是不入乐的。人民文学出版社古典部的编审林东海先生,也是我的老师,写过一篇文章发表在《文学遗产》上,题目是《说"南"与"风"》,提出一个新的见解,认为十五国风中不必再分"南"与"风",实际上周南、召南和其余十三国风诗是一回事,南和风的关系是什么?就是开始都叫"南",以后才称"风",所谓"十五国风"是后起的概念,周南和召南等于是一个古称的遗存,而且说"南"原本就是一种乐器。

今人提出的观点是:如果"南""风""雅""颂"都是音乐的名称,那我们就用不着讨论什么诗篇入乐、什么诗篇不入乐的问题,而应考虑《诗经》是从徒歌变成乐歌呢,还是完全为奏乐而创作的乐歌。这个问题各有各的看法。《史记·孔子世家》说得很明确:"三百五篇孔子皆弦歌之。"就是在孔子的时代,这305篇《诗经》全都是可以歌唱的。朱熹的观点是:"风"是"民俗歌谣之诗","小雅"是"燕飨之乐","大雅"是"会朝之乐,陈戒之辞","颂"是"宗庙之乐歌"。就是说都是可以歌唱的,风诗是民间的那种小调,小雅是在知识阶层宴享时候的一种音乐,大雅是国家朝会祭祀的场合唱的,是一种正式场合的音乐,"陈戒之辞",颂是宗庙之乐歌,就是祭祀时候的音乐。《墨子·公孟》篇说"诵诗三百,歌诗三百,弦诗三百,舞诗三百",说这305篇可以诵读,可以歌唱,还可以弦歌,就是配上乐器歌唱,还可以舞蹈,就是边唱边舞,进行表演,这是墨子的说法。

大概秦代以后,因为秦始皇"焚书坑儒",那个时候凡是讲《诗》《书》的人,都要弃市,给杀掉,在秦代以后《诗经》的音乐性就丢失了。《诗经》的传世乐谱都是唐、宋以后文人的拟作。

关于《诗经》乐谱的情况是这样的,朱熹在《仪礼经传通解》这本书里载有宋代赵彦肃所传的《诗经》乐谱叫《风雅十二诗谱》,据说是唐开元时期"乡饮酒"礼所用的乐曲。这个谱子是律吕字谱,就是以十二律的律吕,比如"黄钟""大吕""太簇"之类的名字来记录每一个字的音高。因为黄钟大吕每一个调是不一样的,相当于我们今天说的G调、F调之类,用律吕来定每一个字的字音。这个记法是,比如说"黄钟",

取第一个字"黄"字,"太簇"就取一个"太"字,这样来记音高,一字一音。《小雅·鹿鸣》第一句是"呦呦鹿鸣",这一句记谱的时候,就是每个字下面都有一个加了圈的字,比如"林""蕤""姑""黄",代表的是四种音高。我们可以看一下赵彦肃在这个《诗经》乐谱《风雅十二诗谱》里面的一个记谱情况,"呦呦鹿鸣"下面出现的是加了一个圆圈的"林""蕤""姑""黄",那"林"代表的是"林钟","蕤"是"蕤宾","姑"是"姑洗","黄"是"黄钟",黄钟大吕的"黄",黄钟是个比较高的音。

到了元代,熊朋来把《风雅十二诗谱》收在他自己的书里头了,说《风雅十二诗谱》是《诗旧谱》,自己又拟作了《诗新谱》17 篇,等于是他自己的创作,给《诗经》中的 17 首诗加上音乐。到了明代,朱载堉也为《诗经》写过琴谱,在《律吕精义内篇》《律吕精义外篇》还有《乡饮诗乐谱》中也有拟作,就是模拟了一个《诗经》的音乐。清代的乾隆皇帝对朱载堉的工作还不满意,所以他在乾隆五十三年,也就是 1788 年,下令再编一个《诗经乐谱》,这就把《诗经》的 305 篇全都给配上音乐了。但是今人认为这个出自宫廷的拟作比文人的拟作更加脱离历史,无甚可取。

我把《诗经》乐谱里面拿了两首,做了一个简谱的翻译。我示意性地唱一下,因为五音不全,唱也唱不好,但是我不唱的话可能大家对这个没有直接的感受。比如《诗经》的第一篇《关雎》,"关关雎鸠,在河之洲。窈窕淑女,君子好逑",把这段《诗经》乐谱翻译出来,大致就是这样:

箫谱:

关 关 雎 鸠　　在 河 之 洲　　窈 窕 淑 女　　君 子 好 逑
1 3 4 5　　　6 5 1 6　　　5 6 4 3　　　5 4 3 1

还有一首,也是《诗经·周南》里面的,《螽斯》。螽斯是一种小虫子,翅膀摩擦可以发音,有点像蛐蛐那样的。它是用螽斯繁衍得很快来比况子孙繁衍众多。这首诗第一章是:"螽斯羽,诜诜兮。宜尔子孙,振振兮。"就是宜子宜孙这个意思。如果用简谱唱出来,我的这个翻译打谱的唱法差不多就是这样:

箫谱:

螽 斯 羽	诜 诜 兮	宜 尔 子 孙	振 振 兮
$\dot{1}$ 3 4	$\dot{1}$ 6 5	5 6 3 4	4 3 1

"兮"在歌唱的时候就是读成"噢"。这些诗调式翻译出来,听上去感觉是很平缓的,很接近庙堂音乐或宗教音乐(按:本讲演中有大量音乐元素,无法在文字记录中呈现,请见谅)。

工尺谱和简谱到底应该是什么关系?《诗经乐谱》是用工尺谱记音,工尺谱是中国音乐的传统记谱方式之一,通行于明清时代。唐代的记谱方式是简字谱和燕乐半字谱,所用的符号大致相当于半个汉字,而且多用来记燕乐,所以叫燕乐半字谱。工尺的"尺"字,在这个地方读成"chě",叫工尺谱,工尺谱是按上、尺、工、凡、六、五、乙这几个字来对应简谱里面的"do、re、mi、fa、sol、la、si"。然后还有高音部分,高音部分还是这个上、尺、工、凡、六、五、乙,在表示高音的时候,就在边上加了一个"亻",比如"上"字,就是"仩",上、尺、工、凡、六、五、乙,每个字都是在边上加一个"亻",高两个八度是加"彳"。在表示低音的时候,还是上、尺、工、凡、六、五、乙,但是六、五、乙这三个字就变成了合、四、一,前面的上、尺、工、凡每一个字的最后一笔又多了一撇。比如"上"字,最后一横,横完以后,在底下又多出来一撇,写成"仩",这个就表示是低音,低音的"do、re、mi、fa、sol、la、si",就是上、尺、工、凡、合、四、一,上、尺、工、凡都是末笔多加一撇的。

		……合	四	一	上	尺	工	凡	六	五	乙	仕……
对应简谱是	……	5	6	7	1	2	3	4	5	6	7	1……
也可以是	……	1	2	3	4	5	6	7	1	2	3	4……

把这个音阶关系弄清楚,就可以根据工尺谱的乐谱来翻译成简谱,我们自己也可以尝试来解读这个工尺谱了。

汉代在大一统的局面下开始重振礼教,就由"礼"关注到了"乐",因为《诗经》在先秦时代,最早也是作为《诗》《书》《易》《礼》《春秋》《乐》这六经之一,《乐》跟《诗》是紧密联系在一起的。因为后来《诗经》的音乐性丢失了,所以《乐经》也就不存在了,变成了五经。

到了汉代重振礼教关注到"乐"的时候,设了一个机构叫乐府。还设了采诗官,到各地去采诗,这和十五国风的形式就很接近了,十五国风也是由采诗官搜集在一起的。乐府中的诗都是可以歌唱的,六朝的乐府沿袭了汉代这个制度,但是音乐性更加强化了。

我们可以比较一下魏武帝曹操的《苦寒行》。《苦寒行》的本辞是汉魏的乐府歌词,到了晋代还在演奏,晋乐演奏的时候增加了一些复沓重唱的部分,显示出它的音乐性更强了。《苦寒行》本辞:

　　北上太行山,艰哉何巍巍。羊肠坂诘屈,车轮
为之摧。

　　树木何萧瑟,北风声正悲。熊黑对我蹲,虎豹
夹路啼。

"北上太行山,艰哉何巍巍。羊肠坂诘屈,车轮为之摧",在晋乐里头显示的是第一节,类似第一个乐章。第二段是"树木何萧瑟,北风声正悲。熊黑对我蹲,虎豹夹路啼",在

《宋书》的《乐志》里面引诗就引成了：

> 北上太﹦行﹦山﹦，艰﹦哉﹦何﹦巍﹦巍﹦。羊肠坂
> 诘屈，车轮为之摧。一解

把重唱的部分下面都加了双点，表示这些部分是要反复唱的。所以它这一节大致是音乐上的一个循环。

这个时候的诗歌大约就有了入乐和不入乐的区分。我们看很多文人的集子都是乐府诗在前，而且乐府诗往往诗味不是那么浓，觉得挺奇怪，为什么要把乐府诗搁在前头，就是因为这些诗应该是被唱过，就像是词作家写了一首词被唱过了，被谱曲传唱了，那他肯定很骄傲，所以被唱过的乐府诗也是文人很重视的，放在自己作品集的最前面。

到了唐代，诗歌入乐的情况本身是在不断变化的。武则天的时代也有些诗入乐，能够谱曲歌唱，入乐的诗差不多都是五言十二句的诗。为什么说武则天时代唱过的诗都是五言十二句的？在《唐诗纪事》卷三里面记载过一个彩楼评诗的故事，就是一个证明。我们可以看一下这个故事：

> 中宗正月晦日幸昆明池赋诗，群臣应制百余篇，帐殿前结彩楼命昭容选一首为新翻御制曲。从臣悉集其下，须臾纸落如飞，各认其名而怀之。既进，唯沈宋二诗不下，又移时，一纸飞坠，竞取而观，乃沈诗也。及闻其评曰："二诗工力悉敌，沈诗落句云'微臣雕朽质，羞睹豫章材'，盖词气已竭；宋诗云'不愁明月尽，自有夜珠来'，犹陟健举。"

"中宗正月晦日幸昆明池赋诗，群臣应制百余篇，帐殿前结彩楼命昭容选一首为新翻御制曲。"这是唐中宗时候的事情，"正月晦日"就是正月的三十日，正月的最后一天，这天在唐代也是一个节日。中宗到昆明池去玩，在那儿写了诗，群臣都跟着唱和。因为群臣有一百多篇诗都写出来了，中宗就

命上官婉儿——上官仪的孙女,上官仪要谋反,被杀了,那时上官婉儿还在襁褓之中,武则天就把她带到宫里,是武则天把她带大的,后来她就在宫里头做了女官——中宗就命婉儿选一首为新翻御制曲,就是在一百多篇里头选出一篇来,来跟御制曲配乐。"从臣悉集其下",大家都等着评选结果。"须臾纸落如飞,各认其名而怀之",彩楼里头上官婉儿选诗,一会儿把那没选中的全都给扔下来了,大家就各找自己的诗页收起来。又过了一段时间"唯沈宋二诗不下",沈、宋就是沈佺期和宋之问,当时的著名诗人。他们两个人的诗一直都没有被扔下来,最后选到他们两个了。"又移时,一纸飞坠,竞取而观,乃沈诗也。"又过了半天,有一张纸又飘下来了,是被淘汰的沈佺期的诗,最后宋之问的诗被选中了,成了新翻御制曲的歌词。人家就问了,为什么要选宋之问的诗?上官婉儿有一个回答,说"二诗工力悉敌,沈诗落句云'微臣雕朽质,羞睹豫章材',盖词气已竭;宋诗云'不愁明月尽,自有夜珠来',犹陟健举"。就是他两个诗写得都挺好,差不多,但是结尾沈佺期这个诗比较谦虚,他说自己是"微臣雕朽质",水平不行,所以写的诗也不够好,最后谦虚了一下。宋之问的诗最后是扬上去的,"不愁明月尽,自有夜珠来",就是明月落下去也没关系,还有夜明珠可以照亮,还能继续饮酒欢乐。这个时候沈佺期就服气了,说上官婉儿这个评价是很对的。宋之问的诗是这么说的:"春豫灵池会,沧波帐殿开。舟凌石鲸动,查拂斗牛回。"——这个"查"等于是当"船"讲的那个"槎"——"查拂斗牛回,节晦蓂全落,春迟柳暗催。象溟看浴景,烧劫辨沉灰。镐饮周文乐,汾歌汉武才。不愁明月尽,自有夜珠来。""镐饮周文乐"实际上是宋之问诗的一个瑕疵,他偷换概念了。因为"镐饮"不是周文王的典故,是周武王的典故,周武王才建了镐京,大宴群臣,但是他后面这一句写的是汉武帝,汉武帝和群臣在渡汾水的时候,在舟船上饮酒赋诗,作了《秋风辞》,这个是汉武帝的典故。下一句已经用了汉武帝,上面不能再说周武,他就偷换概念,用了"周文",实际上镐饮是周武王的事情。他是用周文王,其实是周武王和汉武帝,来比况中宗他们这个晦日的饮酒。最后说"不愁明月尽,自有夜珠来",这个诗正好是五言十二句。

沈佺期的诗也是五言十二句,咱们就不看了。他最后写"微臣雕朽质,羞睹豫章材",脱离了中宗让大家写诗的主旨,因为他落到自己身上了,没有落到圣上的身上。上官婉儿这个评价后代文人也都认可。比如明代的王世贞就说了,沈诗的这个结句是累句中的累句,就是累赘的。宋诗的这个结句是佳句中的佳句,有言不尽意的意思。而且沈诗是"言浮于意",累赘了,就不好了。

可以看得出来,这个彩楼评诗的故事,写的都是五言十二句的诗,当时是入乐的。可能这五言十二句咱们刚才看下来也觉得太长,歌词还得让大家容易记忆,才容易歌唱,容易传唱。如果很长的话,不太好记,也就不太好传唱。所以可能是嫌长,后来民间就开始唱七言绝句,七言四句的一些诗。这个也有证明,就是唐代还有一个旗亭画壁的故事,里面歌女唱的全都是清一色的绝句。这个记录见于《陕西通志》卷九十八所引《唐诗纪事》,现在的《唐诗纪事》通行本是没有这一段的。

这个故事是怎么说的呢? 也可以看一下。"开元中,诗人王昌龄、高适、王之涣齐名,一日共诣旗亭小饮",旗亭就是酒楼,有的时候它也是一个驿站,一般的人路过这地方可以休息住宿饮酒,不从这儿路过也可以到这儿来饮酒来游玩。诗人王昌龄、高适、王之涣他们一块到旗亭来小饮,"忽有梨园伶官十数人登楼会燕,俄有妙伎四辈寻续而至。昌龄等私

153

相约曰:我辈各擅诗名,可密听诸伶所讴,若诗入歌词多者为优"。就说咱们几个人名声都差不多,可以悄悄地听一下,她们唱的诗,谁的作品多,谁就是优胜者。"俄一伶唱曰:'寒雨连江夜入吴,平明送客楚山孤。洛阳亲友如相问,一片冰心在玉壶。'"这是王昌龄的诗,所以王昌龄就"引手画壁曰'一绝句'",就是他在墙上做了一个记号,说"一绝句",唱了我一首了。"寻又一伶讴曰:'开箧泪沾臆,见君前日书。夜台何寂寞,犹是子云居。'"这是高适的诗,所以高适"引手画壁曰'一绝句'"。好,唱了我一首了。"寻又一伶讴曰:'奉帚平明金殿开,强将团扇共徘徊。玉颜不及寒鸦色,犹带昭阳日影来。'"这是王昌龄的诗,所以王昌龄"又引手画壁曰'二绝句'",唱了我两首了,他就高兴。这时候王之涣"自以诗名已久,因谓诸人曰:'此辈潦倒乐官,所唱皆巴人下里之词耳。'"他们唱的都是什么呀,都是下里巴人,都是比较粗俗的一些诗,"因指诸伎中最佳者曰:'待此子所唱如非我诗,即终身不敢与子争衡矣。'"等到最漂亮的那个人要不唱我的诗,我就这辈子都不跟你们争高下了。"须臾次至双鬟",就是那个梳着双鬟,两个抓角发式的一个歌女伶官,她"发声则曰:'黄河远上白云间,一片孤城万仞山。羌笛何须怨杨柳,春风不度玉门关。'"这是王之涣的诗,所以王之涣就特别得意,就"揶揄二子曰:'田舍奴,我岂妄哉'"。意思就是乡巴佬你看我说得对吧,结果他们"皆大谐笑"。然后"诸伶不喻其故,皆起,诣曰:'诸郎君何此喧噱?'"说你们这些人都在笑什么?"昌龄等话其事,诸伶竞拜,乞俯就筵席。""诸伶"就移席过来跟他们一起来喝酒玩乐,所以他们就答应了,"三子从之,欢醉竟日"。

《陕西通志》引《集异记》跟这个文字大同小异。从这个故事我们可以看出来,当时伶官唱的时候是很无意的,我们从这个材料中就可以发现,当时唱的已经全都是七言绝句还有五言绝句,就是已经在唱绝句了,不唱五言十二句的那种诗了。这就是唐代以诗入歌,歌唱情况的一个变化。

因为是歌唱,所以对格律的要求就不是很严格。比如王维的《送元二使安西》,"渭城朝雨浥轻尘",这个也是入乐的,在乐府中就称为《渭城曲》,又称为《阳关三叠》,因为要叠唱三遍。但是这首诗我们可以关注到,它的第三句和第二句实际上是失粘的。看一下王维的《送元二使安西》:

渭城朝雨浥轻尘,客舍青青柳色新。

劝君更尽一杯酒,西出阳关无故人。

格律应该是"平平仄仄仄平平",然后是"仄仄平平仄仄平","仄仄平平"之后,下面应该是"仄仄",就是"客舍"是"仄仄",在第三句的开头两个字也应该是"仄仄",跟它相粘。第一句和第二句是要相反的,相对应的。第三句和第二句是两个平仄要相同的,应该是第三句仄起,就是"客舍青青柳色新"下面应该仄起,但是这个地方变成了"劝君更进一杯酒",还是"平平仄仄平平仄",等于从格律上来说它是失粘了。他自己做诗的时候没有注意到这个问题。作者没有注意,读者其实也没有注意,因为这首诗大家读起来都觉得挺流畅。没有说到他失粘的问题,就是因为这首诗入乐,歌唱的时候,可能这个平仄的粘对大家就不太注意了,就不是很严格了。

关于《阳关三叠》,很有意思,有不同的解释,就是《阳关三叠》到底是怎么个叠法?明确见于宋元明清文献记载的有17种叠法,大致分为三类,一种是原句叠,一种是破句叠,还有一种是增句叠。现在我就示例性的介绍几种,不可能介绍得那么全,因为时间有限。

原句叠就是在不改动原诗句式的前提下,用原句进行不同的重叠与组合,组合的诗歌还是七言体。原句叠大致有这样的三种,一种是每一句都叠两遍,第二种是每一句叠唱三遍,还有一种是后三句每句都叠两遍,第一句不叠。大家对三叠到底怎么叠的有不同的探讨,明代的田艺蘅还专门做了一个《阳关三叠谱》,《阳关三叠》的图谱,里面记载的叠法就更丰富了。这个七言叠他说有四种,第一种是全诗循环叠唱三遍;第二种是最后一句叠唱三遍;第三种是分别叠一二三句,田艺蘅称这个就是唐人的三叠之法。唐人的三叠法具体是怎么叠呢? 就是第一叠,"渭城朝雨浥轻尘",叠一句,"渭城朝雨浥轻尘","客舍青青柳色新。劝君更尽一杯酒,西出阳关无人",这是第一叠。第二叠的时候是"渭城朝雨浥轻尘,客舍青青柳色新。客舍青青柳色新,劝君更尽一杯酒,西出阳关无人"。第三叠"渭城朝雨浥轻尘,客舍青青柳色新。劝君更尽一杯酒,劝君更进一杯酒,西出阳关无故人"。这是三叠。第四种叫"连环三叠法",这个叠法第一遍它是一二三四句这样唱下来,第二遍是跟第一遍头尾相接,变成了四一三二这样唱,第三遍唱成二和二相接,二一三四,是这样循环。这个连环三叠是"取其始终,循环宛转",就是"不断之义也"。这个叠法也可以叫成是《移宫阳关》或者是《三换头阳关》。

具体的咱们来看一下它的叠唱。第一遍是正常的:

渭城朝雨浥轻尘,客舍青青柳色新。

劝君更尽一杯酒,西出阳关无故人。

第二叠:

西出阳关无故人,渭城朝雨浥轻尘。

劝君更进一杯酒,客舍青青柳色新。

第三叠:

客舍青青柳色新,渭城朝雨浥轻尘。

劝君更进一杯酒，西出阳关无故人。

这个叠法我觉得特别有意思，台湾至今还有人按照这个叠法来唱。在网上我们可以搜到"超星名师讲坛"，里面有一个台湾成功大学的王伟勇先生，在中山大学做了一个系列的讲座，专门教人唱福建闽南语的吟诵。其中他就吟唱了这个形式的《三换头阳关》，唱得挺好听的，可以找来看。

还有一种破句叠，就是将原来的七言句，摊破成二字句、三字句、四字句、五字句，进行不同的重叠和组合，组合的诗就成了杂言体。田艺蘅在《阳关三叠图谱》里面载有五种杂言体的叠法。第一种是"依依三叠"，说是扬州有一个女子叫柳依依，柳依依唱的。具体的叠法是："渭城朝雨浥轻尘，客舍青青柳色新。劝君更尽一杯酒，西出阳关无故人。"然后第二叠开始入破，"朝雨浥轻尘，青青柳色新。更尽一杯酒，阳关无故人"。第三叠是再入破，"浥轻尘，柳色新。一杯酒，无故人"。这是一种叠法，"依依三叠"。还有一种叫"飞花三叠"。第一叠是"渭城，渭城朝雨浥轻尘。客舍，客舍青青柳色新。劝君，劝君更尽一杯酒。西出，西出阳关无故人"。第二叠，"渭城朝雨，朝雨浥轻尘。客舍青青，青青柳色新。劝君更尽，更尽一杯酒。西出阳关，阳关无故人"。第三叠，"渭城朝雨浥轻尘，浥轻尘。客舍青青柳色新，柳色新。劝君更尽一杯酒，一杯酒。西出阳关无故人，无故人"。就是打破原来的格局，不是七言了，字句有长有短了，做了不同的组合。

还有一种叫"增句叠"，是在原作基础上，增加了一些新的字句，形成了新的歌词。明代以前基本上是原句叠，到了明代以后大部分就成了破句叠和增句叠了。明代的朱厚爋有一个《风宣玄品》，所载的《阳关》一共分成八段，还有一个四句的收尾，每一段就好像是一个小情景剧似的。第一段叫"雨浥轻尘"，唱成是：

渭城朝雨浥轻尘,客舍青青柳色新,须忆重还当遂志,莫因此别便伤神,前程万里鲲鹏运。各位三台雕鹗伸。劝君更尽一杯酒,西出阳关无故人。

第二段是"临歧饯祖",就是饯别时喝酒的场景,这一段是:

渭城渭水自潺湲。祖饯临歧一晌间。执手笑谈辞故旧。转头重叠是云山。牵衣更把瑶琴束。折柳休将玉液闲。分携不独长亭别。曲栏杆外是阳关。

他加了一些内容,实际上越加就离王维的这个《送元二使安西》越远了,离这个本辞越来越远,跟它没关系了。

武汉大学的王兆鹏先生在《文艺研究》2011年第6期有一篇文章,对《阳关三叠》的叠法做了全面的爬梳和总结,文章的标题是《论"阳关三叠"的N种叠法》,可以参看。

在绝句大量充入乐府的情况下,专门供歌唱的乐府诗反而和音乐脱离关系了。本来乐府是为了唱的,结果都唱绝句了,然后乐府就跟音乐没关系了。所以在文学史上才出现了唐代以乐府诗旧题写时事,还有创乐府新题,就是白居易、元稹的"新乐府运动"。他写新乐府诗,实际上就跟音乐没关系了。

中唐以后小词出现了,用以歌唱,诗的音乐性又进一步弱化了。杜甫的诗说"新诗改罢自长吟",这个"吟"实际上就是歌唱性弱化以后,介乎于歌唱和诵读之间的一种形式,实际上是半歌半诵。现在我们可以把歌、吟、诵、读和朗读的概念清理一下。

歌,《毛传》的说法是"曲合乐为歌,徒歌为谣"。

吟,《关雎序》孔颖达的说法是"动声曰吟,长言曰咏"。

《毛诗李黄集解》里面说，"吟哦其声曰吟，发之于吟而长言之曰咏"。可见吟是与"徒歌"类似但比歌音节更短的一种吟咏。

还有诵，《周礼·春官·大司乐》有一句话："以乐语教国子：兴、道、讽、诵、言、语。"就这几种形式。注释说："倍文曰讽，以声节之曰诵。"可知诵与讽读相近，但它是"以声节之"，就是在每一句之后要以声来打节拍的。

读，《辞海》的解释是"照文字念诵"。《词源》里还有"朗吟""朗读"的词条，解释为"高声吟咏""高声诵读"，但是没有"朗诵"；在《辞海》里没有"朗吟""朗读"，但是有"朗诵诗"，解释为："诗歌的一种，并无固定格律，以主题鲜明，节奏明快，音调和谐，适合口头朗诵为特色。"

介乎于歌唱和朗诵之间的吟诵是一种传统的、非常特殊的形式，这个吟诵，到底是一个什么情况呢？下面就来介绍一下吟诵的特点。

二、吟诵的特点

第一个特点，就是这个吟诵调是没有谱子的，是"徒歌"，没有谱子。大多数只活在现今年龄在 70 岁以上的老一代学者的口中，是亟待发掘和保护的中华民族的非物质文化遗产，有些地方已经把它申请为非物质文化遗产了。吟诵调在口耳相传中表现出很大的地域性和歧异性，同一首诗，各地的吟诵调子不同，语音也不同。从语音上分，大致可以分为官话吟诵和方言吟诵，各地方言吟诵很像当地方言的一种曲艺形式。

就我本人听到的吟诵调子，可以示例性地模仿几种。南京万云俊先生吟诵过晏殊的《浣溪沙》"一曲新词酒一杯"，他吟的很像是昆曲。另外，像上海方言吟诵的白居易《长恨歌》，就很像是上海的评弹，还有河南方言吟诵，吟出来王翰的《凉州词》"葡萄美酒夜光杯"就很像是河南的豫剧，还有用四川方言吟的李白《蜀道难》，其实很像四川的高腔，声音很高亢，而且拖长音。还有日本人用日语吟的北朝民歌《敕勒歌》就很像日本的能乐，能剧的音乐，也很像日本电视剧《姿三四郎》的主题歌。《姿三四郎》那个电视剧以前放过。

咱们可以看几个，万云俊先生吟诵过的调子，宋代晏殊的《浣溪沙》，"一曲新词酒一杯，去年天气旧亭台。夕阳西下几时回？无可奈何花落去，似曾相识燕归来，小园香径独徘徊。"要是吟的话就很像越剧，是万云俊先生吟的。

再看白居易的《长恨歌》，太长，前面四句，"汉皇重色思倾国，御宇多年求不得。杨家有女初长成，养在深闺人未识"，上海方言的吟诵就很像评弹。

还有像王瀚的《凉州词》，"葡萄美酒夜光杯，欲饮琵琶马上催。醉卧沙场君莫笑，古来征战几人回"。这个用河南话来吟就很像豫剧。

还有北朝民歌《敕勒歌》，"敕勒川，阴山下。天似穹庐，笼盖四野"。这个"野"字在当时的读音是押韵的，它读成"ya"，日本人现在读"野"，还是读"ya"，"yakai""野外"，"ya-kou""野球"还是读成"ya"。"笼盖四野。天苍苍，野茫茫，风吹草低见牛羊。"

我收集过日本人的吟诵，用日语来吟的，我放一下（略）。

好，这就是日语的《敕勒川》，用日语吟的。是翻译成日语再吟。这里把"见牛羊"翻译成"羊を見る"，就是看到了牛羊。

还可以再听一段，就是叶嘉莹先生吟诵过的杜甫《赠卫八处士》。她的吟诵是官话那一派的吟诵，京白京韵的那种吟诵,不是方言的,是官话吟诵的一个代表。这是叶嘉莹先生大概20世纪80年代到北京大学作讲座的时候吟的,她现在吟的调子可能也稍微有点变了。那个时候还是她的一个盛期,还比较年轻:

> 人生不相见,动如参与商。
>
> 今夕复何夕,共此灯烛光。
>
> 少壮能几时,鬓发各已苍。
>
> 访旧半为鬼,惊呼热中肠。
>
> 焉知二十载,重上君子堂。
>
> 昔别君未婚,儿女忽成行。
>
> 怡然敬父执,问我来何方。
>
> 问答未及已,儿女罗酒浆。
>
> 夜雨剪春韭,新炊间黄粱。
>
> 主称会面难,一举累十觞。
>
> 十觞亦不醉,感子故意长。
>
> 明日隔山岳,世事两茫茫。

好,这就是叶嘉莹先生吟的杜甫《赠卫八处士》。

我再模仿一首著名语言学家赵元任先生——他是常州人,吟诵常州调——他吟过的唐代张继《枫桥夜泊》:

> 月落乌啼霜满天,江枫渔火对愁眠。
>
> 姑苏城外寒山寺,夜半钟声到客船。

这就是赵先生的调子。

从1925年一直到1971年,赵元任先生在美国多次录制了常州方言吟诵的古诗,这些珍贵资料一直保存在美国的明尼苏达大学的图书馆里。这个常州的吟诵调已经被确定为江苏省的非物质文化遗产,代表人物就是赵元任,还有周有光。周有光老先生今年已经107岁,明年1月就是108岁,就是茶寿了。他106岁的时候还选了一个自选集叫《静思录》,

是人民文学出版社给他出的。他这里头的观点非常先进，而且厚积薄发很吸引人。那本书可以找来看一看，写得非常好。

20世纪80年代中央人民广播电台做过一台吟诵的节目，包括南北不同方言的吟诵调，这盘磁带我翻录了，至今还保存着。1993年北京语言大学出版社出版了王恩保先生搜集整理的《古诗文吟诵集粹》，里面配有录音磁带，也保存了多种风格的吟诵和吟唱。而且特别可贵的是保存了像林庚先生、周祖谟先生、袁行霈、陈贻焮、吴小如这样一批古典文学研究专家的吟诵，所以很难得。中央人民广播电台这个也是当时的名家来吟的，也可以播放几首，大家听一下不同方言的吟诵都是什么样子。

前头有首"清明时节雨纷纷"，我不知道谁吟的了，也可以听一下。这不是中央人民广播电台的，是我收集的：

清明时节雨纷纷，路上行人欲断魂。

借问酒家何处有，牧童遥指杏花村。

下面是中央人民广播电台的（播放录音）：

请大家欣赏吟诵，为了收听的方便，在每首诗词吟诵之前，我们请林如同志先为大家朗读一遍（吟诵记录从略）。

《送元二使安西》，作者：王维。

渭城朝雨浥轻尘，客舍青青柳色新。

劝君更尽一杯酒，西出阳关无故人。

下面由武汉大学教授胡国瑞吟诵（略）：

《早发白帝城》，作者：李白。

朝辞白帝彩云间，千里江陵一日还。

两岸猿声啼不住，轻舟已过万重山。

下面由河南师范大学教授华仲彦吟诵（略）：

《曲江二首》，作者：杜甫。

一片花飞减却春，风飘万点正愁人。

且看欲尽花经眼，莫厌伤多酒入唇。

江上小堂巢翡翠，花边高冢卧麒麟。

细推物理须行乐，何用浮名绊此身。

下面由湖南师范大学何泽汉教授吟诵（略）：

朝回日日典春衣，每日江头尽醉归。

酒债寻常行处有，人生七十古来稀。

穿花蛱蝶深深见，点水蜻蜓款款飞。

传语风光共流转，暂时相赏莫相违。

下面由何泽汉教授吟诵（略）：

《山行》，作者：杜牧。

远上寒山石径斜，白云生处有人家。

停车坐爱枫林晚，霜叶红于二月花。

下面由陕西师范大学教授霍松林吟诵（略）：

《无题》，作者：李商隐。

来是空言去绝踪，月斜楼上五更钟。

梦为远别啼难唤，书被催成墨未浓。

蜡照半笼金翡翠，麝薰微度绣芙蓉。

刘郎已恨蓬山远，更隔蓬山一万重。

下面由湖北教育学院侯孝琼讲师吟诵（略）。

好，先就放这么多吧，大致就是这个情况。各地方言吟出来的诗调子是不一样的。

下面讲吟诵调第二个特点，就是能够体现格律诗的平仄规律。比如说，平起和仄起的诗调子就不一样。平声，特别是二、四、六字，就是双音节的第二字，尾音会拉长，平声长。到了仄声词的时候就不拖长音，比较短促。这样一个吟诵规律在闽南方言的吟诵中表现得非常鲜明。因为闽南语很好地保存了中古语音，也就是闽南语很好地保存了唐音。它分

163

了平、上、去、入四个音，同时还要分清、浊，实际上闽南语保持了八个音。现在普通话是没有入声的，只分成阴平、阳平、上声、去声，所谓清音和浊音就是一个阴平一个阳平，就是第一声和第二声，现在普通话的入声字已经分别派入平、上、去三声，本身就没有入声。不懂入声，我们对诗词格律的体会就有很大的缺失，这个是很可惜的。从闽南语中可以体会唐代的语音，另外，中古音也保存在日语里头。我不懂闽南话，也不掌握南方的方言，但是却可以通过日语来辨别派入平声的入声字。这个对写诗也特别有好处，因为用普通话写旧体诗有的时候对派入平声的入声字就不掌握了，通过日语读一下可以知道。

比如说日语汉字读音带つ、く、ち这样尾音的，大致就是入声，比如发展的"发"尾音就是つ，有一个促声的尾音，所以发展的发就是入声字；还有像中国的"国"，用日语读有个"く"的尾音，也是入声，现在都是平声；还有像数字中的"一""七""八"现在都是平声，实际上也都是入声，用日语读是"iqi""xiqi""haqi"，都有一个ち的尾音。还有像我们现在都读成阳平的"哲学"，用日语读是てつがく，一个"つ"一个"く"尾音，两个字也是入声。

我的老师，当过人民文学出版社古典部主任的林东海先生就是闽南人，他的吟诵保存了传统闽南语的吟诵调式。林先生的吟诵大致可以分为"平起""仄起"。律诗等于是绝句的一个延长，平起的话首二字就要拉长。我先示例性地吟一下，我是用普通话来吟闽南语的调子。比如苏轼的《春宵》，用闽南调来吟的话，《春宵》是一个平起的诗，首二句要拉长，读成：

春宵一刻值千金，花有清香月有阴。

歌管楼台声细细，秋千院落夜沉沉。

164

还有像唐代杜牧的《赤壁》，这个是仄起的诗，头两个字就要短促，到第四个字"沉沙"的"沙"的时候再拉长。用普通话的闽南调来吟一下：

　　　折戟沉沙铁未销，自将磨洗认前朝。

　　　东风不与周郎便，铜雀春深锁二乔。

现在可以把林先生的吟诵也放一下，听一下原汁原味的闽南语的吟诵（略）。

好，大致就是这个样子。

不掌握闽南方言的人，可以用闽南调加上普通话来吟诵。这样闽南调还能够保持平仄的一个规律，而且也挺好听的。比如刚才林先生吟过的杜甫的《登高》，"风急天高猿啸哀"，我们也可以用闽南调来吟普通话，示例性地吟一下：

　　　风急天高猿啸哀，渚清沙白鸟飞回。

　　　无边落木萧萧下，不尽长江滚滚来。

　　　万里悲秋常作客，百年多病独登台。

　　　艰难苦恨繁霜鬓，潦倒新停浊酒杯。

就是这个意思。

我还很喜欢的一首是宋代程颢的《秋日偶成》，这个也可以吟一下。"风急天高猿啸哀"是仄起，"风急天高"，到"高"再拉长，这首程颢的《秋日偶成》是平起，用普通话和闽南调来吟：

　　　闲来无事不从容，睡觉东窗日已红。

　　　万物静观皆自得，四时佳兴与人同。

　　　道通天地有形外，思入风云变态中。

　　　富贵不淫贫贱乐，男儿到此是豪雄。

大致就这样子。

20 世纪 80 年代我就开始关注吟诵这个事，注意搜集各种方言的吟诵,到现在 30 年了。20 世纪 80 年代还录过我们文学出版社原来的总编辑屠岸先生吟的杜甫的《北征》。《北征》是入声韵,"皇帝二载秋,闰八月初吉。杜子将北征,苍茫问家室"。它都是押入声韵,所以吟的调子比较短促,更偏重于像诵,吟的特征不是很明显。

再有吟诵调也还是要表现作品的内在情感的。比如杨荫浏先生做过一个事,他把原来和萨都剌的《满江红·金陵怀古》配在一起的一个曲谱,换成了岳飞的《满江红》。萨都剌的《满江红·金陵怀古》是一个很凄清的风格,换成岳飞的《满江红》以后出来是挺悲壮挺苍凉一个调子。所以吟诵调和诗的内容也还是有一定的联系。萨都剌的《满江红·金陵怀古》曲谱见于清代乾隆十一年,也就是 1746 年编辑出版的《九宫大成》这么一部书。在 1920 年北京大学音乐研究会编印的《音乐杂志》第一卷的九、十号合刊上登了这个曲子的编译谱。到了 1925 年正好发生了"五卅"惨案,为了抒发一种反帝的愤懑情绪,20 多岁的杨荫浏先生就用岳飞的"怒发冲冠"这个词替下了萨都剌的《满江红·金陵怀古》。所以大家都以为岳飞的《满江红》调子就是这样的。实际上本词是萨都剌的《金陵怀古》,杨荫浏做了一个偷梁换柱。

这个词配成了岳飞的《满江红》以后,一直传唱了那么多年,而且不断地发挥作用。1943 年,冼星海在苏联创作了一个大型音乐节目就叫《满江红》,就是以这首曲子为主题,也扩大了它的影响。这首词和这个乐曲生命力很强盛,因为词里面也充满了爱国热情和民族精神。但是杨荫浏先生自己很后悔做了这件事,他认为他是用悲调配了壮词——岳飞的《满江红》是一个壮词,觉得不合适。那个时候李双江唱过,杨先生就说你不要再唱了,那个意思不好。但是大家都已经传唱开了,一直这样唱。这也是因为在这个曲调中还是能够寄托一些内容,文字意义还是能够显示出来的。

岳飞的《满江红》大家都很熟悉,而且现在杨洪基唱的在网上还可以找到,唱得挺威武雄壮的。那我现在做一个还原工作,就是把萨都剌的《满江红》这个原配给恢复一下,还是用这个调子唱它原始的萨都剌的《满江红》,试着体会一下:

> 六代繁华,春去也,更无消息。空怅望、山川形
> 胜,已非畴昔。王谢堂前双燕子,乌衣巷口曾相识。
> 听夜深、寂寞打孤城,春潮急。　思往事,愁如织。
> 怀故国,空陈迹。但荒烟衰草,乱鸦斜日。玉树歌
> 残秋露冷,胭脂井坏寒螀泣。到如今,只有蒋山青,
> 秦淮碧!

——这就是原味、原唱,原来是这样的!

再有就是诗、词、文的体式不同,吟诵的时候侧重也就不同。从吟诵的实例上可以看出来,诗特别是格律诗吟诵的重点在于吟,词的吟诵和诗相比,就带有更多的音乐性,更偏重于唱。古文的吟诵实际上更偏重于诵,"以声节之",就是表现文章的句读。人民艺术剧院的苏民先生是濮存昕的父亲,他吟诵过《古文观止·郑伯克段于鄢》,他这个吟诵就更偏重于诵。

三、今天的诗词音乐

下面简单介绍一下今天的诗词音乐。今天的诗词音乐分为两种,一种是没有谱子的吟诵,就是大家刚才听到的,都是口耳相传,师生相授。这些活在老先生口中的吟诵调已经到了濒临消亡的绝境,需要我们去保护。2008 年 11 月 22 日,首都师范大学的中国诗歌中心召开了这样一个旨在抢救、继承和推广吟诗调的研讨会,我也参加了,到会的人从 30

岁到80岁不等。这个会后现在开始投入了一些抢救工作,包括到各地去录吟诵调,还有是做一些语音分析,北京大学中文系汉语专业就专门有一个语音研究室在录吟诵调,并加以一些研究。除了没有谱子、活在人们口中的吟诵调,还有一种诗词音乐是只有谱子,但很少传唱。因为这些谱子都不是定谱,每一个打谱人谱出来的调子都不一样。就是有过去的旧的谱子,但是很少有人唱。

唐宋词乐的乐谱今天可以看到的有两种:一种是姜夔的自度曲与时曲乐谱,一共是17首;一种敦煌的曲谱琵琶谱,一共25首。这种唐宋词乐的直接材料,也就这两种了,诗词音乐在什么时候消亡的呢?一般认为在明代中期就消亡了,就是词不能唱了。但是我在做责任编辑的过程中,发现日本有本《魏氏乐谱》。《魏氏乐谱》是明代晚期战乱的时候,宫廷里有一个人叫魏之琰,避乱到日本,就把明乐带到了日本,在日本就开始慢慢地流传,一直到了他的第四世孙叫魏皓,就把这个东西编成了《魏氏乐谱》。《魏氏乐谱》传到国内来最早是有一个抄本,抄了51首,实际上这只是《魏氏乐谱》的第一卷。《魏氏乐谱》一共大概有六卷,当时日本人也都不是很清楚,以为只有这五十几首。后来在1962年的时候,日本有一个专门研究中国古代音乐的人叫林谦三,在日本的东京艺术大学里面发现全本的《魏氏乐谱》,就对《魏氏乐谱》做了一个研究,他的成果还是很令人瞩目的。但是国内的人不太了解,一直以为《魏氏乐谱》只有这第一卷51曲。这51首国内也有人给它翻译过来,翻译成今天的歌唱,但是这个歌唱可能跟《魏氏乐谱》的真实面貌离得比较远。但是日本到现在,在公园里头、街头还有人在唱明乐,就是《魏氏乐谱》的这个调子。《魏氏乐谱》全本我开始想在我们社给引进过来,后来没成。可能北京大学出版社准备以后把它的原本影印出版。

认识唐宋词乐的间接材料是《碎金词谱》。《碎金词谱》是清代人编的，里面也收了很多唐宋诗的调子。传承大概是这么一个情况：

南宋的时候有一个《乐府混成集》，到了明代有人编成了《曲谱大成》，有一个承袭的关系，后来有了《九宫大成》，之后又出现了《碎金词谱》。

从另一个角度看，这些词谱尽管不是唐宋词乐的原谱，学术价值也是不应该被低估的，因为它们是元明以来口口相传的曲子，尽管在流传过程中难免羼入时腔，曲牌和宫调也会发生变化，但是其中还是有不少是直接传承自唐宋词乐原谱的。任二北先生在《唐声诗》里面就说，里面有"未敢不存唐音"的东西。像童斐还有杨荫浏先生在研究唐宋词乐的时候，也曾经对《九宫大成》有所借鉴。另外像《碎金词谱》是我们研究唐宋词乐的时候特别应该加以重视的材料。

后来我发现《魏氏乐谱》的文本和我们今天传承的文本是不一样的。举一个例子，辛弃疾的《青玉案》，现在通行的本子是：

> 东风夜放花千树，更吹落、星如雨。宝马雕车香满路。凤箫声动，玉壶光转，一夜鱼龙舞。　蛾儿雪柳黄金缕，笑语盈盈暗香去。众里寻他千百度，蓦然回首，那人却在，灯火阑珊处。

但是在《魏氏乐谱》里面的文本，"东风夜放花千树"，是作"东风未放花千树"；然后"更吹落、星如雨"，它是作"早吹陨、星如雨"；"笑语盈盈暗香去"，它是作"笑靥盈盈暗香去"；然后"众里寻他千百度"，它是作"众里寻香千百度"。通过这两个本子对比，可以看出来《魏氏乐谱》的文本实际上并不比通行本文字更优，还是通行本读得更顺畅，文字更好。正因为它是一个并不比通行本文字更优的传本，证明它是作为一

169

个歌词的形式,就是一个唱本的形式传承下来的。和作为文集的文本是不同的传承渠道,它保存的可能是更早的明代歌曲的状态。所以从文本上研究,它也是很有价值的。

除了只有谱子的唐宋词乐,我们今天可以歌唱的古诗词的歌曲还有哪些?今天可以歌唱的古诗词大概得有三四百首。当然还有人在不断地翻译旧谱,这个变数我们先忽略不计,这三百多首大致可以分为三类:

第一类出自明清的古乐谱,今天的人又译谱。比如汉武帝刘彻的《秋风辞》,是见于明代的《魏氏乐谱》的,有杨荫浏的译谱;苏轼的《念奴娇·赤壁怀古》《水调歌头·中秋》,谱子是见于《碎金词谱》还有《九宫大成南北词宫谱》——简称《九宫大成》——有钱仁康的译谱;还有像姜夔的《扬州慢》《暗香》,姜夔自己的自度曲,见于《白石道人歌曲》,有杨荫浏的译谱;陆游的《钗头凤》,见于《碎金词谱》,有钱仁康译谱。

1991 年人民音乐出版社出版了傅雪漪的《九宫大成南北词宫谱选译》,是五线谱和简谱并出的昆曲乐谱。其中有词曲,也有戏曲的唱段。2006 年上海音乐出版社出版过钱仁康的《碎金词谱》选译,起了一个很好的名字叫《请君试唱前朝曲》,选了 95 首唐宋词谱,从工尺谱译为简谱。这本书半年以前在当当网的售价是 18 元,可以买来看看。

我还记录过汕头大学隗芾先生唱的杨荫浏打谱的姜夔的《暗香》。我们可以把这个声音文件放一下。隗芾先生嗓音特别好,唱得也特别好听:

> 旧时月色,算几番照我,梅边吹笛。唤起玉人,不管清寒与攀摘。何逊而今渐老,都忘却、春风词笔。但怪得、竹外疏花,香冷入瑶席。　江国,正寂寂。叹寄与路遥,夜雪初积。翠尊易泣。红萼无言耿相忆。长记曾携手处,千树压、西湖寒碧。又片

片、吹尽也,几时见得。

——好,这就是隗芾先生唱的杨荫浏打谱的《暗香》。

还有一类是今人为古诗词谱曲,比如战国时候屈原写的《橘颂》,有于舞谱曲,还有丁善德谱曲;北朝民歌的《敕勒歌》有谷建芬谱曲、胡登跳谱曲;唐代李白的《忆秦娥》,有贺绿汀谱曲;杜甫的《春夜喜雨》,有刘念劬谱曲;陆游的《钗头凤》,有王迪谱曲,还有常苏民、陶嘉舟的谱曲;明代杨慎的《临江仙》"滚滚长江东逝水",有谷建芬谱曲,这个是《三国演义》的开篇词,后来又作了《三国演义》电视剧的片头歌,想必大家都很熟悉。

1988 年江西人民出版社出过一个小册子叫《中国古代诗词歌曲集》,编者是陈应时、刘树秉,是以简谱形式收录了 51 首古诗词歌曲,有两首是记谱的吟诵调,就是咱们听过的这些吟诵调,像林东海的吟诵调,剩下的大部分是今人作曲的古诗词。邓丽君有一张专辑叫《淡淡幽情》,里面收了她唱的 12 首宋词,分别由钟肇峰、刘家昌、梁弘志等人谱曲,唱得很有味道。其实宋词当时就是流行歌曲,所以现在也非常适合谱曲歌唱。另外张学友还唱了一个新版的苏轼《水调歌头·中秋》,也特别好听,等于这个《水调歌头》有一个邓丽君唱的版本,有一个张学友的版本。

还有第三类,比较有意思的,就是用中国诗词来配外国曲调。钱仁康、李叔同就做了很多这方面的工作。比如钱仁康就用德国舒曼的曲子配过唐代王建的《从军行》,用英国哈利松的曲子配过宋代晏殊的《踏莎行·暮春》。李叔同用德国民歌配过唐代杜牧的《秋夕》。而且特别有意思的是李叔同用美国作曲家奥德威的曲子配词作了《送别》,在很多年前就成了学校里的毕业歌,就是"长亭外,古道边,芳草碧连天。晚风拂柳笛声残,夕阳山外山。天之涯,地之角,知交半零落,一壶浊酒尽余欢,今宵别梦寒"。汕头大学的隗芾先生还是用奥德威的这个曲子配了韩愈的《左迁蓝关示侄孙湘》,唱起来也特别流畅,配得特别合适。

我可以示意性地唱一下,这是隗芾先生的一个发明,还是那个"长亭外,古道边"的调子,但是配成了《左迁蓝关示侄孙湘》:

> 一封朝奏九重天,夕贬潮州路八千。
>
> 欲为圣明除弊事,肯将衰朽惜残年。
>
> 云横秦岭家何在?雪拥蓝关马不前。
>
> 知汝远来应有意,好收吾骨瘴江边。

互联网上有一个"中国古曲网",里面有 70 首古诗词的乐谱,大部分都有简谱,也非常方便使用。收古诗词歌最全的应该推赵宗心和胡文新所编的《中国古诗词歌曲选》,收了 182 首古诗词歌曲。1988 年的时候,赵宗心老人从武汉普天集团幼儿园主任的岗位上退休,出于对音乐的爱好,和她的朋友《长江日报》的老报人胡文新女士两个人一起自费出了一个《祖国之恋》,还有一个《中国古诗词歌曲选》两本书。网上可以找到赵宗心贴在自己博客里的《中国古诗词歌曲选》的目录。后来赵先生知道我在做这个事,就把她那个书送给了我一本,这个目录大家可以找来参考。无论是有调无谱的,还是有谱却未被传唱的,我很希望古诗词能够被更多的人传唱。

我的报告就到这儿,谢谢大家!

(讲座时间:2012 年 11 月)

王兆鹏

挑战传统，书写自我生命情怀

——李清照词的独特意义

　　王兆鹏,武汉大学文学院教授,博士生导师。专业研究方向:词学。兼任中国词学研究会会长、中国李清照辛弃疾学会副会长、中国韵文学会副会长、中国宋代文学学会副会长兼秘书长和《文学遗产》编委。已出版《宋南渡词人群体研究》《唐宋词史论》《词学史料学》《两宋词人丛考》《唐宋词史的还原与建构》《词学研究方法十讲》《唐宋词名篇讲演录》等词学专著 10 余部。曾获教育部人文社会科学研究优秀成果二等奖,连获三届"夏承焘词学奖"一等奖。

各位先生、各位前辈、各位词友，非常高兴、也很荣幸能够到文津讲坛跟大家分享我学习唐宋词的一点心得体会。今天讲的题目是"挑战传统，书写自我生命情怀——李清照词的独特意义"，目的是从一个新的角度探讨李清照是在什么样的文学语境、什么样的文化环境下创作的，进而了解她的词有什么独特性。

一、"女子弄文诚可罪"：宋代男权社会对女子 创作的歧视

先问大家一个问题：当今中国作协主席是著名女作家铁凝，如果宋代要选作协主席的话，李清照有没有可能当选？刚才底下有先生回答说"不可能"，的确是这样。我们读李清照的词，首先要注意她的女性身份。女性创作在古代并不都是被鼓励、被认同的。宋代女性创作，得到的不是鲜花、不是掌声，用当下的网络语言来说，她是会遭到围攻"拍砖"的。

下面我们来看一些具体史料。宋代对于女子读书还是鼓励的，因为女子都要做母亲，母亲承担着教育子女的责任，所以宋代著名学者都鼓励女孩子读书。司马光在《家范》中就提出：

> 为人皆不可以不学，岂男女之有异哉？是故女
> 子在家，不可以不读《孝经》《论语》及《诗》《礼》，略

通大义。其女功则不过桑麻织绩、制衣裳、为酒食
而已。至于刺绣华巧、管弦歌诗,皆非女子所宜习
也。古之贤女,无不好学。

司马光认为,女子在家,不可以不读书,不过只要略通大
义就可以了;女工方面,只要能够织织布,做做衣服,会料理
家务,会做饭做菜就行了。"管弦"音乐、写作吟唱"歌诗"、刺
绣这类奢华的事情,都不是女子应该学习的。"古之贤女,无
不好学",所以女子可以学习,可以读书,但只能读《诗经》《礼
记》之类的传统经书,一般的诗词不必读,也不应该读。

跟司马光差不多同时的郑侠,在《西塘先生文集》里面提
到:"教子之所宜急,莫若女子之为甚。"也是说女子应该读
书,以便教育孩子。

北宋时期的理学家程颐,曾经给他母亲写过一篇传记,
文中说:

（夫人）好文,而不为辞章,见世之妇女以文章
笔札传于人者,深以为非。平生所为诗,不过三二
篇,皆不存。

他的母亲爱好文学,但不怎么写,看到当时社会上的女
子把自己的文章书信传给别人,觉得很不妥当。程颐的意思
是说,女子可以读书,也可以写作,但只能关起门来写,作品
不要传播出去,传出去的话,会受非议,被人说闲话。所以他
的母亲虽然喜爱文学,也能诗会文,但写得极少,更不外传。

南宋理学家真德秀在他的《西山读书记》里也引用了上
面所介绍的两条资料,一条是:

温公曰:女子六岁始习女工之小者,七岁诵《孝
经》《论语》,九岁讲解《论语》《孝经》及《列女传》
《女戒》之类,略晓大意。今人或教女子以作歌诗,
执俗乐,殊非所宜也。

大意说，女孩子六岁就可以学做一些针线活，七岁就应该诵读《孝经》《论语》，到九岁懂得一些道理了、成熟一些了，就可以给她讲解《论语》《孝经》《列女传》《女戒》之类的书，不过略晓大意就可以了，不必精通。今人往往教导女子写诗写词，演奏世俗音乐，这有违礼教，很不恰当。另一条是前引伊川先生程颐说他母亲：

> 先夫人侯氏七岁时诵古诗曰：女子不夜出，夜出秉明烛。自是日暮则不复出房阁。既长，好文，而不为辞章，见世之妇女以文章笔札传于人者，深以为非。

真德秀在读书记里转述司马光和程颐两人的意见，实际上也代表他自己的观点。

以上是理学家的见解，我们再来看看文学家的看法。著名科学家沈括在他的《梦溪笔谈》里记载有大文豪欧阳修讲过的一件事：

> 欧阳文忠公尝言曰：……毗陵郡士人家，有一女，姓李氏，年方十六岁，颇能诗，甚有佳句，吴人多得之，有《拾得破钱诗》云："半轮残月掩尘埃，依稀犹有开元字。想得清光未破时，买尽人间不平事。"又有《弹琴》诗云："昔年刚笑卓文君，岂信丝桐解误身。今日未弹心已乱，此心元自不由人。"虽有情致，乃非女子所宜。

大意是说，欧阳修喜欢看书写在墙壁上的题壁诗，并说题壁诗里面常常有一些好作品（关于题壁，我下面还要讲的）。毗陵郡，就是现在的江苏常州。毗陵郡有一家读书人家的女儿，年方16岁，会写诗，附近的人经常能够得到她的一些作品，其中有一首叫做《拾得破钱诗》，写她在路上捡了一个破铜钱，于是以此为题，写了一首很有情韵、很有思想的诗。最妙的是下联两句，"想得清光未破时，买尽人间不平事",写铜钱历经多人之手,见证过人世间许许多多的不公平。以小见大,格调很高。她还写有一首《弹琴》诗,说小时候情窦未开,不懂男女之事,嘲笑卓文君怎么会被司马相如弹琴引动春心跟他私奔,"岂信丝桐解误身"的"丝桐",就是琴,借指音乐,哪知道音乐也能引诱人呢!现在年纪大了,懂事了,解风情了,一曲还没弹完心就乱了。原来爱情这东西是不由自主的,就像脱缰的野马是不由理智所控制的。《弹琴》诗写一位初解风情的少女弹琴时的感受,很真切。虽然欧阳修也承认这两首诗写得很有韵味、很"有情致",可他却认为女孩子写诗并不是一件光彩的事情。

　　以上是男性士大夫们的看法,他们都不认可女子写诗写词,认为女子写诗是件丢人现眼的不雅之举。下面再来了解宋代女子是怎样看待女性创作诗词的。

　　南北宋之交的阮阅写有一本著名的诗话著作,名《诗话总龟》,书中卷十五记载有一首题壁诗:

　　　《三乡题》,不知谁氏题。云:余本家若耶溪,东从良人西入函关,寓居新昌里第,不幸良人已矣,邈然无依,东迈,历渭川,涉浐水,背终南,涉太华,经虢略,抵陕郊,皆曩昔宴游之地,命笔辄题,终不能涤其怀抱。翰墨,非女子事,故隐其名而不书。为诗曰:昔逐良人西入关,良人身没妾空还。谢娘卫女不相待,为雨为云过此山。

　　所谓题壁,是指题写在公共墙壁上的诗歌作品。阮阅记载的这首题壁诗,是一位女子写的,诗前的序自称,她家住在浙江的若耶溪,早年跟随丈夫从浙江西入函关去过陕西一带,如今住在新昌。不幸良人逝世,她无依无靠,只好东还。回来时经过渭水、浐水,终南山和华山,所到之处,都是过去跟丈夫一起游玩宴乐之地。每到一地,她都会触景生情而写诗。诗序中"翰墨，非女子事，故隐其名而不书"这句话最值得我们留意，"翰墨"本来是指书法，此处指写作，全句的意思是，舞文弄墨，尤其是在公共场所吟诗作赋，不是女子该做的事情，所以不便留下真实姓名，以免被熟人看到了被责怪嘲讽。

宋代的传播媒介不像我们现在这么发达，当时没有报纸，没有期刊，就更别说网络了。宋代诗文即时传播的一个重要方式，就是题壁。题壁作为一种大众传播方式，一直延续到 20 世纪，"文革"时期城镇乡村的墙壁上到处刷标语、写"毛主席语录"，其实就是题壁。直至如今，有些地方还在建筑物上写告示，那也是题壁的遗风。宋代的题壁，在功能上又与我们今天上网发帖有些相似。

前两年我发表过一篇论文，题作《宋代的"互联网"》，这题目有点"雷人"，宋代哪里有互联网？宋代人走到哪里，都要看题壁的作品、"新闻"，就像我们当下走到哪里都要上网看新闻一样。宋人喜欢题壁，走到哪里，写到哪里，遇上名山大川，诗兴一发，就赋诗一首，立刻题写上壁，就像当今立刻上网传播一样。一不小心，题壁诗可能就成了千古名作。苏东坡的《题西林壁》："横看成岭侧成峰，远近高低各不同。不识庐山真面目，只缘身在此山中。"就是很杰出的题壁作品。宋代文人喜欢题壁，一般的读者也爱看题壁。过客行人往来密集的地方，比如寺庙、驿站等等，常常会主动地把墙壁刷白留待文人题写。文人题写以后，过往行人就抄录，就像现在的网络一样，发帖、转帖、跟帖、顶帖。第一个人题写的诗，后面的人觉得好，就跟着唱和。宋代的题壁，真有点像当下的互联网。我们现在每天都要上网去看看新闻，而宋代的人，只要是读书人，到一个地方一定要看题壁，周邦彦的词句"下马先寻题壁字"，就概括了宋人喜欢看题壁的风气。

上面这则材料,从反面说明宋人题壁一般都要署名,就像我们当今在报刊上发表作品一样,是"实名制"。这位女子觉得创作不是女子该做的事,所以她隐名不书,不让人知道她的真实姓名。这类故事还不少。

　　宋末元初的刘将孙,是著名词人刘辰翁的儿子,也是一位词人,他的作品被收到《全宋词》里了。刘将孙活到了元代,所以也有人把他当作元代词人。刘将孙有一首《沁园春》,词序里面说有一座清江桥,在江西樟镇十里许,"无闻翁"在桥上写有《沁园春》《满庭芳》两首词。很明显,这"无闻翁"是一个网名、一个化名。这两首词写的是元兵进攻时所见避乱女子被掠的不幸遭遇,词里有"埋冤姐姐,衔恨婆婆"。我们现在网络上有很多被封为某某"姐姐"的网络名人,原来宋代早就有类似的"姐姐"了。无闻翁的词后面又有螺川女子杨氏的和词二首。杨氏自称嫁入罗家,丙子暮春,即1276年蒙古灭宋的那年春天,她在涪翁亭下乘船,被蒙古兵追迫,逃到山里去躲避,三后天经过此桥,看到上面有无闻翁的两首词,觉得那两首词并没有把战乱时期女子的种种悲惨遭遇写透,于是又和了两首题写在桥柱上。无闻翁是第一位写词"发帖"的,杨姓女子跟帖和作了两首,刘将孙又和了两首《沁园春》,是第三位"跟帖"的。杨氏词序中也有一句很关键的话:"观者毋谓弄笔墨非好人家儿女。"这句话的意思是什么? 潜台词是说,当时体面的人家,女子是不随便舞文弄墨的,是不随便创作的,创作了也不会传播开去。宋末这位民间杨姓女子,依然认同"弄笔墨非好人家儿女"的观念,只是她一腔悲愤无处诉说,于是用词写出她的乱世悲歌,同时提醒世人,不要以为她写了这两首词就不是正经人家的"好儿女"。看来这"弄笔墨非好人家儿女"的观念,在宋代女子的文化意识里根深蒂固。

我们再来看女词人朱淑真的观点。朱淑真的生活年代现在还没有确定，大致上与李清照同时而稍晚。朱淑真有一首《自责》诗说：

> 女子弄文诚可罪，那堪咏月更吟风。磨穿铁砚
> 非吾事，绣折金针却有功。

她"自责"什么？在宋代女子看来，创作诗词是一种罪过。要命的是，朱淑真却偏偏迷恋创作，这使她既有负罪感，又欲罢不能。"女子弄文"本来就是罪过，更何况还要在诗词里头吟风弄月、写少女的旖旎风情！"绣折金针"才是女孩子的本分，哪能一天到晚舞文弄墨，"磨穿铁砚"！朱淑真的语气里，有自嘲，有自责，有自负，有自赞，更有无奈。作为"文学女青年"，她的才华无人赏识，她的作品无人认可。在朱淑真这孤芳自赏式的自责之中，我们再次体会到当时社会流行的价值观念——良家妇女是不应该从事文学创作的。

南宋有一位江西籍的状元叫姚勉，他的文集名《雪坡集》，《雪坡集》卷五十里有一篇为爱妻梅庄夫人写的墓志铭，其中说道：

> 日读《论语》《孟子》数篇，间喜观唐绝句诗，尤
> 爱诵文公先生《武夷山十咏》，宛转高下其声以歌
> 之，而不喜世所谓乐府。姊妹皆能诗，然皆不肯作，
> 曰：非女子事也。

他的夫人很有才华，每天读《论语》《孟子》，也喜欢读唐人的绝句，特别喜欢吟诵本朝文公朱熹的《武夷山十咏》。古人读诗，不仅要读，还要吟诵。我生长在农村，小时候启蒙老师教我们读书时也是吟唱，那个拿腔拿调的吟唱比阅读要有味道一点。借这个机会，我用我们湖北的鄂东调给大家吟诵一首听听。杜甫的《登高》，大家应该熟悉："风急天高猿啸哀，渚清沙白鸟飞回。无边落木萧萧下，不尽长江滚滚来。

万里悲秋常作客,百年多病独登台。艰难苦恨繁霜鬓,潦倒新停浊酒杯。"

两宋时期,文人都喜欢吟唱诗词。那时候没有收音机、没有电视机,在家里想听艺人演唱,怎么办? 就在家里养歌妓。宋人家中养的歌妓,相当于我们现在的家政服务员,只不过不干粗活,而是专门用自己的演奏、歌唱技艺给主人提供文化娱乐。宋代的家妓是很普遍的,范仲淹、欧阳修和苏东坡家里都养过家妓。苏轼贬到黄州的时候,因为太贫困,无钱养歌妓,有时来了客人,他就到州府里去借几个官妓来友情演出。宋代的文人只要有宴会、聚会,一定会有歌妓在旁边唱词。有时听歌妓唱词,听腻味了,有人别出心裁,文人雅集的时候让歌妓吟唱苏东坡的前后《赤壁赋》,感觉非常好。后来很多文人家庭的家妓都会吟唱著名作家的诗文,一时成为风气。

我们再回头说姚勉的夫人,姚夫人很喜欢吟诵朱熹的《武夷山十咏》,常常是"宛转高下其声以歌之",但她不喜欢当时流行的新调词曲。姚夫人能写诗,她姊妹俩都会写诗,可就是不肯写,因为她坚守着写诗"非女子事"的传统信条。

我们再来看一件跟李清照有关系的事情。陆游《渭南文集》里头有一篇《夫人孙氏墓志铭》,孙夫人是会稽山阴人,陆游的同乡,陆游说她"幼有淑质",天资智慧,"故赵建康明诚之配李氏欲以其学传夫人"。这"李氏"就是李清照。李清照的丈夫赵明诚曾经做过建康(今江苏南京)知府,所以称"赵建康明诚";又因为赵明诚早已去世,所以称"故赵建康明诚"。"欲以其学传夫人",是说李清照想把自己的学问和创作经验传授给这位孙夫人,孙夫人当时只有十来岁,竟然推辞不受,理由是"才藻,非女子事也"! 一个十来岁的女孩儿就有这种女子不宜写作的观念,当然不是与生俱来,而是在

182

家庭里由父母长辈灌输或耳濡目染而来。

综上可知，宋代无论是男性士大夫，还是女性自己，都不认同女子创作。这就是李清照当时面临的文化环境。李清照在这种环境下创作，是要顶着压力的，是需要勇气的，所以我说她在"挑战传统"。李清照对传统的挑战很彻底。她不是偶然写写而已，而是专心创作、精心创作。

二、"生当作词杰"：李清照挑战女子不宜写作的传统

面对这种男权社会统治下的创作语境，李清照是如何对待创作的？先看她在《打马图经序》中说的几句话：

> 专则精，精则无所不妙……博者无他，争先术耳，故专者能之。予性喜博，凡所谓博者皆耽之。

这段话很经典，是说我们对任何一个爱好、做任何一件事情，先要专心、专注，全力投入，才能精通，精通之后，就无往而不妙了。"打马"，大概是下象棋一类的游戏，怎么玩法，已经不甚了然。李清照《〈打马图经〉序》说："打马世有二种：一种一将十马，谓之关西马；一种无将，二十四马，谓之依经马。流传既久，各有图经。"她的《打马赋》又说："打马爱兴，樗蒲遂废，实小道之上流，乃深闺之雅戏。"意思是说，自从打马这种游戏兴起，樗蒲的游戏就慢慢地被替代没人玩了。打马成为游戏中的上品，是深闺女子最爱玩的一种很雅的娱乐形式。樗蒲类似于后代的掷骰子，樗蒲用的骰子有五枚，有黑有白，称为"五木"。它们可以组成六种不同的组合方式，称为"六种彩"。其中全黑的称为"卢"，是最高彩，玩的时候喊着"卢""卢"，所以唐宋人把赌博叫"呼卢"。《打马图经》大约是打马游戏的技法指导。"博者无他，争先术耳"，意思是说赌博之类的游戏，都是争先斗胜的技术活，需要智慧和

灵巧。只有专注专心才能玩得会,才能玩得精妙。"予性喜博",是说她天性喜欢博弈,凡是博弈的游戏,都喜爱而且迷恋。用现在的话说是,打麻将、斗地主、下围棋,我全喜欢,而且专门研究它。这体现出李清照日常生活和为人性格的另一面。我们读李清照晚年的词,像"寻寻觅觅,冷冷清清,凄凄惨惨戚戚",总觉得李清照晚境好悲凉、好凄惨。她的确很悲凉,但是,假如李清照一天到晚都这么伤心的话,她就难以活到 70 多岁。痛苦的时候有,娱乐的时候也有。她有自己的娱乐方式,调节身心,放松自我。平时玩什么? 或者说创作之外,她有哪些休闲的方法来打发时光? 就是玩打马之类的游戏,年轻的时候她跟丈夫赵明诚研究金石学,晚年就研究打马这类"深闺之雅戏"。

李清照对打马之类的"深闺之雅戏"是如此专心致志,对文学创作,更是专而精,精而妙。她有一首《分得知字韵》诗:"学诗三十年,缄口不求知。谁遣好奇士,相逢说项斯。"意思是说,我写诗写了 30 年,从来没想到要出名,也不指望有人赏识我、抬举我。这其实是谦虚的话。"谁遣好奇士,相逢说项斯",就很有些自我得意。我原本写诗不求出名,也不知道是哪些"好奇"的人,逢人就说我李清照。"逢人说项"是唐代诗坛一个著名的掌故。唐代有位诗人叫项斯,得到诗坛前辈杨敬之的赏识,杨敬之专门为他写了一首诗,说:"平生不解藏人善,到处逢人说项斯。"从此项斯就知名于世。"苏门四学士"之一的张耒就曾经对人说过,李格非的女儿很有才气,同为"四学士"之一的晁补之也很欣赏李清照。古代有名人印可的风气。文学创作上的年轻人想要出名,常常要有前辈名流的赏识肯定,为之誉扬,古人称为"印可"。西晋时代有位身材矮小、其貌不扬的文学青年,叫左思,花了十年时间,苦心创作了一篇《三都赋》(三国时魏都邺城、蜀都成都、吴都建郏），最初给别人看，没有人说好，同辈诗人陆机甚至嘲讽说，《三都赋》只配给我盖酒坛子。后来得到著名诗人张华和文坛上很有声望的名士皇甫谧的赏识印可，皇甫谧亲自作序推荐，《三都赋》不久就风靡京城，人们竞相传抄阅读，一时洛阳纸贵。如同千里马需要伯乐，文坛新秀也需要有鉴赏力和影响力的前辈名流的肯定。苏轼能得大名，与欧阳修的极力表彰有关，苏门四学士的秦观、黄庭坚、晁补之和张耒能名扬四海，又得益于苏轼不遗余力的奖掖称许。李清照能得到文坛前辈大佬张耒、晁补之的肯定，自然也会出名。

李清照还有一首《感怀》诗，写到她的创作状态。其中有两句写道："作诗谢绝聊闭门，燕寝凝香有佳思。"所谓"闭门"，暗用前辈诗人陈师道的故事。陈师道爱写诗，但才气不是很足，来了灵感要写诗的时候就闭门不出，而且要蒙上被子，家里一点嘈杂的声音也不能有，有时还要把老婆、孩子打发出门，把鸡鸭赶到院子外，免得影响他的构思。他的朋友黄庭坚《病起荆江亭即事》诗中写道："闭门觅句陈无己，对客挥毫秦少游。"说的就是陈师道和秦观两人不同的创作方式，陈师道闭门苦吟，相当于唐代的贾岛，吟安一个字，要捻断数根须；秦观才气横溢，往往一挥而就。后来朱熹也证实："陈无己平日出行，觉有诗思，便急归，拥被而思之，呻吟如病者，或累日而后起，真是'闭门觅句'也。"李清照自称"作诗谢绝聊闭门，燕寝凝香有佳思"，不是说像陈师道那样闭门炼句，而是说创作时很投入，"谢绝"亲友的往来，燃香静坐，诗思灵感往往纷至沓来，创作激情不能自已。"诗情如夜鹊，三绕未能安。"这是化用曹操的"绕树三匝，无枝可依"诗意，说她写作的时候，是反复推敲，不断锤炼，吟安一个字，往往要打磨好多遍。

她的《青玉案》词也曾写道："相逢各自伤迟暮，犹把新词诵奇句。"她写诗填词，不只是玩玩而已，写写而已，而是追求奇思妙想，写出让人惊叹的奇句，让人惊服的一流作品。她的《渔家傲》词也说过："我报路长嗟日暮，学诗谩有惊人句。"她"学诗"写词，就是要创作出惊人的妙句来。李清照写诗填词，跟她玩赌博游戏一样，很有竞争、竞技的意识。她玩什么都要争先，干什么都要干出第一流。她的《渔家傲》咏梅花词说"此花不与群花比"，《鹧鸪天》咏桂花词说"自是花中第一流"，不与群花比美的梅花、"花中第一流"的桂花，是她人生理想的写照。所以她创作时总是追求奇句、追求第一流。

　　李清照有一首《夏日绝句》诗："生当作人杰，死亦为鬼雄。至今思项羽，不肯过江东。"前两句是从建安七子之一的王粲《咏史诗》"生为百夫雄，死为壮士规"二句化出。表面上是赞美项羽，深层里是讽刺南宋君臣贪生怕死，逃跑到江南，把北方大好河山让给了金人。我感觉李清照写这首诗的时候对当时的君臣是一脸的不屑，想想当年项羽宁死不过肯江东，是多么有骨气！可宋高宗却带领着满朝文武大臣逃到南方来，把北方的领土全丢掉了，没有一点男人的气概！李清照是有大丈夫气概的。我昨天读这两句，有新的感悟，"生当作人杰"，其实是李清照的人生理想。由于她是女儿身，在当时的男权社会里无法参与社会政治活动，连创作都受到限制，真是岂有此理！闺门之外的事业我干不了，闺门之内我还不能自由地思想、自由地创作！既然无法像男人那样在事功方面做"人杰"，那就在诗词创作上做"词杰"、做"诗杰"也成！当时的男权社会不认同女性创作，可李清照不仅要创作，还要创作出一流的惊人句，到男人的文学世界里攻城略地，"作人杰"，为"万夫雄"。这就是李清照对传统的自觉挑战！

三、历数词坛前辈之失：李清照掌握批评话语权

李清照不仅要争取文学"创作权"，还要争取文学"批评权"，掌握批评的"话语权"！她有一篇《词论》，专门批评历史上的词坛大腕。李清照生活在南北宋之交，在之前的北宋词坛上已经涌现出了很多名家、大家，面对词坛上的前辈大腕，她毫不留情，一个个点名批评。且看她《词论》里这段话：

> 有柳屯田永者，变旧声作新声，出《乐章集》，大得声称于世，虽协音律，而词语尘下。又有张子野、宋子京兄弟，沈唐、元绛、晁次膺辈继出，虽时时有妙语，而破碎何足名家。至晏元献、欧阳永叔、苏子瞻，学际天人，作为小歌词，直如酌蠡水于大海，然皆句读不葺之诗尔，又往往不协音律者。何邪？盖诗文分平侧，而歌词分五音，又分五声，又分六律，又分清浊轻重……乃知词别是一家，知之者少。

在我们现代读者心目中，北宋词人最有名的是苏轼，他的《大江东去》《水调歌头》妇孺皆知。其实北宋时期词坛的大腕明星不是苏轼，而是柳永。柳永的歌词在北宋时非常流行，甚至连当时周边的西夏也是"凡有井水饮处，皆能歌柳词"。现在一首流行歌曲如果能唱个十年二十年就算是经典"老歌"了，可柳永的歌词从北宋一直传诵到南宋，传唱100多年。李清照却批评柳永词虽然协音律，很好听，但是词语过于通俗，不雅致。跟柳永同时的有位词人叫张先，字子野，他以擅长写花影出名，人称"张三影"，"云破月来花弄影"是他的名句。虽然他有些词很精美，可是全词意境往往不浑成、不完美，不算是真名家。还有写过"红杏枝头春意闹"名句的宋祁（字子京）以及沈唐、元绛、晁次膺等词人，虽然时时

187

有妙语,但都不大气,也算不上名家。至于元献公晏殊、文忠公欧阳修和苏轼,都是学问渊博的饱学之士,通晓天道人事,精通社会自然,以他们的才情写词,本来是像在大海里舀一瓢水那么简单容易,可写出来的词,简直就像未经整理、随意断句的诗,压根就不像词,音律不和谐,不好唱,又难听。为什么会这样? 因为他们不懂得词不仅要像诗那样分平仄,还要分五音(就是鼻音、喉音、舌音、齿音、唇音),分清浊轻重、分五声(指宫、商、角、徵、羽五个音阶),分六律(律分阴阳,六阳律:黄钟、太簇、姑洗、蕤宾、夷则、亡射,六阴律:大吕、夹钟、中吕、林钟、南吕、应钟。共为十二律)。李清照很重视音

律,讲究词情词境与字声的巧妙配合,比如她的《声声慢》,词情悲苦,词境冷清,选用压抑低沉的入声韵来表达,"寻寻觅觅,冷冷清清,凄凄惨惨戚戚。乍暖还寒时候,最难将息。三杯两盏淡酒,怎敌他晚来风急? 雁过也,正伤心,却是旧时相识"。全词押的是入声韵,而且都是齿音,读的时候好像是从牙齿缝里面挤吐出来的,特别伤感,真正是声情并茂。诗词的声情并茂,要诵读才能体会得到,如果默读不出声,声情韵味就出不来,就像唱歌,再好听的歌你不唱出来,也感觉不出它好听。李清照和周邦彦一样特别讲究词的声律美、音韵美,所以,她主张"词别是一家",词要写得跟诗不一样,不能把词写成诗。所谓"知之者少",言下之意是,你们都不懂,但我懂,所以我有资格批评你们。从"知之者少"的语气中,流露出李清照的自信、自豪。别以为我是女子,我"知之"不比你们"少"。李清照很大气,也很傲气!

跟李清照同时而年龄略小的胡仔,对李清照批评前辈的做法很是不满。他在《苕溪渔隐丛话》中引录了李清照的《词论》后,说:

易安历评诸公歌词,皆摘其短,无一免者,此论

未公,吾不凭也。其意盖自谓能擅其长,以乐府名
家者。退之诗云:不知群儿愚,那用故谤伤。蚍蜉
撼大树,可笑不自量。正为此辈发也。

他说李清照——评论前辈诸公词的短处,用意是突出自
己擅长词作,倒是很有眼力,领会了李清照的潜台词。所谓
"吾不凭也",意思是我很不服气!他用韩愈的诗来嘲讽李清
照批评前辈是"蚍蜉撼大树,可笑不自量",表明李清照的批
评和挑战引发了男性的强烈不满。

在宋词发展史上,有两种创作主张,一种是把词当作歌
来写,一种是把词当作诗来写。把词当作歌来写,强调的是
词的音乐性,强调要能歌唱,柳永、秦观、周邦彦、李清照和姜
夔等人走的是这条"歌化"路线。苏轼则是把词当作诗来写,
只管抒情言志的痛快自由,不太重视好唱不好唱,所以苏轼
的词在当时不像柳词、秦词、周词那样广泛传唱。后来辛弃
疾等人走的就是这条"诗化"路线。词史上所谓"苏辛派",我
觉得可以称为"诗化派",他们是把词当做诗来写、当作一般
韵文来写。我们习惯说"诗歌",好像诗、歌一体,其实诗跟歌
是有区别的。黑格尔的《美学》曾经专门讨论过诗和歌的区
别。诗是写给人看的、读的,歌是写给人听的、唱的。一般而
言,诗是抒发诗人个人的情怀,抒发自我的情志,不一定要求
大众理解;歌是抒发大众的情怀,要能够让大众理解和接受。
诗和歌其实不一样。词,是歌的一种,在宋代是流行歌曲。

李清照所说的"词别是一家",有两层含义:一是说词别
是"一体",诗体、词体本为两体,二者不能混淆,词不能够写
得像诗,词要协律、要配合音乐来歌唱;二是说词要自成"一
家"。每位词人的词作要有独特的艺术个性,不能千人一面,
要有独立的艺术风格、艺术品位。各门艺术都强调个性,没
有个性就无所谓艺术,书法如此,绘画也一样。有些人的字

写得很好看,字形很漂亮,但是没有个性,不能够成为书法艺术作品。诗词也是这样。现在很多人的诗词都写得比较好,但往往没有独特性,没有艺术个性。你写的跟我写的差不多,跟他写的也没有什么区别。这类没有个性的作品,艺术价值不可能很高,也就不可能得到世人的认同和喜爱。李清照践行了她自己的创作主张,她的词确实是别是一家,独具艺术个性,所以能够得到后世读者的喜爱。

李清照不仅要掌握批评的话语权,还要争取作品的"传播权"。前面说到宋代男权管制下的社会,既不认同女性创作,更不满女性作品往外传播。而李清照不管这些,把作品拿出去广为传播。南宋时,她的词集、诗文集有多种版本:如《李易安集》十二卷本,《易安居士文集》七卷本,《易安词》六卷本,《漱玉集》一卷本、三卷本和五卷本等。

历史是复杂的、多元的。宋代主流的价值观不认同女性作品流传,并不意味着社会上没有人来传播女性作品。有人不满女性作品面向大众传播,但也有人热衷于搜集整理传播女性作品,比如魏仲恭就热心搜集整理朱淑真的诗词。他在《断肠集》序中说:"比往武陵,见旅邸中好事者,往往传诵朱淑真词,每窃听之,清新婉丽,蓄思含情,能道人意中事,岂泛泛者所能及,未尝不一唱而三叹也。"朱淑真死后,诗词集被"父母一火焚之",如果不是"粉丝"魏仲恭的着意搜集整理,可能早就湮没在历史的尘埃之中了,后人可能压根不知道词史上还有一位叫朱淑真的女词人!李清照自然也有很多类似于魏仲恭那样的"粉丝",所以她的作品能以各种各样的形式广泛流传。

历史有很多不好理解的事情。李清照的诗词集在宋代流传过那么多本子,到了明代以后全部失传了。可是由魏仲恭整理的朱淑真《断肠集》一线单传,到了明代却完整地保存了下来。现在传存下来的朱淑真的诗词比李清照的诗词要多好多。

我们现在能读到的李清照的词作,是明清以来学者们逐步整理出来的,比较可靠可信的词作大约有43首,有的虽然收录在今人整理的李清照集子里,但不一定可靠。大家要研究李清照的词,最好读哪一个本子?我个人觉得人民文学出版社出版的王仲闻先生的《李清照集校注》最为精审。我的老师唐圭璋先生生前也很肯定这个本子。王仲闻是王国维的儿子,学问好,又非常严谨。他这个本子,参考了著名版本目录学家赵万里先生的研究成果。赵万里曾经做过北京图书馆(今国家图书馆)的善本部主任,与北京另一位版本目录学家郑振铎并称为"郑龙赵虎"。赵万里做过王国维的助教,他校录整理的《校辑宋金元人词》,深得胡适先生的高度赞赏,胡适曾亲自作序推荐。我的老师唐圭璋先生编校《全宋词》时就深得赵万里先生的启发和帮助。《全宋词》所收李清照词,基本上依据赵万里《校辑宋金元人词》。要研究李清照词,也可以参考《全宋词》。当然,上海古籍出版社出版的徐培均先生的《李清照集笺注》,资料很丰富,考订也严谨,可以参考。

四、书写自我情怀:挑战词的抒情传统

李清照既挑战传统的文学观念,也挑战和突破词的抒情传统。词的抒情传统是什么?是婉约词形成的普泛化抒情传统。李清照之前的婉约词,书写的大多是男女之间的相思恨别,这种爱恨情愁是人类共通的情感,属于一种大众情绪。特别是晚唐五代婉约词中的情感世界,就像当今的网络世界一样,是一个虚拟的世界,写的并不是词人的真情实感、真实

的生命情怀。而李清照是用词来书写自己的生命情怀、自己独特的人生感受。

大家知道,李清照的人生经历以北宋亡国为界分为两个阶段。李清照生于1084年,到1127年北宋亡国的时候,已经40多岁了。前期与丈夫赵明诚琴瑟相合,美满幸福,当然美满中也有缺憾,那就是赵明诚出去做官会造成夫妻离别,从而引发李清照的深切思念,我把李清照这类相思相望夫君的词称为"望夫词"。"望夫词"是由"望夫石"联想到的,用来概括李清照前期的爱情词比较贴切。前人婉约词中写男女相思恨别,大多是男性虚拟的,有些还是婚外恋情。只有李清照的爱情词、相思词,是书写夫妻之间的真爱。赵明诚去世之后,李清照的"望夫词"变成了"生死恋歌"。从李清照的词中,我们能够感受到女词人的生命历程和情感世界。

下面比较两首作品。一首是晚唐温庭筠的《更漏子》,一首是李清照的《醉花阴》。温庭筠是中国词史上第一个大量作词的文人,他的词为婉约词建立了一种审美典范、一种抒情范式。先看温庭筠的《更漏子》词:

玉炉香,红蜡泪,偏照画堂秋思。眉翠薄,鬓云残。夜长衾枕寒。　梧桐树,三更雨,不道离情正苦。一叶叶,一声声,空阶滴到明。

晚唐五代的词,一般只有词调名而没有题目。词调,对作者来说是规定一种写作格式,对读者来说是提示一种唱法,读者看到词调名就知道怎么唱了。当时词作的内容跟词调的名称常常是相互配合的,这叫"赋调名本意"。比如《临江仙》词调,词的内容往往是写江边女神、女仙,《贺新郎》词调用来写新婚祝福。到了宋代,词作内容往往跟词调的本意没有关联了,词调纯粹是表示一种写作和歌唱的谱式,词调名《贺新郎》,词作内容可能是抒发一种愤怒压抑的情绪。温庭筠这首《更漏子》写半夜三更的情事，跟调名本意有些关联。这首词写的什么内容？用当下流行歌曲的一句歌词来类比，是写"真的好想你，想你直到天明"。因为语言的变迁，我们不是一下子能够看懂词中的意思。

读词不能像读一般文章一样，了解字面的意思就行了，读词要想象。因为诗词不仅仅是表达情意，还要呈现情景。诗词作品，好比是电影的脚本，我们欣赏者好比是导演，要根据脚本把词句想象、还原成一个个具体的镜头、具体的场景画面。能想象还原出镜头来、画面来，词的韵味就读出来了。"玉炉香"，字面的意思很简单，就是玉制香炉中的香。古代富贵人家常常要燃香来改善室内的空气。唐代的香有很多，有沉水香、檀香等等。如何读出"玉炉香"三字的镜头感和画面感？我们要把这个玉制香炉的形状、颜色都想象出来，脑海里仿佛出现了一个玲珑剔透的、色彩漂亮、形状像熊猫之类的香炉，香炉上还燃着香，不仅仿佛看到香气在空中轻轻地静静地上扬缭绕，还仿佛闻到香的味道。这样既有视觉形象又有味觉味道，词的韵味、词的形象性也就体会出来了。这第一句是特写镜头，通过香炉中香的缭绕来写室内的静谧。第二个镜头也是特写：红烛在燃烧。但词人不说"红烛照""红烛烧"，却用"泪"来形容，就特别形象，而且有情感色彩。蜡烛有蜡油，燃烧时滴下来像是人的眼泪吧？跟温庭筠同时的杜牧有两句诗："蜡烛有心还惜别，替人垂泪到天明。"杜牧诗意是写两位年轻男女夜里舍不得分离，你看着我，我看着你，一直坐到天亮，但他不说"亲爱的，我好舍不得你啊！"而是说蜡烛有"芯"（谐音"心"）有情，舍不得我们两个离去，替我们垂泪到天明，多么形象！蜡烛是晚上点燃，蜡烛流了一夜的泪，暗示室中两个人流了一夜的泪水。试想，"无心"的蜡烛尚且因为离别痛苦而流泪，何况是"有心"有情的当事人！我们平常说诗歌在艺术表现上讲究情景交融，这就是情景交融，情中有景，景中有情，景中有人。这两句诗的妙处不是直说我舍不得离开你，而是通过景物来表达，如果直说我"真的好舍不得你"，只是陈述了一个事实，究竟怎样的不舍，别人体会不到、想象不出。可说蜡烛"替人流泪到天明"就非常的形象、直观，有镜头感、有画面感，让人能想象得到、体会得出。"红蜡泪"，也有"替人垂泪到天明"的意思，暗示词中主人公一直没有睡着，在躺着流泪。"玉炉香，红蜡泪"，是近景，是写环境的特写镜头。"偏照画堂秋思"的"照"，是蜡烛在照，为什么是"偏照"，待会再说。"画堂"，是装饰很华美的闺房。不说"照画堂佳人"，却说"照画堂秋思"，含意更丰厚。"秋思"的"思"要读成去声"四"，这样才押韵。动词作名词用，有时要读成去声，如"一骑红尘妃子笑"的"骑"，作名词用，要读作"记"。"秋思"，是秋天的思念，暗示季节是在秋天。唐宋时代的诗人、词人，对春秋两季特别敏感，仿佛是季节性流行病，春天来了要伤春，秋天到了要悲秋。春天，对今天的我们来说，是一个美好的季节、充满希望的季节，可在唐宋诗人词人看来，却是令人感伤的季节。春天固然美好，百花盛开、百草争茂，但可惜时间太短暂，花开即逝，好景难留，所以古人惜春、伤春。所谓"无可奈何花落去"，"年年岁岁花相似，岁岁年年人不同"。春天花开花落，意味着时光的流逝、人的青春年华的流逝，意味着人又老了一年，所以古人特别好伤春、惜春。秋天，我们觉得是一个收获的季节、辉煌的季节，可是古人一看到秋天树叶飘零就想到冬天来了，一年美好的时光又过去了，所以杜甫感叹"无边落木萧萧下"。古代的诗人，一年四季好像都没有好心情，春天伤春、夏天恨热、秋天悲秋、冬天苦寒。不过，中国古典诗词中的好诗好词大多是在春天或秋季写的，即使不是秋天写的,也要把季节放在秋天。秋天本来是一个令人伤心的季节,把离别放在秋天的环境里就更令人伤感,柳永《雨霖铃》词里有很经典的说法:"自古多情伤离别,更那堪冷落清秋节"!离别的时间,常常放在黄昏。因为黄昏是人们归家的时间点,《诗经》里就有"日之夕矣,牛羊下来"的诗句。中国古人习惯日出而作,日落而息,黄昏时候是该归家休息的时候,可在应该回家的时候却出去远行或离别,不是更令人感伤吗?诗词里面写到的时间、季节,往往是有意味的季节和时间。这些季节和时间,不单纯是表示时间、节令的变化,它还蕴含着一种类型化的情绪、积淀着一种民族心理。我们欣赏古典诗词的时候,要注意体会这些时间、季节的特殊含义。

从"眉翠薄"开始,镜头由写环境转而写床上之佳人。温庭筠是勾勒描摹形象的高手,他写女性形象,常常用外在的局部形体特征来暗示人物内心的情绪变化,这是温庭筠最高明最巧妙之处。"眉翠薄"是什么意思?"眉"是眉毛,"翠"是画眉的颜料。"薄"呢?原来古代的女子晚上也要化妆,因为睡不着,翻来覆去,一会儿趴着睡,一会儿仰着睡,在枕头上来回折腾,眉上画的色彩就淡了,"薄"就是色彩淡薄之意。词人通过画眉色淡的外在特征变化来暗示女子内心的忧愁,她为情所困而无法成眠。"鬓云",指乌黑发亮的头发。本来睡前做好的发型,因为睡觉时辗转反侧,寤寐思服,发型就乱了,为了押韵,用了个"残"字,其实是"散乱"的意思。词人用画眉弄淡、头发凌乱来写女主人公的心情烦乱,睡不着。"夜长衾枕寒",是写长夜漫漫睡不着,感觉越睡越冷,表层是说衾被单薄而寒冷,实则是写女子内心凄凉。长夜漫漫,独守空闺的女子自是寂寞难熬。

上阕两组镜头,一写环境,一写人物。下阕将镜头移到户外。人失眠后,希望环境宁静,可偏偏时值秋天,滴滴答答的梧桐雨仿佛点点滴滴都打在心头。梧桐雨是诗词里面经常用到的一个意象，白居易《长恨歌》里就有"秋雨梧桐叶落时"的句子。大家知道梧桐的叶子很大，下雨时滴滴答答地响，失眠人听了以后会更加烦躁睡不着。所以古人常用梧桐叶、梧桐雨来烘托气氛、烘托离情。词中这位女子到了三更夜半还睡不着，屋外秋雨滴落在梧桐树上不停地作响。如果拍电影，怎样再现这个镜头？我们可以用一个镜头呈现女子躺在床上，睁着眼睛，想着心事，面露愁容，听着外面梧桐细雨的滴答声响。"不道离情正苦"，女主人公在埋怨：怎么这么烦人，人睡不着觉，屋外在下雨，屋内蜡烛还偏偏这么亮地照着！那把蜡烛吹灭不就行了？这是文学艺术啊！"一叶叶，一声声，空阶滴到明。"睡不着觉就数数，一、二、三、四、五、六、七、八、九……地数着，一直数到天亮。请注意，为什么说屋外台阶是"空阶"？作者的用意不是说台阶上一无所有，而是说台阶上空空荡荡、一个脚印也没有。暗示什么？暗示词中女子还期待她的良人半夜归来，她睡不着觉，是失眠，也是等待，期待良人能突然归来给她一个意外的惊喜。可是熬到天亮，屋外的台阶没有留下脚印，她深深地失望，甚至感到绝望。

温庭筠的词有一个特点，一般是写瞬间性的情绪。但这一首词是从上半夜写到下半夜的"三更"，又从三更写到天亮，主人公一宿没睡、一夜相思。词中女子是什么身份？为何事而离别？我们不知道，作者也无意于交代。其实这只是一个虚拟的类型化的人物，情感也是一种普泛化的离情别绪，它不为某一个个体所独有，是人人能感受到的一种情绪。

再看李清照的《醉花阴》是怎么写的：

薄雾浓云愁永昼，瑞脑消金兽。佳节又重阳，

玉枕纱厨，半夜凉初透。　　东篱把酒黄昏后，有暗

196

香盈袖。莫道不消魂,帘卷西风,人比黄花瘦。

　　这首词虽然也写相思,却不是泛普化的相思,而是妻子
对丈夫的思念。离别之人,一般都是长夜难熬,可李清照跟
丈夫分别之后,白天都觉得难熬。"愁永昼",就是觉得白天
太长,时间难熬! 人心情不好,看到云,觉得愁云惨淡;看到
雾,觉得灰蒙蒙的压抑。"薄雾浓云"与其说是写实景,不如
说是写心境。"瑞脑消金兽"的金兽,跟温词的"玉炉"意思差
不多,指用金属做的兽形香炉。"瑞脑"是一种香。"瑞脑消
金兽",跟"玉炉香"所写情景相似,是写兽形的香炉里燃点着
瑞脑香,香雾飘绕,沁人心扉。词的开头二句,像是两个镜
头。一个镜头是写户外的云气,一个是室内的香味。镜头从
户外移到室内,让我们仿佛感觉到主人公,也就是李清照一
个人坐在书桌前发呆,看着旁边香炉里的香慢慢地燃烧,时
间慢慢地消磨流逝。"佳节又重阳"一句,点明季节。读词,
要注意虚字的妙用,这个"又"字看起来很普通,但包含几层
含意。"每逢佳节倍思亲","又"字可理解为从元宵之后到清
明节、端午节、中元节,现在"又"到重阳节,每遇一节她都在
思念。还可以理解为去年的佳节重阳没见面,到今年的重阳
节"又"没有相聚。"又"字,可以表示时间的延续,也可以表
示时间的重复。词中虚字,不能轻易放过,要细细体味它的
用法与含意。"玉枕纱厨,半夜凉初透"的"玉枕",是玉制的
枕头,形容枕头的美好;"纱厨"是蚊帐。这本来是夫妻共用
之物,睹物更思人。到了晚上,独自一人睡在床上,越睡越
"凉"。这个"凉",跟前面温词"夜长衾枕寒"的"寒"字一样,
不仅是生理的寒冷,更是心理的凄凉。这个"凉"字,还有更
复杂的况味,暗示李清照作为妻子对丈夫的心理思念与生理
渴望。保加利亚伦理学家瓦西列夫曾说爱情"是冲动和意识
的仙境,是性欲和精神渴求的神奇融合",李清照前期相思词

就是这样一种神奇的融合,她把对丈夫的爱欲、思恋诗意化、审美化了。

下阕将镜头回转到白天。这两句时间上写的是一个延续的过程。黄昏后东篱把酒赏菊,到晚上衣袖里依旧留存着菊花的清香。东篱把酒,暗用陶渊明"采菊东篱下"诗意。词人对花自饮,顾影自怜。有感伤,也不失潇洒。末句"莫道不消魂,帘卷西风,人比黄花瘦",写西风一起,把帘子吹飘起来,看到帘外的丛丛菊花呈露着优雅的风姿、散发着阵阵幽香。"人比黄花瘦",是李清照跟赵明诚开玩笑,说:老公,我好想你,想得人都瘦几圈了。当然,词中不能这么直白,这么直白就不是艺术了。"人比黄花瘦",是人中有花,花中有人,人花相衬,人花争艳,既写出了自己身形体态的变化,也巧妙地写出刻骨的相思和夫妻间的绵绵情意。词中对丈夫的思念、对丈夫的爱恋深沉而执着,相思对象明确而具体。跟温庭筠词的那种普泛化相思大不相同。

李清照词中的相思有一特点,就是双向相思、彼此眷恋。一般爱情诗、相思词里写的是单相思,而李清照的相思词常常是双向的思念、相互的牵挂。苦涩的离愁中有彼此牵挂的甜蜜慰藉,有心心相印的幸福感。大家熟悉的《一剪梅》词里"一种相思,两处闲愁",写的就是这种双相思。《小重山》词里面"二年三度负东君","三度"是多次的意思,"两年"了,多次辜负大好春光,没有跟丈夫一起共度良宵。"归来也,著意过今春",是对丈夫深情的呼唤。《蝶恋花》的"暖日晴风初破冻,柳眼梅腮,已觉春心动",表面是写柳树已萌动春心,实际上是写她自己春心萌动,想丈夫早些回来团聚共享天伦之乐。李清照这些词,从不同的层面、不同的角度书写了作为妻子的李清照对丈夫种种深切的思念和渴望。

五、挑战的代价：受人围攻指责

李清照精妙的词作，给她赢得了鲜花和掌声吗？在她生活的南宋，因为挑战了传统，挑战了男权，李清照屡屡受到男性士大夫的围攻、指责甚至谩骂。

先看王灼的《碧鸡漫志》是怎么评价的。王灼是跟李清照同时而稍晚的词学家，他的《碧鸡漫志》是宋代现存第一部完整的评论当世词人词作的词话著作。书中说：

> 易安居士，京东路提刑李格非文叔之女，建康守赵明诚德甫之妻。自少年便有诗名，才力华赡，逼近前辈，在士大夫中已不多得。若本朝妇人，当推词采第一。赵死，再嫁某氏，讼而离之，晚节流荡无归。作长短句，能曲折尽人意，轻巧尖新，姿态百出，闾巷荒淫之语，肆意落笔，自古搢绅之家能文妇女，未见如此无顾忌也。

王灼是先扬后抑，先褒后贬。说李清照富有才华，即使是跟男性士大夫相比，也不可多得，在本朝妇人中，更是词采第一。这个评价似乎不低。可接着王灼就拿李清照的私生活来说事。赵明诚去世以后，李清照曾短暂地改嫁过张汝舟，因为张汝舟有严重的"家暴"行为，李清照无法忍受，不久就万分痛苦地选择离开。为此李清照付出了毁灭名誉的代价。李清照改嫁的过程和离婚的原因，不是特别清楚。有一种意见认为，李清照家藏珍贵文物，张汝舟可能是觊觎这些文物而跟李清照套近乎，骗婚得手后，发现并没有什么预期的珍宝，失望之余就对李清照施以暴力，经常欺凌打骂，李清照实在是受不了折磨，就检举揭发张汝舟"妄增举数入官"，后来查实，张汝舟被下狱并遭除名流放。宋代法律规定，儿子告父亲、妻子告丈夫，如果罪名成立，儿子或妻子都要跟着坐牢。因此李清照也被投入大牢，因为有人援救九天后获释出狱。这就是王灼说的"再嫁某氏，讼而离之"。宋代人并不认为女性离婚是失节的行为，但妻子告丈夫，却是当时人无法接受认同的反常事件。李清照告发亲夫，等于是自毁名誉。李清照甘冒名誉被毁的风险，背后一定有万不得已的隐情，李清照受到的家暴可能非同一般，她在《投翰林学士綦崇礼启》中说到张汝舟有"决欲杀之，遂肆侵凌，日加殴击"的话，可怜孱弱的李清照，哪里经受得起张汝舟的暴力折磨，所以她宁可不要名誉也要告倒张汝舟，借此摆脱无法承受的暴虐。王灼说她"晚节流荡无归"，带有明显的贬义，暗示她不守妇道，不保晚节，到处飘零，最终也没有个归宿。对于李清照的词，王灼更加不满，说她的词"闾巷荒淫之语，肆意落笔"，自古以来士大夫家能文的女子，没有像她这么放肆粗俗的！从现存作品看，李清照的词都非常的精美雅致，压根就没有什么露骨的描写，也没见"荒淫之语"。李清照在词里写了思念丈夫，就被骂得狗血喷头，反映出男性话语霸权和对女性的严重歧视。

与王灼同时而稍晚的胡仔，在他的诗话著作《苕溪渔隐丛话》中说：

> 近时妇人能文词，如李易安，颇多佳句，小词云："昨夜雨疏风骤，浓睡不消残酒。试问卷帘人，却道海棠依旧。知否知否，应是绿肥红瘦。""绿肥红瘦"，此语甚新。又《九日词》云："帘卷西风，人似黄花瘦。"此语亦妇人所难到也。易安再适张汝舟，未几反目，有《启事》与綦叔厚云："猥以桑榆之晚景，配兹駔侩之下材。"传者无不笑之。

胡仔也承认李清照"能文词"，"造新甚"，特别强调她女性的身份,言下之意,女人本来不行,能写这样的词就很不简单了,带有明显的男性优越感。评词之余又拿李清照的离婚来说事。李清照所言"猥以桑榆之晚景,配兹驵侩之下材",本是伤心后悔的话,胡仔却拿来取笑,说"传者无不笑之",不但没有同情心,反而有一种幸灾乐祸的心理。

南宋朱彧《萍州可谈》曾谈道:

> 本朝妇女之有文者,李易安为首称。易安名清照,元祐名人李格非之女。诗之典赡,无愧于古之作者,词尤婉丽,往往出人意表,近未见其比。所著有文集十二卷,《漱玉集》一卷。然不终晚节,流落以死。天独厚其才而啬其遇,惜哉!

朱彧说李清照的诗典雅富丽,跟古人比起来毫不逊色,词作尤其婉丽,"往往出人意表",近来很少有人能够跟她比拼。这评价还是比较高。可话锋一转,又说她晚节不终,就是贬抑了。"流落以死",是说清照晚年到处流浪,没有固定住所,没有好的归宿。"天独厚其才而啬其遇,惜哉!"意思是说老天爷给了她那么大的才情,怎么就吝啬不给她好的遭遇,让她晚年那样命苦?可惜!"惜哉"表面上是同情惋惜,深层里是说一个女人本不应该这么有才,有才,命就不好,似乎暗含讥讽。

南宋著名藏书家晁公武,在他的目录学著作《郡斋读书志》里说:

> 皇朝李氏格非之女,先嫁赵诚之,有才藻名。其舅正夫,相徽宗朝。李氏尝献诗曰:"炙手可热心可寒。"然无检操,后适张汝舟,不终晚节。流落江湖间以卒。

宋代女子没有自己独立的身份,李清照早已是大名鼎鼎了,晁公武还是不正面提她的名字,只说是李格非的女儿,嫁

201

了赵明诚。"其舅",这里指她的公公;"正夫",即赵挺之,赵明诚的父亲,在徽宗朝做过宰相。赵挺之跟李清照的生父李格非属于两个派别,赵挺之属新党,李格非属旧党,赵挺之当宰相时迫害过旧党人士,所以李清照写诗给赵挺之,讽刺他"炙手可热心可寒"。"然无检操",是说李清照品德不好,后来改嫁,不终晚节。不评价她的文学成就,只负面地酷评她的品节。"流落江湖间以卒",说她最后在江湖上到处流浪漂泊而死,一点同情心都没有。态度上很是藐视,完全不像后人那样崇拜、仰望李清照。

宋代陈振孙的《直斋书录解题》,也是目录学名著,其中说"《漱玉集》一卷,易安居士李氏清照撰。元祐名士格非文叔之女,嫁东武赵明诚德甫。晚岁颇失节"。更直接地酷评李清照"失节",对她词的好坏只字不提。可见到南宋后期,人们对李清照的评价越来越差。

我读《明史》,偶然读到一则材料,说明代有一位烈女,小时候很有才华,诗词写得好,她的哥哥对他说,妹妹简直就是李清照、朱淑真再世。哥哥的本意是表扬她有才情,没想到妹妹听后勃然大怒,说:你怎么把我比作宋代的李清照,李清照是什么东西?她后来改嫁,是失节的女人!朱淑真更是不守妇道,搞婚外恋。不要以为我们现在崇拜李清照、仰望李清照,古人也一样地崇拜。由于时代不同,人们的道德观念、价值观念、女性观念和婚姻观念不同,所以对同一人物和事件的看法、评价会很不一样。明代以前,李清照受离婚事件的拖累,人格深受鄙视和恶评,这也影响到对她作品的评价和接受。她的作品到明代完全失传,也许与人们对她的道德评价有关。一个失节的女人、一个道德品行受到唾弃的女人,她的作品也会遭到人们的排斥和冷落。大奸臣蔡京的书法是一流,诗词也是高手,因为后人憎恶其人,所以也鄙薄他的作品，以至于他的诗词作品很少流传。古代作家作品的存佚，有偶然因素，也有必然因素。

到明代中后期，李清照在词史上的地位才得到认同。明代大才子杨慎高度评论过李清照，说：

> 宋人中填词，李易安亦称冠绝。使在衣冠，当与秦七、黄九争雄，不独雄于闺阁也。其词名《漱玉集》，寻之未得。《声声慢》一词，最为婉妙。

杨慎说宋代词人中，李易安非常杰出，堪称翘楚，不仅在女词人中称雄，即使是在男性词人中，也跟秦观、黄庭坚有得一比。明末大学者王世贞把李清照跟李璟李煜父子、晏殊晏几道父子、柳永、张先、周邦彦、秦观等大词人相提并论，推崇为词的"正宗"：

> 之诗而词，非词也，之词而诗，非诗也。言其业，李氏、晏氏父子，者卿，子野，美成，少游，易安，至矣，词之正宗也。

明代以后，李清照的地位就逐步提高，特别是到了20世纪，随着女性社会地位的提升，李清照在文学史上的地位得到高度认同，今天人们普遍认为她是词史上最杰出的女词人。

我今天讲这个题目，另外有两层用意和思考。第一是想说明，研究古代作家要回归历史现场，尽量了解古代作家的创作生态，也就是"知人论世"。回到李清照生活的时代，我们才知道她作为一个女性，写作原是很不容易的事情，需要勇气。为什么宋代只有李清照、朱淑真等寥寥几位女词人、女诗人受到后人的关注？当时能诗能词的女性应该很多很多，因为受男权专制下女性观念的影响，写作和传播作品被认为是丢人现眼的不光彩的事情，所以大量的作品没有流传下来，作品没有流传，作者也就湮没无闻了。第二是想说明，

203

作家的声誉和影响力是变动不居的。李清照在我们这个时代文学史上的地位很高、知名度很高，并不意味着历史上她同样受到仰望和崇拜。作家和作品的影响力是变化的。

我去年在中华书局出了两本书，一本是《唐诗排行榜》，一本是《宋词排行榜》。《唐诗排行榜》里面排在第一名的是崔颢的《黄鹤楼》。很多网友就"拍砖"了，怎么可能是《黄鹤楼》？你是武汉大学的教授，就把《黄鹤楼》排成第一名，很不公平！其实这个排行榜不是按照我个人的主观好恶来排定的，而是通过几百万条数据统计分析作品的影响力后排定的。统计结果反映出作品影响力和美誉度是有变化的，不同的时代有不同的评价和美誉度。我们今天的读者觉得崔颢的《黄鹤楼》不那么有名，其实在唐宋时期，崔颢的这首诗太有名了。大家都知道李白"眼前有景道不得，崔颢题诗在上头"的故事。诗仙李白都崇拜的作品，谁还能不崇拜？甚至连禅宗的语录里头都经常提到崔颢和他的《黄鹤楼》，"莫因崔颢不题诗"，也成为宋代以后文人常常说到的一个话头。只是到了现当代，因为崔颢的知名度不如李杜那么高，所以他诗作的知名度也受到影响。我今天讲李清照，也是想说明，作家的历史地位和他作品的影响力是随时代的变化而变化的，我们要用一种变化的眼光去看待文学史。

（讲座时间：2012 年 11 月）

莫砺锋

诗圣杜甫

　　莫砺锋,南京大学文学院教授,南京大学中国诗学研究中心主任,兼任全国古籍整理与出版规划领导小组成员、教育部人文素质教育指导委员会委员、中国宋代文学学会副会长、中国杜甫研究会副会长、中国陆游研究会会长等职。著有《江西诗派研究》《杜甫评传》《朱熹文学研究》《唐宋诗歌论集》等。在中央电视台"百家讲坛"栏目主讲"杜甫的文化意义""诗歌唐朝""白居易"等系列讲座数十期,社会反响强烈。

听众朋友,大家好!感谢这么冷的天气来听我的讲座。这是一个老生常谈的话题,我对杜甫的看法跟我20年以前撰写《杜甫评传》的时候一模一样,没有什么改变。我一以贯之地尊敬杜甫。

那么,今天为什么来讲这样一个题目呢?从我们今年的一个具体的背景讲起。今年是杜甫诞辰1300周年,学术界和文化界还没有对此做出任何反响的时候,今年4月份在社会上爆出一件事,叫做"杜甫很忙"。"杜甫很忙"事件,在座的老年朋友也许不太关注,年轻人肯定知道,就是有一些中学生朋友对中学语文课本上的一幅杜甫肖像画进行涂鸦,把它改画成什么什么。事件发生以后,南京有三家报社的记者给我打电话,请我发表看法。我看了一下那些材料,有点不高兴,我说没什么,没有接受他们的采访。我为什么不高兴?对课本上的人物肖像画进行涂鸦,说实话,我小时候也干过,给中学课本里的肖像画,添上两笔胡子,画上一副眼镜。但现在小朋友与时俱进了,跟我们那一代人不一样,他们对杜甫画像的涂鸦幅度很大,画成了杜甫骑摩托车、唱卡拉OK,更不堪的还有杜甫泡妞等,什么都有,我就觉得有点过分。今天就来讲一下诗圣杜甫,看对于这样一位人物是不是应该抱有一颗敬畏之心。

杜甫被称为"诗圣",准确地说,这是从明朝才开始的。大致在明朝的著作中可以找到一些材料。最早可能是一个叫做费宏的诗人,有一句诗叫做"杜从夔府称诗圣",就是说,杜甫到了夔州以后,就可以称为"诗圣",他的诗位超凡入圣了。稍晚一点,明朝中后叶的胡应麟也说过,"拾遗素称诗圣","拾遗"就是杜甫杜拾遗,大家一向称他为"诗圣",又称"集大成"。然后到了明末清初一位著名的杜甫研究者王嗣奭。王嗣奭写的《杜臆》这本注释、讲解杜诗的书,非常好。他曾经做了一个梦,梦到杜甫,醒了以后,写了一首诗,其中有两句"青莲号诗仙,我公号诗圣"。李白号称"诗仙",他非常尊敬地称杜甫为"我公",这位老先生是"诗圣"。

这个"诗圣"称号虽然是明朝人提出来的,但我们追本溯源,发现对于杜甫这样一种地位的认定,实际上在宋代已开始,宋人把杜甫推上了"诗圣"的地位。我们先看一看这个过程。

宋朝人推崇杜甫,沿着两条路线进行,就是沿着两个维度来进行的。第一,宋人想从唐代诗人中间寻找一位在人格意义上足以成为典范的人物,就是唐朝诗人中哪一位人格最高尚最值得学习。他们选中了杜甫。当然有人说,宋人评价历史人物,封建意识非常浓重,主要从封建角度出发。是这样,任何人都不能脱离时代。

我们看一看大名鼎鼎的苏东坡。苏东坡推崇杜甫,首先是他忠君。苏东坡说"古今诗人众矣",古今诗人很多。但为什么杜甫是首选呢?他说,虽然他一生流落饥寒,遭遇不幸,也没有得到过重用,但是他"一饭未尝忘君也欤",忠到吃饭时也不忘记君主,忘记皇上。苏东坡这个说法并不夸张。

请大家看杜甫这首《槐叶冷淘》。这不是他的代表作,选本一般也没选。"槐叶冷淘"是唐代一种小吃,是流行在长江三峡地区的一种凉面,它是用新鲜的槐树叶榨出汁水来,把汁水和在面里,然后做成凉面。这种凉面南方才有,北方没有,长安也没有。杜甫晚年流落到夔州,尝到这种凉面味道很不错。他就写了一首诗,前面六句都是说槐叶冷淘是怎么做的,后面两句就来了,他就联想到君主,说"君王纳凉晚,此味亦时须"。就是说长安城皇宫里的皇帝在北方,没有吃过这个东西,他在夏天纳凉的时候,最好也能尝一尝这个凉面。这不是"一饭未尝忘君"么?吃到一个比较稀罕的好的东西,就想到皇帝。这种意识当然是封建意识,我们可以把它扬弃掉。当今,我们应该把这种意识留给我们的父母,想想他们吃过没有,买一点给他们尝尝。但封建时代的人忠君跟爱国是浑然不分的,君主是国家的代表,更何况在那动荡的年代,君主更是国家的代表,是一个维系全国的核心,所以杜甫的忠君也不值得深究,不值得责备。更重要的是,宋人推崇杜甫,是从人格意义上推崇的,不在忠君,而在其忧国忧民。

我们看北宋后期两位大诗人不约而同地有题杜甫画像诗。王安石是新党领袖,黄庭坚是旧党的一位大诗人。他们两个人在政治上势不两立,完全不同,但对于杜甫的看法,却完全一致。王安石写了一首咏《杜甫画像》诗,非常明确地说杜甫的伟大胸怀,就是在《茅屋为秋风所破歌》里面表达的自己受冻死不要紧,但愿有千万间房子让天下的穷人都安居在里面。杜甫的这种情怀,王安石觉得非常了不起。"宁令吾庐独破受冻死,不忍四海赤子寒飕飗",这是王安石对杜甫原意的转述,然后"所以见公像,再拜涕泗流"(我看到杜甫的画像,流着眼泪非常激动,对他顶礼膜拜),"惟公之心古亦少,愿起公死从之游"(你这种伟大的情怀古代都很少,我非常希望我这一生能够跟你交游,跟你学习)。无独有偶,黄庭坚也有一首题杜甫画像诗。有一幅很生动的杜甫画像,画的是有一次杜甫在成都草堂时,喝醉了酒,骑着驴,从驴上跌下来。黄庭坚题诗说:"中原未得平安报,醉里眉攒万国愁。"我们都

209

知道，一般诗人心中有忧愁，喝杯酒就舒解掉了，但杜甫这个人不一样，他即使喝得酩酊大醉，集中在眉间的忧国忧民的那种表情依然挥不去，还留在他心中。他对国家的忧虑太深沉了。所以，黄庭坚也对他非常佩服，"常使诗人拜画图"，后代的诗人都要来膜拜杜甫的画像，"煎胶续弦千古无"，很难继承他这个偶像，这个地位太高了。所以，北宋这样两位大诗人不约而同有这样的诗，就说明他们的价值判断主要不是忠君，而是杜甫忧国忧民的情怀，一种崇高的人格指引。

到了南宋，就有朱熹从正面对杜甫人格的阐述。我们都知道，以朱熹为代表的南宋理学家在评价历史人物时非常严格，有时甚至是苛刻的。他们用一种非常挑剔的眼光来检验历史人物，不受到朱熹批评的历史人物很少，但是朱熹认为历史上有诸葛亮、杜甫、颜真卿、韩愈、范仲淹等五人是君子，他们人格非常高尚，值得崇敬。朱熹说"此五君子，其所遭不同"，他们的生平遭遇不一样，"所立亦异"，他们立身处世的方式也不一样。因为诸葛亮和范仲淹是两位大政治家，而颜真卿是唐代的一大书法家，是一个忠臣烈士，为了维护国家统一而牺牲在军阀手里。韩愈在唐代建立儒学传统，就是我们民族的传统文化面对外来文化压迫的时候，怎样维护我们的民族传统，也建立过大功业，他在政治上也刚正不阿，多次被朝廷贬斥。唯独杜甫是一个普通人，他在政治上没太多的表现。但朱熹说他们五人都是君子，他们的相同点是什么？朱熹说，就是他们的心，他们的胸怀，他们的人格，光明正大，磊磊落落。这是一种人格精神，不在于他的功业怎么样，而在于他内心那种情怀、那种人格境界达到了一个很高的水准。

因此，我们基本上可以下这么一个断语，北宋人从人格意义的角度从唐代诗人中把杜甫挑选出来作为典范。这是他们认定杜甫为"诗圣"的第一条路线,第一个方向,第一个维度。

对诗人来说,诗歌写得怎样也非常重要。诗歌艺术上的成就如何,北宋人选择典范的第二条路线就是对唐代诗人的诗歌艺术水平进行挑选,他们也认为杜甫的诗达到了最高水准,最具有典范意义。

我在这里不讲杜甫的《秋兴八首》,不讲他的《咏怀古迹五首》,也不讲他的《诸将五首》等代表作,我们看他一般的作品受到什么评价。

下面一条材料是《陈辅之诗话》中的,是王安石说的,他说:"世间好语言,已被老杜道尽。"就是世上好的句子差不多都被杜甫写完了,我们很难写出新的好句子来。王安石这句话当然有一点夸张,但还是有几分道理。我们看一个例子。

北宋初年诗人王禹偁被朝廷贬官,一下被贬到陕西的商州地区,做一个团练副使,这是一个闲差。到商州后,他家有一个小院子。院子不大,种了几棵桃树杏树,春天开花,但一天晚上刮了一夜大风,早上起来这棵杏树被风刮断了几枝,很大的树枝也吹断了,但仍没有完全脱离树干,还连在上面。这个枝头仍是繁花怒放。树枝虽然断了,但还连在枝头上,花还是开得很好。王禹偁感到很惊奇,就写了一首《春居杂兴》:"两株桃杏映篱斜,妆点商州副使家。何事春风容不得,和莺吹折数枝花。"(我本来好好的院子里面有几树花,但为什么春风容不得它,偏偏把它刮掉,断下来,仿佛在埋怨春风一样)这首诗写得不错,这个情景比较难见。我在江南插队,当了十年知青,村子里面有的是桃树、杏树,但没有这种情况。

王禹偁有个儿子王嘉祐,十几岁了,过了几天,儿子跑来告诉父亲,说大人,我发现你前两天写的那首诗好像是从杜

211

甫诗中抄出来的。王禹偁说，这怎么可能，我怎么会抄？他儿子就拿出一本杜诗来翻给他看，找到这首诗，果然有一首是杜甫在成都写的《绝句漫兴》："手种桃李非无主，野老墙低还是家。恰似春风相欺得，夜来吹折数枝花。"这首诗很幽默，前面两句也很好，我家里亲手种的几棵桃树杏树，这不是无主的野花，是我种的；我的围墙很低，房子很简陋，但是这毕竟是我的家（"野老"就是乡下老头）。这些桃树杏树是我的私有财产，别人不好来侵犯，但是恰似春风欺负我，一夜吹来，吹折数枝花。

请大家比较一下这两首诗，后面两句非常像，基本上就如王安石所说，"世间好语言，已被老杜道尽"。你看到的是很难得的景象，结果杜甫早已写过了。虽然王禹偁儿子说他，并找出《杜诗》，他并没有生气，没有像《红楼梦》里面的贾政一样说：小畜生，你怎么乱说！他反而大喜，说，哎呀，我的诗接近杜甫了，我不是抄的，是我自己写的，跟杜甫暗合，跟他写的差不多了。这个例子典型地说明杜甫的诗到达那样一种成就以后，他的诗所涉及的面又广，给后代诗人一种压力，很难超越他。

我们再看北宋诗人对杜甫诗的一些讨论。

欧阳修《六一诗话》记载一件事，提到杜诗《送蔡希鲁都尉还陇右》。这也不是名作，几乎所有的选本都不选它。欧阳修有一个朋友叫做陈从易，有一次拿到杜甫的一本诗集看，看到这一首时，"身轻一鸟"后，虫蛀了一个洞，缺了一个字。他就想"身轻一鸟"什么呢，他描写一个将军骑在马上，飞奔而过，从眼前冲过去。"身轻一鸟"，下面是"枪急万人呼"。很多人在那里打仗，枪打得很急，许多人都在叫。他跟几个朋友说，我们来补补看，结果有的补"疾"（就是"快"的意思），有的补"落""起"，有的补"下"等。过了几天，找到杜甫完整的诗集一看，原来是"过"，"过去"的"过"！我们仔细体会一下，"过"是不是比其他几个字都好？我觉得好，写的是一个水平方向，一个将军骑着马飞奔而去，在眼前一闪而过，所以，这里只有"过"字最好。杜甫用字就跟人家不一样，千锤百炼。

我们再看两个例子。先看这首《百忧集行》，是杜甫在成都时写的一首七言古诗，有两句是："入门依旧四壁空，老妻睹我颜色同。"就是我回到家里还是很穷，家里四壁空空，我的老伴跟我两个人互相看看，都满脸忧愁。穷到什么程度？"痴儿不知父子礼，叫怒索饭啼门东"。他的孩子还小，家里断顿，到了该开饭的时候，开不出饭来，孩子饿了，要吃饭。当然，如果孩子是一个成长起来的青年人，他应该知道父子之礼，断顿了，他会说父亲大人，我们是不是应该开饭了，但还是不懂事的孩子，没饭吃，他就叫，我要吃饭，我要吃饭。为什么"啼门东"？当时有人提问，为什么非要孩子到门的东面去叫，他不在门西不在门南不在门北？大家看一看这一段，他押的韵是东韵，在座可能有喜欢诗词的朋友，押的第一个韵就是东韵。押东韵的韵脚中，表示方位的只有一个"东"字。是不是为了押韵，凑这个韵？我们先放一下，再看下面一个例子。

《义鹘行》是杜甫写的一首寓言诗。一个樵夫给他讲过一个故事。一棵大树上面，一只老鹰筑了一个巢，在里面生了两只小鹰，一条凶恶的大白蛇爬到树上去，把小鹰吃掉了。老鹰很悲伤，很愤怒，但是打不过白蛇，公的老鹰就飞到远处去，请来一只鹘。鹘是一种猛禽，比鹰更大更强壮。鹘来了以后，像一个除暴安良的侠客，飞过来一爪就把那条白蛇的头给击碎，打死了。杜甫听了这个故事，写下这首诗。里面有这样一句"近经滱水湄"，我最近经过滱水的水边上。"此事樵夫传",打柴的人告诉我这样一个故事。"聊为义鹘行,用激壮士肝"。我就写了这首《义鹘行》来激励那些壮士的精神。关键是为什么"壮士肝",不是"心肺",或其他东西。这首诗押两个韵,一是先韵,一是寒韵。先韵、寒韵在五言古诗中是可以通押的,所以杜甫诗在这里押两韵,"肝"字在寒韵。大家会怀疑杜甫是不是为了凑韵,因这个韵里找不到"肺"字,就押"肝"?讨论来讨论去,最后有一个人出来解释(这个人不知道是谁),他说"庖厨之门在东,肝主怒"。中国古人盖房子讲究方位,比方说灶的位置一定是在房子的西南角,不能在其他角落,否则不吉利;厨房是在东边,厨房的门也开在东边,小孩子要饭吃当然要到厨房去,在厨房门外面叫,所以是"门东"。"肝主怒",主愤怒激动的情绪,我们中医说是肝火太旺,这个义鹘的故事是为了激励壮士,借它的侠义精神,来激励壮士。一个字都不是随便下的,宋人对杜甫的诗讨论的结果,就是发现它千锤百炼,几乎无懈可击。

请大家看下面这两个例子,很有意思。宋代罗大经《鹤林玉露》记载,南宋时,在首都临安(今浙江杭州),有一次两个官员林谦之、彭仲举在一小酒店里讨论杜诗。谈来谈去,后来,彭仲举就一拍桌子,说杜少陵可杀,因为他的诗写得太好了,他把什么都写了,我们没有办法写了。旁边一个没有多少文化的人听了,跑到其他地方去告诉人家,说两个人大白天在那里讨论要杀人,人家问他说要杀谁,他说要杀杜少陵,不知是什么人。

北宋也发生过这样的事。北宋官员天不亮就要去上朝,皇帝还没到,他们有的人就先打瞌睡。可有两个人,一个叶涛,一个吴居厚。叶涛一看到吴居厚,就跟他讨论杜诗。杜诗这一句怎么样,那一句怎么样。吴居厚没睡醒,想睡一会,就在那个待漏院子里面,搬了一把椅子坐到走廊(一边是空的）里。你们在里面讨论，我坐在外面。可有一天，他坐在外面了，突然刮风下雨，雨飘过来，飘在他身上，旁边的人说，叶大人，你怎么不进去啊，你的衣服都湿了，你怕什么？他说我怕杜诗。里面正在讨论杜诗，我想睡觉。

这些例子说明了什么？北宋的诗人讨论研究的结果是，杜甫的诗具有最高典范性，是一个研究模仿的最好范例。所以，是北宋人最后确认杜诗可为诗歌的最高典范。作为补充，我这里面有一系列成语，都来自杜诗，如"白云苍狗""冰雪聪明"等，一个人的诗歌能创造这么多的成语，对我们的语言文化、语言文字贡献有多大！杜甫有的成语，几乎没有任何改写，如"射人先射马，擒贼先擒王"，又像"人生七十古来稀"，原封不动就成为成语。因为杜甫"语不惊人死不休"。他用毕生的心血锤炼句子，所以达到这样的高度。

上面说的都是历史上或者准确说是从宋代开始，诗人、学术界对杜甫的一种价值判断。现在，我们脱离宋代这个历史背景，从整个文化史的角度，来看杜甫"诗圣"地位得到后人认同的原因。

杜甫是具有远大政治理想的人，具有远大抱负，对自己期许很高。他刚入长安，就写了一首诗，说我的人生期许就是"致君尧舜上，再使风俗淳"，希望通过自己的政治活动把社会建设得很好，让君主达到尧舜那样的高度，成为那样的明君，把整个国家也治理得很好，整个社会达到一种风俗淳朴的境界。一个理想的社会不仅仅是富裕，一定是淳朴的，有良好的风俗。这就接近我们今天建设文明社会，一个和谐社会，也是儒家的一贯理想。所以，这是杜甫的最高理想。

那么，他怎么会有这么一种人生理想？这要从他的家庭传统说起。杜甫跟李白不一样，杜甫出生在一个以儒学为传统的家庭里。他在《进雕赋表》中描述过他的家庭说："自先君恕、预以降，奉儒守官，未坠素业矣。"杜恕是杜甫的十四代祖先，往上数十四代，杜预是十三代，他们都是缙绅，这个家族从十四代十三代祖先开始，就是世世代代都遵守儒学的传统，都做官，都坚守儒学的传统，从来没有违背过。"素业"是人们对"儒学"的称呼。孔子称为"素王"，不在其位而有其德的思想家。

杜恕在我们历史上留下的记载不多。杜预是杜甫家族史上一个非常著名的历史人物，他是西晋的名臣，文武双全，什么都懂，什么都会。当时人称他为"杜武库"，说这个人像一个武器仓库一样，什么办法都有。而且他还是儒学经典的一个专家，他所作的《左传》注现在还收在《十三经注疏》里。这是一个对儒学有重大贡献的人。杜甫说我要继承这个传统，这是我们家的一个光荣传统。

杜诗有没有对儒学表示怀疑过？大家也许会找到这样一个例子，"儒术于我何有哉？孔丘盗跖俱尘埃"。儒学对我有什么用处，跟我有什么关系？人都要死，死了都一样，孔子也好，盗跖也好，死了还不都是变成尘埃。有很多人就抓住这一句，说：你看，他怀疑儒学。这是杜甫喝醉酒以后，在穷困潦倒时说的牢骚话，发牢骚说一两句不足为奇。杜甫在诗中 44 次提到"儒"字，其中除一个是"侏儒"的"儒"不算外，还有 43 次，其中 42 次都是对儒学的崇敬，都强调我是一个儒生，甚至我是一个老儒生，是一个腐儒。尽管行不通，我还是坚守这个信念。他对于儒学生死以之，颠沛在此，流离在此，仍信奉儒学。

这种信仰是否有其合理性？作为一种政治理论，儒学归根结底就是要行"仁政"。治理国家，要施行"仁政"，以"仁政"为统治基础。"仁政"，就是让百姓过得好一点，尽可能改善他们的生存条件。

《孟子》说，"尧舜之道，不以仁政，不能平治天下"。在儒家看来，假如你这个政权不实行仁政，对老百姓的生活没有什么改善，那你的统治是没有合法性的，不承认你。只有实行"仁政"，才是合法的政权。这种思想对杜甫的影响非常深，杜甫对个人的期许，对自己的信念，都是这样。他很明确地说，"许身一何愚，窃比稷与契"。我这个人对自己的期许是不是有点笨，我什么期许？我私下把自己比作历史上的两个人物后稷和契，要做这样的两个人。稷与契是谁？稷，《左传》里面有记载，又称为"后稷"，他是舜时代的一个大臣，主管天下农业，相当于现在的农业部长。因为稷擅长农业，从小喜欢种庄稼，所以他掌握了农业技术，主管农业，也是周朝的祖先。契是大禹时，协助大禹治水的人。这两个人，一个管农业，一个治水。杜甫想做这两个人，这两个人可是历史上的名人，有丰功伟绩。所以，有人怀疑你是一个百姓，一介布衣，怎能与稷、契相比，是不是期许太高了？

下面是王嗣奭的解释。《杜臆》是我读过的书中，讲杜的思想价值最好的书。它说，"人多疑自许稷、契之语"，有的人怀疑杜甫自比稷、契之语。他说，不需要怀疑，没有什么不可能，"不知稷契元无他奇"，后稷也好，契也好，他们本来没有奇特的地方。"只是己饥己溺之念而已"，他们的伟大、独特之处，就是一种"己饥己溺"的念头。什么叫"己饥己溺"？《孟子·离娄下》说："禹思天下有溺者，由己溺之也；稷思天下有饥者，由己饥之也。"大禹治水，他看到天下有老百姓还受水灾的危害，还有老百姓被洪水淹死，就责备自己说这是我的罪，以为是自己治水不够好。稷主管天下农业，看到天下还有老百姓在饿肚子，就责备自己做得不好。这是一种高度的责任感，对天下、对全社会的责任感。这是一种伟大的胸怀，一种高尚的政治情操。所以，王嗣奭说杜甫"己饥己

217

溺"，一点都不稀奇，它是一种信念，一种人格精神。不在于你做得怎么样，而在于你有没有这种情怀。更重要的是，大唐帝国已经出现了唐太宗"贞观之治"，唐玄宗前期又出现全新的"开元之治"。说要做稷、契，这是一个普通的政治概念。

请大家看《贞观政要》。《贞观政要》说唐太宗时有一个大臣魏徵，魏徵说最好的政治，就是"君为尧舜，臣为稷契"。君主要以尧舜为榜样，向尧舜看齐，臣子要做后稷做契。所以，杜甫在这个语境下，他要做稷、契，这是合理的，并不是说大话，或者怎么样。

下面我们看一看杜甫的儒学思想有什么具体表现。在古代，生产力不发达，物质不丰富，儒家提出的"仁政"基础，也就是为当时的人民设计的一个最低的生活标准是什么。孟子说得很清楚，希望老百姓能活下去，生活得稍微好一点。孟子说"仰足以事父母，俯足以畜妻子，乐岁终身饱，凶年免于死亡"，对上能够赡养父母，对下能养活妻子和孩子；年成好，就吃得很饱，碰上凶年碰上灾荒，也不至于饿死。这是在当时生产力比较低的情况下，儒家所提出的人民基本生活水准，就是"仁政"的基础。对于这一点，杜甫身体力行，不在其位，没有资源，但他希望这样。所以，杜甫一生，始终关注社会，尤其关注这个社会的弱势群体。

杜甫最典范的作品是《茅屋为秋风所破歌》。杜甫在自己的茅屋被秋风刮破以后，秋雨一下就漏了进来，"床头屋漏无干处，雨脚如麻未断绝"，无法挨到天亮。但这时，他想的是"安得广厦千万间，大庇天下寒士俱欢颜，风雨不动安如山"！希望有千千万万座风雨中不动摇的牢靠的房子，让天下的穷人都住在里面。现之论者，抓住里面的"寒士"大做文章，说"大庇天下寒士"指的是读书人，说杜甫只关注读书人。贫穷的读书人本身就是穷苦百姓中的一部分，只不过是一个代表，更何况杜甫还有其他的诗。

大家往下看《寄柏学士林居》，"几时高议排金门，各使苍生有环堵"。什么时候才能把我们的这种议论上达天庭，让皇帝让大臣他们知道，然后改善百姓的生活条件，让苍生百姓都有"环堵"（环堵就是有一圈墙围起来的一个房子）？可以说，杜甫诗中提出"安得广厦千万间""苍生有环堵"，是我们历史上最早的关于安居房的概念，就是穷人有房子住，有一个安身之处。

杜甫对儒学这种关注苍生、关注天下的思想是一贯的，这一点是儒学本来就有的，他是继承者。除此以外，他对儒学还有发展和补充。

请大家往下看，儒家提出的仁爱之心，它的思考对象是人，是人类，所以孟子说得很清楚，我们的恻隐之心、仁爱之心从哪里来的，"今人乍见孺子将入于井"，人们看到一个小孩子趴在井口玩，快要掉下去了，"皆有怵惕恻隐之心"。这时，不管这个孩子你认识不认识，是谁家的，你都会冲上去，把孩子救下来。这是人心中本来的同情心，这是"恻隐之心"。但这种恻隐之心、仁爱之心，所关注的是人，没有其他生命。杜甫从此延伸出去，到其他生命。这里如果有动物保护者，我觉得你们要特别注意杜甫的诗，杜甫对于动物植物、对于世界的一切生物都有一份关爱之心。

我们看这首诗，"白鱼困密网，黄鸟喧佳音。物微限通塞，恻隐仁者心"。杜甫看到江里面张着密密的网，鱼都困在网里。我国西周规定网眼不能太密，网眼要大，让小鱼漏过去。这是一种环保思想，也是一种爱动物的思想。杜甫看到这个网太密了，所有的鱼都困在里面，他很悲伤。另外，他看到黄鸟在树上自由自在地叫，觉得很好。他就联想说"物微"，这些物体都很小，但它们的命运不一样，有的是通（通畅），有的是塞（被堵住），对这些小动物都有恻隐仁者心。

　　孟子的"恻隐之心"最终是对将要跌到井里的小孩子发出，而杜甫把它延伸到一般的生命中去。所以，杜甫在成都草堂时，对院子里的一草一木都非常关爱。他在这里亲手种了四棵松树，松树长得慢，直到他离开时，还没长高。有一年，杜甫从成都草堂逃难，逃到梓州，他就想念那四棵小树，他说"尚念四小松，蔓草易拘缠"。这些松树还没长高，野草长起来缠着它，长不大。他那关爱的心，都延伸到植物上面去了，延伸到小树苗上面去了，一切生命都值得关爱。

　　有的读者也许会觉得杜诗中写动物植物，往往是比兴寄托。下面《病橘》《病柏》《枯棕》《枯楠》四首诗都是在成都写的，写了生病的橘树和柏树，枯萎的棕树和楠树。这四首诗后人都认为是比喻。如棕树，人们要它的皮，一层一层剥皮，剥得它奄奄一息。这是用树木来比喻在苛捐杂税的压制下过不下去的老百姓，奄奄一息了，像这些生病的树木。这四首诗为什么专门挑病的枯的树来写？这有一种比喻意义在里面，但问题是杜甫写植物、写动物的诗不全是这样，有时就是关爱这个生命本身。

　　请看这首《舟前小鹅儿》。这是杜甫在梓州写的，他坐在船里，船在水面走，对面游过来一群鹅，一群乳黄色的小鹅游过来了。杜甫觉得很好，真可爱，"鹅儿黄似酒，对酒爱新鹅"。他也喝酒了，梓州有一种酒叫鹅黄酒。最后说"客散层城暮，狐狸奈若何"，小鹅要小心，黄昏人散了，狐狸要跑出来了，你们不要被它吃掉。他对幼小的动物有一种关爱之心，关心它们的安全，希望它们好好活着，健康成长。这样一种好的情感，就是"仁爱之心"。从人类扩展到其他的生命，扩展到动物、植物，扩展到一切生命现象。应该说，这是杜甫对于儒学的贡献。

这种思想发展到宋代,理学家从理论上提出来,北宋张载提出"民吾同胞,物吾与也"的观点。这句话往往被压缩成"民胞物与"四个字,就是人都是同胞兄弟(孔子就说"四海之内皆兄弟也")。物,生物,凡是有生命的动物,有生命的植物,都是我的"与"("与"是"相交"的意思),都是我的朋友。我们今天已充分关注环境,爱护动物,爱护植物,关注一切生命。在这方面,杜甫是先驱,他早在诗歌中间表现过这种思想。这是对于儒学思想的发展。

还有一点也要讲一讲。儒家所提倡的仁爱,有人喜欢把它跟西方的博爱精神类比。类比下来,有一点不一样,博爱主张不分对象,基督教甚至说爱你的敌人,儒家的仁爱思想是有差等的,对不同的人群有不同等级的爱。那么是不是爱有差等,就不如博爱精神? 不是,请大家看孟子的表述。孟子说仁爱思想的产生,是一个自然的情感流动过程,有两句是名言,"老吾老以及人之老,幼吾幼以及人之幼"。首先是因为关爱自己家里的老人父母祖父母,爱我自己家里的叔叔伯伯等等,然后把这个关爱之心推而广之,也就爱邻居家里的老大爷老大妈,也就再爱全社会的老人;首先爱自己的孩子,然后再爱亲戚家的孩子,然后再爱跟自己孩子在一个幼儿园的小孩子,然后推到全社会,由近及远,由亲及疏,逐步推广出去。这是一种更加自然、更加合理,也更有操作性的爱的精神。对于这一点,杜甫身体力行,用他的诗歌为孟子这两句话作了最好的阐释。

我们看杜诗如何体现这一点。杜甫有一首诗《咏怀五百字》,这历来被认为是杜甫诗中表露心结最重要的作品。杜甫表现自己的心态,这首诗写得最好,最有典范意义,这是杜甫生平家里发生的一个悲剧。当他在长安待了十年以后,"安史之乱"爆发的前夕,大唐政治已经不行了,社会已经走下坡路。长安生活费用太高，他的家人不能生活在长安，便寄居在奉先。他到奉先去，刚到家，他最小的儿子因为营养不良夭折了。自己的亲生儿子饿死了，当然是人生的大悲剧，家里人都在嚎啕大哭，杜甫也非常悲伤。"入门闻号啕，幼子饥已卒"。进门就听到一片哭声，小孩子竟然饿死了。他说，"抚迹犹酸辛"，想想这件事，我还很难受。但是杜甫的伟大之处就在于马上就联想到别人，由己及人，他说"平人固骚屑"。"平人"在唐代就是平民（因为唐代唐太宗叫做李世民，"民"不准用，用"民"的地方都用"人"来代），平民百姓更加"骚屑"（动荡不安），百姓过得更惨。杜甫虽然也很穷困，但他毕竟是官宦子弟（他的父亲做过县令，他的祖父做过员外郎），只是这时家已经穷困了。但他还是有一点特权，不服兵役，不交捐税。他觉得自己过不下去，百姓怎么样？他们更加动荡不安了。"默思失业徒，因念远戍卒"，诗人默默地想那些失业的人。这个"失业徒"是指失去了土地的农民。因为唐代的田叫田业，唐太宗给全国每一个壮劳力分一百亩土地叫做永业田，是你永远的家业，有的农民没有田地，没有生活手段，杜甫觉得他们太难过了。杜甫又怀念那些戍守边疆的士兵，他们最辛苦，因为他们家里没有劳动力。杜甫在自家遭遇不幸的时候，联想到他人，联想到社会上还有更不幸的人，更倒霉的人，就关怀别人，这不是"老吾老以及人之老，幼吾幼以及人之幼"么？这是一种典型的情节阐述。

再看下面，我一直以为要理解孟子"老吾老以及人之老"，杜甫的这组诗是一个最好的范本。乾元元年，杜甫拖儿带女离开关中，先逃到甘肃秦州，待了三个月后，待不下去了，又南逃，一直逃到甘肃的同谷县，也就是现在的成县。杜甫逃到成县时，已是十二月。寒冬腊月，本来成县有人说能照顾他，结果到了以后又没有，全家在那里陷于绝境。活不下去，待了一个月，又逃到成都去。就在同谷县，他写了七首七言歌行《乾元中寓居同谷县作歌七首》，这七首诗写的是"老吾老以及人之老"的一个情感过程。

第一首，"有客有客字子美，白头乱发垂过耳"。说有一个远方来的客人叫杜子美，他穷困潦倒，头发白了，人生很不顺利，很倒霉。这是从我开始，写自己。第二首，想到他的家人，具体写自己全家断粮了，没粮食吃，他就在寒冬腊月拿着一个长柄的铲子，到荒田野地去挖一种野生植物黄独的块茎。我不知道黄独是什么东西，顾名思义可能就是黄颜色的、只长一个块茎的野山芋。没想到大雪封山，地面上的茎叶都枯萎了，所以找不到，找了半天，空手回来，"此时与子空归来"，家里惨不忍睹，"男呻女吟四壁静"，家里的男女老少都饿得没有力气说话了，靠在墙壁上坐着，在那里呻吟，到了绝境。第一首讲个人，第二首讲到了眼前的家人。

第三首想念在远方的弟弟，"有弟有弟在远方，三人各瘦何人强"。我有亲兄弟，三个亲兄弟都在远方，兵荒马乱的，谁比谁强？大家都面黄肌瘦，谁都过得不好。杜甫有四个弟弟，杜丰、杜观、杜颖、杜占，小弟弟一直跟着他，一直在他身边，所以还有三个弟弟在远方。他由眼前的家人想到远方的弟弟。

第四首想妹妹，"有妹有妹在钟离，良人早殁诸孤痴"。妹妹嫁在钟离（大概是在凤阳一带），妹妹远嫁在那里，兵荒马乱，丈夫早就没有了，成了一个年轻的寡妇，拖着几个还不懂事的孩子，真是难。

第一、二、三、四首，从自己写到眼前的家人，写到远方的弟弟妹妹，第五、六、七想天下，全社会还处于灾难中，老百姓都流离失所。所以这是典型的"老吾老以及人之老，幼吾幼以及人之幼"组诗，就是这种仁爱之心、关爱之心是由近及远地一步步延伸出去。杜甫没有任何造作成分，没有任何渲染，它是一种自然、合理的情感流露。所以说，用杜甫的诗歌来阐述孟子的诗，是非常鲜明可贵的。

正因为杜甫关怀全社会，所以他对于社会上的隐忧、对社会上的忧患，看得特别清楚。儒家一向认为，社会最大的祸患不是贫穷，而是贫富不均，贫富悬殊，引起社会动荡，最后玉石俱焚。《孟子·梁惠王》说得很清楚，"庖有肥肉，厩有肥马，民有饥色，野有饿莩"，富人厨房里面有很多吃的东西，马圈里养了很肥的马，但是老百姓挨饿，路上甚至有饿死的人。他愤怒地谴责"此率兽而食人也"，这是带着一群野兽在那里吃人。这是最不仁义的，应该要批判。

现在西方社会学家提出来一个基尼系数的概念，用来测量一个社会贫富不均的程度。基尼系数超过 0.4，就给社会敲响警钟，社会太不均了；超过 0.5，可能会引发社会动荡。社会贫富不均差距过大，是社会最大的隐患、最大的祸害。从古到今，对于这一现象，儒家一向是谴责的，历代诗人也是谴责的。从杜甫到白居易到近代吴嘉纪（包括郑板桥）都写过作品谴责这一点，但我个人以为古今这一类诗歌作品中，没有哪两句诗抵得上杜甫"朱门酒肉臭，路有冻死骨"这两句诗来得惊心动魄。红漆大门里面住着的富贵人家，酒肉多得吃不了，放在那里腐烂了，但老百姓却饿死了，冻死了，他们的尸体抛在路上。这是严重的贫富不均。

关于这两句诗，我有一个小问题要说一下。我听到不止一位朋友说这个"朱门酒肉臭"的"臭"字不念 chòu，应该念 xiù。xiù 就是发出气味，实际上是说朱门酒肉有香气，老百姓却饿死，我觉得当然也没有什么不可以，但我们不必这么理解。我们现在查字书，比如说最权威的《汉学大辞典》，"臭"字第一义项就是不好闻的气味。《孔子家语》"如入鲍鱼之肆,久而不闻其臭"。你到一个卖咸鱼的店里,时间长了以后,不觉得它不好闻。古书中间有没有这个"臭"是好闻的气味呢?《史记·礼书》有这样一句话,"侧载臭茞",茞是一种香草。《史记索隐》就注的臭就是香的意思。这就是发出一种好闻的气味。杜甫在这里写了"朱门酒肉臭",我们没有必要把它解释成肉香,他要说的是富贵人家的酒肉太多了,吃不完以至于腐败变质了,发出臭的味道。

我们来看黄庭坚的解释。黄庭坚是最尊敬杜甫的,他对杜诗有自己的解释。他说,杜甫实际上是用典故。《新书》是汉朝人的著作,说"楚庄攻宋,厨有臭肉,尊有败酒,而三军有饥色"。楚庄王不关心部下,他率军出征的时候,军中高级军官吃得太好,厨房里的肉都腐烂,吃不掉就变质了;杯里的酒太多,喝不掉变酸了,但是士兵们饿着肚子,有饥色,贫富不均。这里"厨有臭肉,尊有败酒"是对仗的,"败酒"肯定是变质了的酒,所以臭就是解释成发臭、腐败。我们现在要说基尼系数,说贫富不均,最应该拿这两句诗来帮我们思考,它最典型。

儒家的民族大义思想对杜甫也有影响。儒家主张民族一定要保护自己的传承性,保护生活区域的安全性。孔子对齐国政治家管仲有高度的评价,因为他帮助齐桓公有效地抵抗了游牧民族的侵扰,否则就要改变我们民族的生活习惯,改变我们的传统。孔子主张春秋大一统,国家统一,中华民族统一,因为古代的汉族居住在黄河流域,你要是分裂成很多国家的话,怎么治水,怎么对付游牧民族的侵扰?杜甫对此也是身体力行。

"安史之乱"从本质上讲是一场民族斗争,因为安禄山、史思明的部下基本上是游牧民族,士兵以游牧民族为主。他们看似国内叛乱,实际上是带有民族斗争的性质。杜甫早就敏锐洞悉到了。他在《北征》中说，我们对安史叛军的战争形势很好，快要把他打败了，"祸转亡胡岁，势成擒胡月。胡命其能久，皇纲未宜绝"。四句话有三个"胡"字，就是他反复点名安史叛军少数民族性质，他是胡人，不是我们汉族人，一定要把他镇压下去。

当然，杜甫是伟大的诗人，不是一味主张民族扩张、民族自尊。他对唐代频繁的边疆战争，如皇帝为了扩大疆域，主动去打人家，就不赞成，他对于战争的正义性和非正义性非常清楚。在《兵车行》中，他谴责唐玄宗开边战争，"君不见青海头，古来白骨无人收。新鬼烦冤旧鬼哭，天阴雨湿声啾啾"，好多人都把尸首抛在边疆了，不值，不需要。他在《前出塞》里面说得更清楚，战争要以防御为主，达到保护我们疆土的目的就行了，所以"杀人亦有限，立国自有疆"，杀人是有限的，国家有固定的疆土；"苟能制侵陵，岂在多杀伤"，把侵略制止住，保卫住国土就够了，不要再多杀人。杜甫对一切都有一个很合理的价值判断。这一点基本上是对儒家思想的弘扬和补充。

正因为如此，杜甫具有了一种儒家所推崇的崇高人格。这种崇高的人格，用孟子的话说，就是大丈夫精神。什么是大丈夫？孟子说得很清楚，"富贵不能淫，贫贱不能移，威武不能屈"。当国家处于祸患，遭遇动乱时，特别需要这种精神。我们看一看杜甫在"安史之乱"中的表现。

请大家看《喜达行在所》。这组诗一共有三首。"行在所"就是朝廷临时所在地。那时候长安沦陷，行在地在凤翔，杜甫被安史叛军俘虏，抓到长安，关押在长安。安史叛军攻破长安很突然，唐朝很多官员都当了俘虏，很多官员从宰相陈希夷到驸马张垍，都接受了安禄山的伪官，包括我也同样喜欢的大诗人王维在内。只有杜甫，当然杜甫官小，安禄山可能没有注意到,但把他关在长安,问题是这么多臣子被安禄山俘虏关在洛阳和长安,只有杜甫一人在第二年春天冒着生命危险逃出去,逃到临时政府所在地凤翔。逃过战场,就是唐军和叛军的战场,杜甫在战场边上穿过去,九死一生。他写了三首诗,其中有两句,"死去凭谁报,归来始自怜",死了向谁报?没有人知道,活着回来了,才自己去可怜自己,好不容易才逃回来。这是什么?这是民族气节,在大是大非问题上,尽管他地位低,他忠于祖国,忠于朝廷。所以,杜甫具有一种崇高的人格。

应该说,杜甫一生基本上是一个布衣。杜甫自己说得很清楚,"杜陵有布衣"。他在《哀江头》里面进一步说"少陵野老吞声哭",说他是一个乡下老头。他做过官,但做得很小,时间也不长,他大部分时间是在民间,是一个普通人,一个普通百姓。问题是,一个普通人能不能在人格境界上超凡入圣?杜甫用人生实践告诉我们是可以的。这一点具有特别重大的意义。

我们来看一下这个推理的过程。儒家认为普通人能够成为圣人,孟子说得很清楚,"人皆可以为尧舜",普通人都可以成为尧舜。

为什么普通人可以?儒家认为关键就是有一种向善的心,只要你有一种向善的心,你好好培育它,好好地发展它,最后都可以达到这个境界。到了明代,王阳明把孟子这种思想更加深入化。《传习录》里记载,有一天王阳明的一个学生董萝石从街上回来,对王阳明说,我今天看到一件奇怪的事情,看到街上的人都像圣人,老百姓都像圣人。王阳明就说这是正常的事情。后来,这句话就传说成是王阳明说的,"满街都是圣人"。圣人毕竟是一个很高的标准,我们如果承认这一点,你给我指出来,哪一个人是圣人?确实很难找到,这个人有这个毛病，那个人有那个缺点，好像都没有达到圣人的标准，但是假如有人问我们这个问题，我们至少可以找出一个典范，就是杜甫。杜甫是普通人中，百姓中间冒出来的一个圣人。这一点具有特别重要的意义。

　　我们回到刚才朱熹说的那五君子。朱熹说中国历史上有五君子，其中诸葛亮和范仲淹是大政治家，做了宰相，建功立业；颜真卿官也很大，而且为了维护国家统一牺牲了；韩愈差点被杀掉，贬了几次，也有很高的政治地位。这样的人物，我们普通人要模仿、学习，他们的地位、境遇太高，跟我们太遥远。我怎么学？我没法学。杜甫就不一样，他是一个平民，我们普通百姓中的一员，没做过大官，也没建功立业，但是他超凡入圣，达到了后人所公认的圣贤程度。这具有一种典范意义，是可以操作的。对于我们后人来说，杜甫的人格意义有一种可以学习、可以借鉴的意义在里面，这特别重要。我们为什么说他是诗圣，是诗中的圣人，主要理由就在这里。

　　很多人都说杜诗是"诗史"，他用诗歌来写的一部历史。我在这里要稍微讲一下我的看法，因为这跟杜甫被称为诗圣是互相联系的。

　　杜诗在晚唐就被称为"诗史"。晚唐五代孟棨《本事诗》说，"杜甫逢禄山之难，流离陇蜀"。在"安史之乱"中，他逃难到甘肃，又逃到四川，在那一带流离。他"流离陇蜀，毕陈于诗"，把国家社会的灾难和个人的遭遇都写到诗歌里去，非常透彻，非常细小、非常隐蔽的东西他都写出来了，故当时号为"诗史"。问题是，诗歌和历史毕竟是属于两回事，前者属于文学，后者属于史学。后人异议者，最有名的是王夫之。王夫之是明末清初的大诗人、大学者，他在《诗绎》这本书中反对称杜诗为"诗史"，他说："夫诗之不可以史为，若口与目之不相为代也。"就是诗歌不能写成历史，这好像是人的口和眼睛是两种不同的器官,不能取代一样。这个推断是不周全的。问题在哪里?我们用王夫之自己的话来驳斥他。王夫之有一本书叫做《读通鉴论》,他读《资治通鉴》以后,写了一个书评,是历史的评论,他在里面就引杜诗了。他说:"读杜甫'拟绝天骄''花门萧瑟'之诗,其乱大防而虐生民,祸亦棘矣。""安史之乱"爆发后,大唐帝国为了镇压安史叛军,发现兵力不够。少数民族善于打仗,骑马射箭都比较行,就去向西部的少数民族借兵,主要向回纥借,也借来了。杜甫在《北征》里也说得很清楚,"送兵五千人,驱马一万匹"。派了5000名士兵,带了一万匹战马,一人骑两匹,一匹骑累了,换另一匹,战斗力很强。来了以后,帮唐军打败了安史叛军。请神容易送神难。回纥兵来了以后,看见这里很富庶,就不走了,开始烧杀抢掠,抢夺老百姓的财物,成为唐政府的心腹之患,但又没有办法摆脱。这件事让王夫之感到痛心。他说,借兵回纥是"其乱大防",国家根本政策有误,不能够向他借兵,最后给老百姓造成了危害。问题是他说这个事情的时候,恰恰举杜甫的诗为证,而不举《资治通鉴》《新唐书》《旧唐书》。我们看是杜甫什么诗。

请大家往下看。杜甫《诸将五首》第二首,反对和怀疑借兵回纥。他说"韩公本意筑三城",韩公是当时唐朝的一个大将叫做张仁愿,封韩国公。张仁愿在北边筑成三座受降城,即上受降城、中受降城、下受降城,防止西北地区的游牧民族,不让他们打过来。"拟绝天骄拔汉旌",不让这个"天之骄子"来拔我们汉族政权的旗子,因为《史记·匈奴列传》中称匈奴为"天之骄子",所以"天骄"就是少数民族,就是游牧民族,打仗厉害,要防备他。"岂意尽劳回纥马,翻然远救朔方兵",没想到今天反而去跟他们讨救兵,来救我们的朔方兵,这个措施朝廷欠考虑。这是不应该的。

杜甫还有一首诗《留花门》。"花门"是对回纥的称呼。"花门既须留,原野转萧瑟",这些援兵留在这里,把老百姓的财物都抢走了,一片萧瑟。所以,王夫之虽然反对称杜诗为"诗史",但他又举杜诗为证来说明历史上的事件。可见,杜诗完全能称为"诗史"。他的诗就具有一种历史记录的功能,像史书一样准确,但还有更深层次的功能。

　　"安史之乱"前后十年,这十年是大唐帝国由盛转衰的大转折时代,给大唐帝国造成了极大的危害。我们看一组数字,《资治通鉴》第二一七卷,记载了这个人口数字,天宝十三载即公元754年,也就是"安史之乱"爆发的前一年,大唐帝国的人口5288万,十年以后,即广德二年安史之乱基本平定公元764年,全国人口只剩下1690万人。短短的十年,大唐帝国的总人口减少了三分之二,三分之二的人口没有了。凡是在很短时间内人口数字发生一个巨大的变化,一定是老百姓遭受了深重的灾难。《资治通鉴》中虽然记载了这一组数字,虽然很准确,5288万到1690万,但它只是两个冷冰冰的数字,没有细节,没有过程,没有告诉我们发生了什么变化。具体过程是什么? 或者更深层次的追问,这样的巨变对于百姓造成的心理创伤是什么? 史书不回答,《资治通鉴》也没记载。要看什么? 要读杜诗,杜诗全方位、全景式地展示了这一场天翻地覆的大事变,给百姓造成的深重灾难和心灵创伤。

　　杜甫晚年有一首诗《白马》,其中有两句很简单,但写得非常沉痛,"丧乱死多门,呜呼泪如霰"。平常,人们的死亡方式是很单一的,一种寿终正寝老死,一种生病病死,但在兵荒马乱时,人们就有各种意想不到的死亡方式,你不知道怎么就死了。唐帝国三分之二的人口消失了,具体过程是什么,我们从什么文献可以知道? 请大家去读杜甫《三吏》《三别》

《北征》，读杜甫那些逃难的诗，那里面才真切地反映了"安史之乱"中老百姓受的苦难到底有多深，这是一个具体生动的描述。但问题的重要意义还不在于这里，也不在他写得更具体更可靠，而在于历史强调客观。历史记载一般比较客观，不渗入感情，不大有价值判断，而杜诗是抒情诗，换一句话说，杜诗是社会急风暴雨的巨大震荡在杜甫内心所引起的情感波澜，正因为这样，杜诗沉郁顿挫。沉郁顿挫最关键不是艺术风格，而在于它里面所蕴含的情感深度强度是一般作品比不上的。

请大家看看前人的解释。清人浦起龙《读杜心解》很好地解释了杜诗的大意和思想性。他说："少陵之诗，一人之性情，而三朝之事会寄焉者也。"杜甫的诗当然是写他一个人的性情，是抒情的，但前后三个皇帝的统治时代，唐玄宗、唐肃宗、唐代宗三朝的事情，都凝聚在里面。杜诗不仅仅是凝聚，不仅仅记录历史，还有一种价值判断，有一种具体的感受在里面。这里我要引一句孔子的话，这句话在《论语》中间没有，但司马迁在《太史公自序》中说，孔子说过他为什么写《春秋》："我欲载之空言，不若见诸行事之深切著明也。"如果用一种空洞的理论来阐述我的政治思想，不如我去叙述历史，在具体叙述中一字褒贬，通过我的价值判断来赞扬或批判，来表现我的态度。这样更容易感受，看得更清楚。我们可以说杜诗对于后代的意义，不仅仅在于记录历史，而在于我们读了以后，可以感受一段历史，为我们提供了无数的教训和经验。我们干吗要有历史，为什么投入力量来研究历史？研究历史都是为了当今，为了未来，因为历史是我们民族走过的路，过去是怎么走过来的，对现在有一种价值判断在里面，预示着一种方向，我们民族的文化基因都寄托在里面。在这个意义上，杜诗是我们认识这个社会的一个很好的文本。

清代赵翼在评元好问诗的时候，说"国家不幸诗家幸，赋到沧桑句便工"。这两句话评元好问的诗不太确切，但用它评杜甫的诗就非常好，杜诗正是在沧桑巨变的过程中间产生的。这样，就具有特别深远的价值在里面。

杜诗作为"诗史"，就讲到这里。下面再讲两点内容，杜甫及其作品对后代的影响如何，后人读杜诗的感受怎样。我举两个有名的读者。

先看文天祥。文天祥是南宋抗元英雄。他在南宋政权灭亡后，最后一个宰相陆秀夫背着小皇帝赵昺在广东崖山跳海，两年半后才在北京菜市口就义。忽必烈曾亲自来劝降，他都不投降。这样一个英雄有特别的价值，因为南宋政权灭亡两年半了，他还坚持民族气节。这是一个了不起的英雄人物。

我的研究对象以宋代文学为主，所以我对宋代也许有一点点偏爱。我一直觉得陆秀夫在崖山跳海，文天祥在北京就义，虽然南宋政权亡了，但民族精神和民族气节保存下去，非常光荣。什么精神力量支撑着文天祥？他在《正气歌》中说得很清楚，"风檐展书读，古道照颜色"。我在一个漏风漏雨的屋檐底下，监狱里，在那里展开书本来阅读，古人的道德光辉照亮了我。

那照亮文天祥的古人道德是什么？我以为有两个。第一当然是儒学，孔孟之道。"批林批孔"时，好多人说儒家主张卖国，这是胡说八道。儒家最主张爱国，最主张民族大义。文天祥就义以后，人们在他的衣带上面发现一段铭文，上面写着这么几句话："孔曰成仁，孟云取义。惟其义尽，所以仁至。读圣贤书，所学何事。而今而后，庶几无愧。"我们读圣贤书学什么，就是学这个要义要仁，为一种道德标准献身。这是他的一个来源。还有一个精神来源就是杜诗。文天祥在狱中写了200首集杜诗。什么叫做集杜诗？就是从杜甫的诗中把一句一句单独的句子抽出来，然后重新组装成一首首新诗。这些诗都是杜甫写的，都是五言绝句。文天祥写了一个序言，把这个过程说得非常清楚。他说"余坐幽燕狱中"，我坐在燕京的狱中，"无所为"，就"诵杜诗，稍习，诸所感兴，因其五言，集为绝句"。请注意下面的话，"凡吾意所欲言者"，凡是我心中想说的话，"子美先为代言之"，杜甫已经说了，"日玩之不置"，天天玩，天天读，"但觉为吾诗，忘其为子美之诗也"，看着它，好像就是我自己写的诗，忘掉是杜甫写的了。下面又说，"余所集杜诗，自余颠沛以来，世变人事，概见于此矣"，就是我自国家动荡以来，我个人的遭遇、国家的遭遇全部都体现在这些诗句中。这是什么？这是杜诗的精神力量，是民族气节的一种典范，一种引导。

　　为了让大家清楚，我引第143首。文天祥因想念他的妻子，写了这首诗，"结发为妻子（《新婚别》），仓皇避乱兵（《破船》）。生离与死别（《赠别贺兰铦》），回首泪纵横（《熟食日示宗文宗武》）"。这四句都是杜甫的诗，括弧里面是原来的标题。文天祥把它们抽出来合成一首新诗，非常好地抒发了他此时此刻的心态。他心中所想所感，杜甫都写过了。所以，凡是在中华民族遭受灾难，遭受到翻天覆地大变化的时候，杜诗的意义就突显出来。我以前读冯至先生写的回忆录，我也听过我导师程千帆先生说过，抗日战争时期我们好多学者好多文化人都流浪到后方，到昆明、重庆、成都去。经历八年抗战，1945年8月15日日本投降了。这一消息突然传到大后方，冯至先生、程千帆先生那一辈读书人听到时悲喜交加。当时他们共同的行为是什么？就是背杜诗，背《闻官军收河南河北》，"剑外忽传收蓟北，初闻涕泪满衣裳"！此时此刻，杜诗才能更准确更生动地表达大家的心声。这是大

233

家的共同感受,是我们民族的一份重要的文化遗产。

国家兴亡之际,杜诗的意义显现出来。假如在和平时代,它是不是有这样一种意义?同样我们看另外一个读者,大名鼎鼎的苏东坡。苏东坡有一次作为书法作品写了两首杜诗,其中有两首《屏迹》。"屏迹"就是把自己的行迹隐藏起来,也就是"隐居"的意思。这是杜甫在成都草堂写的,一共三首,苏东坡写了后面两首。写完这两首杜诗以后,苏东坡在后面加上一段很风趣的跋,说明他的写作过程,"此东坡居士之诗也"(这是我的诗),"或者曰"(有人问),"此杜子美屏迹诗也"(这明明是杜甫的《屏迹》诗),"居士安得窃之"(你怎么可以偷窃呢)。苏东坡就解释了,他说,"夫禾麻谷麦"(所有庄稼最早都起源于神农后稷,他发明了这些庄稼种,叫我们种禾麻谷麦),这两首《屏迹》诗每一首都是我生活的实录,就好像是帮我写的,写的就是我的生活,所以这就是我的诗,"子美安得禁吾有哉"(杜甫不说让我拥有,我也可以拥有)。这一段实际上是用风趣的语言指出杜甫的诗对于一个读者,都能够写出你心中的所知所感。读了以后,仿佛就是为我写的,是我自己的诗。

我这里就举两个例子文天祥和苏东坡,一个是在国家乱离的时候读杜诗,一个是在和平的年代读杜诗,他们不约而同地觉得杜诗写的就是他们自己。对于我们普通读者又何尝不是如此呢?我读杜诗的一个最深的印象就是他帮我们写,他就是给我们每一个普通老百姓写的。正是因为如此,我觉得他始终是我们普通百姓中间的一员。他虽然是圣人,是我们中间一个比较杰出的人物,但他始终站在我们的队伍中间。他的诗属于全体人民,属于中国人民,是我们这个民族的共同的精神财富。

回过头来对今年4月"杜甫很忙"事件,说说我的态度。

涂鸦本身没有什么,不是有人组织的,中学生朋友随便画画,没有经过深思熟虑。我也理解他们,小孩子顽皮胡描一下,也有可能是在处于应试教育的压力之下的一种逆反心理。老师管得太紧,要发泄一下,他就画一个画像给他,没有什么特别的用意在里面。但是我还是要说一下,即使是涂鸦也不能选择杜甫为对象,因为这样一个人物是值得我们敬畏的。

今年 10 月份我在纽约参观一个现代博物馆。我看到有一幅现代艺术作品,把达·芬奇的《蒙娜丽莎》改画,给蒙娜丽莎画了两笔胡子,像男人模样,挂在那里。画是现代艺术品,这是西方观众接受的,但是我们看不到对圣母像进行涂鸦,因为在西方的基督教社会里面,他们认为圣母像是神圣不可侵犯的,你可以对蒙娜丽莎进行涂鸦,但不能对圣母像进行涂鸦。当然我家里没有中学生了,我家里没有这么小的孩子,如果我有这样的儿子,我就要友善地劝告他,下次你涂鸦要选择一下对象。杜甫是值得敬畏的,因为他是我们文化史上的"诗圣",我们对他有一份敬畏之心。

我就讲到这里。谢谢大家。

(讲座时间:2012 年 12 月)

钟振振

说宋代笔记

钟振振,南京师范大学文学院教授,博士生导师,古文献整理研究所所长。兼任国家留学基金管理委员会"外国学者中华文化研究奖学金"指导教授,中国韵文学会会长,国际汉诗总会副会长,中华诗词学会副会长,美国中华楹联学会学术顾问,教育部人文科学重点研究基地复旦大学中国古代文学研究中心兼职教授,台湾东吴大学客座教授等。著有《东山词校注》等十余部著作,在《文学评论》《文史》《文学遗产》《中华文史论丛》等刊物发表论文百余篇。

笔记作为一种文体,相当于我们今天所说的"随笔"。人们把自己的所见、所闻、所感信笔记录下来,便是"随笔",当然,内容不止这些。比如,读书有心得写下来也叫"笔记"。这种文体是散文,大多篇幅短小,或几十字,或几百字,当然也有短到仅十几字,长到千字以上的,但比较少见。内容则五花八门,随心所欲,上下五千年,纵横九万里,并没有严格的限制。一位作者将自己所写的许多篇这样的随笔编辑在一起,就成为一本书。在更多的情况下,中国古代的作者,往往按照这类书的习惯做法,集中一段时间,将自己若干年来的所见、所闻、所感,一则一则地写出来,成为一本书。当然,偶或也有集体著述或编纂的。这类书籍,也统称"笔记",那就不是指文体,而是指中国古代典籍中的一个特殊品种了。笔记类的书籍,至迟在魏晋南北朝时期就有了,但作者的人数不太多,书籍的数量也不太多,内容则多是些神神怪怪的事。即便写到真实的人和事,也多限于贵族、上流社会,很少涉及平民百姓。到了唐代,作者多了一些,书籍的数量也多了一些,内容也扩大了不少,但总的写作状况并没有根本性的改观。而到了宋代,情况则有了非常大的变化,可以说是突破性的进展。这表现在:

一、作者人数大大增加。许多名人都加入到了笔记写作的队伍里来。例如著名的政治家、历史学家司马光就撰有《涑水记闻》。南宋周必大《二老堂杂志》卷四引陆游说:

苏子容闻人引故事,必就令检出处;司马温公闻新事,即录于册,且记所言之人。故当时谚曰:"古事莫语子容,今事勿告君实。"

这条记载说,司马光每听到新闻,就要记录下来,写在专门的小本子上,并且还要记录是听谁谁谁说的。因此,当时就有这样的谚语:"有新闻别告诉司马光。"(让他记录下来,谁知道会惹上什么麻烦?)此外,著名的文学家欧阳修撰有《归田录》,苏轼撰有《仇池笔记》,陆游撰有《老学庵笔记》,这些都是显著的例证。

二、书的数量也大大增加。据不完全统计,大体完整地保存到现在,或有部分内容保存到现在的这类书籍,约有 400 至 500 种之多。如果加上已经失传了的,还不知道有多少。宋代笔记作者和书籍的数量,已经大大超过了魏晋南北朝、隋唐等朝代的总和。也就是说,宋代 300 多年间产生的笔记作者和书籍,比此前 700 多年间产生的笔记作者和书籍,数量要多很多。

三、书的内容几乎涉及宋代社会的方方面面。政治、经济、军事、文化、宗教、哲学、科学技术、家庭生活,天文地理,鸡毛蒜皮,无所不包,无奇不有。

这些都是原生态的宋代社会历史,尽管它们只是一些碎片,但如果将它们整合起来,还是大有可观的。

为什么会是这样?原因当然很多,但我以为,最重要的一条,是因为宋代文化普及的程度,比起前代来有了很大的提高。

在唐以前,文学被贵族垄断着,整个中国社会,文化普及的程度比较低。隋唐时期开始采用国家考试的方法来选拔人才(主要是进士科的考试),促使中国社会文化普及的程度有所提高。隋代的历史太短,很多事情仅仅开了个头。因此谈到科举考试,我们往往从唐代说起。

唐代一般每年录取的进士至多几十人,而且唐代的读书人考中了进士,虽然很荣耀,但仅仅是出名而已,并不能直接做官。要做官,还得经过吏部的选拔。更何况,唐代的进士考试,并不只看,甚至并不怎么看重考试的成绩,还要看考生平时的文学创作成绩,以及考生的社会知名度。显然,出身寒微的读书人和世家大族子弟之间的竞争,机会不可能均等。

而宋代的进士科举考试,则有了重大的改进。经过一段时期的摸索,终于固定为三年一考,每科录取数百人,且一中进士便授予官职。考卷不但糊名(隐去考生的个人信息),而且誊录(由官方派人将考卷誊抄后,再让考官去评阅)。因此,考官无法知道哪张试卷出自哪位考生的手笔,评阅时便能够相对地做到客观、公正。而考生能不能被录取,完全由卷面成绩来决定。这样,有宋一代,就有比较多的普普通通的读书人,靠着自己的努力考中进士,进入官场,甚且做到大官,乃至于最大的官,比如宰相(主管政事的最高长官)、枢密使(主管军事的最高长官,宋代的最高军事长官一般也由文人来担任)。高尚的人可以借此实现自己的政治理想,治国平天下;低俗的人可以借此改变自己的生活状况,享受荣华富贵;不那么高尚,也不那么低俗的人(这类人是大多数),则一方面想为国家做点事,一方面也想为个人和家族谋利益,两样都不放弃。

读书能做官,甚至能做大官,做到最大的官,这个现实的诱惑和刺激,是很强烈的。它在一定的社会范围内,促使读书作文蔚然成风,促使宋代社会文化普及的程度比起前代来有了很大的提高。读书人大大增加了,写书的人自然也就一天天多起来。要求每位作者都成为思想家、学问家、文学家,是不现实的;但写点随笔,把自己的所见、所闻、所感记录下来,还不算什么困难事。只要看现今有无数的人在网上开通自己的"博客",不时贴上自己写的随笔,与广大网络读者分享自己的见闻与情感,就可以想象得到,古人也不会缺乏这样的写作冲动。加上雕版印刷技术提高,宋代的出版业、图书销售业也逐渐发达起来,笔记类书籍的出版和传播都不成问题。当时没有报纸之类的大众传媒,而笔记类书籍相对来说又颇轻松可读,比较适合人们茶余饭后消遣的需求,因此也不用担心没有读者市场。作者、书籍、读者,三个要素互为因果,良性循环,笔记作者、笔记类书籍在宋代的大量增加,还有什么可奇怪的呢?

至于宋代笔记的内容为什么比起前代来会有很大范围的扩展,我们也可以在宋代文化人社会出身的广泛性方面找到合理的解释。宋代多数读书人、著书人,包括许多考取了进士,做过官,甚至做过大官的人,或出身于平民,或至少出身于与平民接触较多的中小地主阶层;出身于贵族大地主阶层的,毕竟占少数。因此,宋代的文化比起前代来,平民的色彩似乎要更多一些。

总而言之,宋代的笔记是一个很大的宝库。可惜,由于它们的庞杂,由于它们的零乱和琐碎,也由于学术界的传统观念不大重视这类著述,历代的学者往往只在那里边寻找有用的材料去做别的学问,比如,研究社会,研究历史,研究文学等等;很少有人将它们本身作为一个课题来研究。这是一件很遗憾的事。我个人的专业研究方向是中国古典诗词,但在长期研究中国古典诗词的过程中,阅读了大量的笔记类书籍,特别是宋代的笔记。那里边许许多多启人遐思、发人深省,令人开怀一笑、使人皱眉叹息的故事,给我留下了深刻的印象,使我对宋代的笔记产生了浓厚的兴趣。我曾经想把宋代笔记中那些对于现代读者仍然有教育意义和认识价值的故事精选出来,汇成一编,加以注释、评论,并翻译成现代汉语,但只开了一个头,就因为工作太忙而放下了。趁着这次讲座的机会,我重新阅读、整理了自己多年前所抄录下来的一些宋代笔记资料,向诸位介绍一下宋代笔记中我觉得有意思的部分内容,也谈一谈个人的一些粗浅的感想。

第一个方面,我读宋代的笔记,印象很深刻的是,宋代的皇帝,从开国皇帝宋太祖赵匡胤开始,就立下了一个好的规矩,即相对来说比较尊重读书人,比较信用读书人,比较能够听取他们的批评意见,哪怕是言辞很激烈的批评意见,比较能够做到"言者无罪"。这已经有一点现代民主的味道了。

大家都知道,中国有句俗语,"秀才遇见兵,有理说不清"。宋太祖是军人出身,靠军事政变上台做了皇帝,自身的文化水平并不太高。但他却不像他那个时代(五代十国时期)的许多军阀那样一味崇尚武力,而是向往文治,希望建立一个理想的,政治上开明、文明的国家,让百姓能够安居乐业。因此,他能够重视并比较尊重那些有文化、讲道理的"秀才",这的确是难能可贵的。据陆游《避暑漫抄》记载:

> 艺祖受命之三年,密镌一碑,立于太庙寝殿之夹室,谓之"誓碑",用销金黄幔蔽之,门钥封闭甚严。因敕有司,自后时享及新天子即位,谒庙礼毕,奏请恭读誓词。是年秋,享礼官奏请如敕。上诣室前,再拜升阶,独小黄门不识字者一人从,余皆远立庭中。黄门验封,启钥先入,焚香明烛,揭幔,亟走出阶下,不敢仰视。上至碑前,再拜跪瞻,默诵讫,复再拜而出。群臣及近侍皆不知所誓何事。自后列圣相承,皆踵故事,岁时伏谒,恭读如仪,不敢漏泄,虽腹心大臣如赵韩王、王魏公、韩魏公、富郑公、

王荆公、文潞公、司马温公、吕许公、申公，皆天下重望，累朝最所倚任，亦不知也。靖康之变，金人入庙，悉取礼乐、祭祀诸法物而去，门皆洞开，人得纵观。碑止高七八尺，阔四尺余，誓词三行：一云柴氏子孙有罪，不得加刑。纵犯谋逆，止于狱中赐尽，不得市曹刑戮，亦不得连坐支属。一云不得杀士大夫及上书言事人。一云子孙有渝此誓者，天必殛之。（《说郛》卷三九上。又见《秘史》，宋无名氏撰；《古今说海》卷一二五，明陆楫编；文字稍有出入。）

宋太祖赵匡胤开国的第三年，秘密地刻了一块碑，立在太庙的一间屋子里，叫做"誓碑"，用帷幔遮蔽着，房门还上了锁，封闭得严严实实。太祖敕令有关部门的官员，从今以后，凡皇帝到太庙祭祀，以及新皇帝登基后到太庙祷告，都要提醒他们，恭恭敬敬地读一读这块碑。读碑时，只许皇帝一个人进屋，开门、点烛、烧香的工作，由一个不识字的小太监担任。其他人都远远地站在院子里。皇帝到了碑前，先磕两个头，然后跪着看碑文，默诵完毕，再磕两个头，而后出来。群臣和日常伺候在皇帝身边的太监们都不知道"誓碑"的内容。即便是历朝皇帝最信任、最倚重的心腹大臣，也不知道。直到金人入侵，汴京沦陷，太庙里的礼器都被金人掠夺一空，里里外外，门户洞开，人们这才看到这块碑。碑高七八尺，宽四尺多，誓词共三行，其中一行说：不许杀害士大夫及上书批评朝政的人。最后一行说：子孙后代如果有违背这誓言的，必将遭到上天的诛杀。纵观整个宋代，太祖立下的这个规矩，基本上是被后来的皇帝们恪守了的。这在中国历史上，算是"只此一家，别无分店"了。拿几个持续时间比较长的大一统的王朝来作对比，汉代、唐代都有诛杀文臣的暴行，汉代的晁错被斩，唐代的李邕被杖杀，便是著名的例证。明代最不像

话,动不动就在宫廷里把大臣拖下去用棍棒打,不知打死了
多少忠良!清代还有个恶劣的做法,有时惩罚官员,竟然肆
意侮辱,让太监去骂他们。如果你舍得"放血",拿大把银子
去"孝敬"那些"公公"们,他们也就"例行公事",不痛不痒,
象征性地骂几句便交差了;否则,定要用最难听的脏话来骂,
甚至骂你祖宗十八代,非骂得你当场休克不可!相对来说,
读书人在宋代的境遇要好得多。至少,他们的生命和人格尊
严,是有基本保障的。奇怪的是,宋代的皇帝对读书人那么
仁厚,宋亡于元(蒙古人)时,抗击元人、以身殉国的读书人却
不算太多;明代的皇帝对读书人那么残暴,明亡于清(满人,
和蒙古人同样是少数民族)时,抗击清人、以身殉国的读书人
却非常多。这个反常的现象怎么解释?我说过一句笑话:这
就叫"棍棒底下出孝子"!这是一个很有意思、很值得研究的
课题。

宋代的第三位皇帝真宗赵恒,也有件事值得一提。吴曾
《能改斋漫录》卷一二记载:

> 洪玉父云:祖宗时,非特士大夫能立节义,亦自
> 上之人有以成之耳……真宗朝,黄震知亳州永城
> 县,濒汴河,例至冬涸,朝廷遣中官促州县科民开
> 淘。时中官多任喜怒,非理棰挞役民。黄愤然殴
> 之。中官即舍役,赴阙自诉。帝问曰:"黄震缘何殴
> 汝?"中官奏云:"言'是我百姓,汝安得乱打'。"帝嘉
> 其言,即敕中官赴黄门,杖二十。

当时亳州永城县(今天的河南省永城市)的县长名叫黄
震。永城县在汴河边上,每年到了冬天河道枯水的时候,朝
廷都要派太监来督促沿河的州、县调集民工疏浚河道。那些
太监往往凭着自己一时的喜怒,蛮不讲理地责打民工。黄震
因此而发怒,揍了一个太监。太监是皇上身边的人,一个小

245

小的县官也敢揍太监，吃了豹子胆啦！那太监越想越窝火，立马便丢下差使，一溜烟跑回宫里去向真宗告状。真宗问道："黄震为什么揍你？"太监禀告道："他说：'这是我的百姓，你怎么可以乱打？'"真宗听了，不但不庇护太监，反而对黄震大为赞赏，当即令这个太监到黄震那里去接受处罚：打二十大板。对此，宋人洪炎有个评论："士大夫们之所以能够坚持正义，树立气节，不仅仅是他们自己的努力，也是皇上的支持和鼓励所促成造就的。"

宋代的第四位皇帝仁宗赵祯，这方面的故事特别多。王巩《闻见近录》记载：

> 先公为谏官，论王德用进女口。仁宗初诘之曰："此宫禁事，卿何从知？"先公曰："臣职在风闻，有之则陛下当改，无之则为妄传，何至诘其从来也？"仁宗笑曰："朕真宗子，卿王某子，与他人不同，自有世契。德用所进女口，实有之，在朕左右，亦甚亲近，且留之如何？"先公曰："若在疏远，虽留可也。臣之所论，正恐亲近。"仁宗色动，呼近珰曰："王德用所进女口，各支钱三百贯，即今令出内东门了，急来奏。"遂涕下。先公曰："陛下既以臣奏为然，亦不须如此之遽，且入禁中，徐遣之。"上曰："朕虽为帝王，然人情同耳。苟见其涕泣不忍去，则恐朕亦不能出之。卿且留此以待报。"先公曰："陛下从谏，古之哲王所未有，天下社稷幸甚！"久之，中使奏宫女已出东门。上复动容而起。

他的父亲王素作谏官时，有一位大将名叫王德用的，给仁宗献上了几位美女。这在封建时代，实在不能算是什么大不了的事情，可王素知道了，却提出了批评。仁宗问他："这是宫中的事情，爱卿怎么会知道的？"王素说："微臣是谏官，只要听到风声，用不着核实，就有权批评。如真有这么回事，陛下就应当改正；如果没有，不过是传闻失实，也就罢了。陛下何至于盘问微臣从哪儿得知这事呢？"仁宗笑着说："实有此事。这几位美女现在朕的身边，朕很喜欢她们，且留下来，如何？"王素说："如果陛下不喜欢、疏远她们，留下来倒也无妨；微臣怕的就是陛下喜欢、亲近她们啊！"于是仁宗立刻吩咐身边的太监："给她们每人 300 吊铜钱，令她们马上离开皇宫。事情办妥了，赶快回来报告。"说着说着，眼泪便流下来了。王素说："陛下既然认为微臣批评得对，也不必这么急着办，回宫以后，慢慢打发她们走也就是了。"仁宗说："朕虽然是皇帝，可是感情和普通人也没有什么两样。如果看到她们哭哭啼啼不肯走，朕恐怕也不忍心让她们走了。爱卿暂且留在这里，等候派去的人回来报告。"过了一段时间，太监回来报告，说那几位美女已出了宫门，仁宗脸上露出难过的神色，这才起身回宫。

朱弁撰《曲洧旧闻》卷一也记载：

> 范讽知开封府日，有富民自陈："为子娶妇已三日矣，禁中有指挥令入，见今半月无消息。"讽曰："汝不妄乎？如实有兹事，可只在此等候也。"讽即乞对，具以民言闻奏，且曰："陛下不迩声色，中外共知，岂宜有此？况民妇既成礼而强取之，何以示天下？"仁宗曰："皇后曾言，近有进一女，姿色颇得，朕犹未见也。"讽曰："果如此，愿即付臣，无为近习所欺而怨谤归陛下也。臣乞于榻前交割此女，归府面授诉者。不然，陛下之谤，难户晓也。且臣适已许之矣。"仁宗乃降旨，取其女与讽。讽遂下殿。或言，讽在当时初不以直声闻，而能如此，盖遇好时节，人人争做好事，不以为难也。

范讽做开封府知府(也就是首都的市长,北宋的京城即今天河南省的开封市)时,有百姓上访,说给儿子娶媳妇,已经过门三天了,突然被召到皇宫里去,至今已半个月没有消息。范讽说:"真有这事? 你在这儿等着,我到宫里去走一趟。"于是立刻请求仁宗召见。见了面,范讽把那百姓说的事情报告给仁宗,并说道:"陛下不近女色,这是宫里宫外都知道的,怎么能出这样的事? 再说了,老百姓家的媳妇已经过了门,硬弄进宫里来,怎么向天下人交代?"仁宗说:"皇后倒是说过,新近有人进献了一位女子,模样挺漂亮,朕还没见到。"范讽说:"果真如此,请将这个女子交给微臣,陛下不要被身边的小人蒙蔽了,不明不白地遭受百姓们的怨恨和指责。微臣请求就在皇上的龙座前交割这个女子,好让微臣带回府里去,当面交还给上访人。不然,百姓对皇上的指责,是没法挨家挨户地去解释清楚的。况且,微臣刚才已经答应了上访人:立刻帮他解决这个问题。"于是仁宗便下令,将这个女子交给范讽带回开封府。在记述了这个故事之后,笔记作者朱弁感慨地说:范讽在当时,并不以刚直闻名于世,但却能这样做,这是因为碰上了好时候,当时人人争着做好事,而且知道做好事并不那么困难。

　　同书卷一还记载:

　　　　张尧佐除宣徽使,以廷论未谐,遂止。久之,上以温成故,欲申前命。一日将御朝,温成送至殿门,抚背曰:"官家,今日不要忘了宣徽使!"上曰:"得,得。"既降旨,包拯乞对,大陈其不可,反复数百言,音吐愤激,唾溅帝面。帝卒为罢之。温成遣小黄门次第探伺,知拯犯颜切直,迎拜谢过。帝举袖拭面曰:"中丞向前说话,直唾我面。汝只管要宣徽使、宣徽使,汝岂不知包拯是御史中丞乎?"

仁宗时,想让张皇后的伯父张尧佐升任宣徽使(一个高级职位),可是由于朝廷舆论不一致,遂搁浅了。过了一段时间,仁宗因为张皇后的缘故,想再次提出这一任命。一天上朝时,皇后将仁宗送到大殿门口,拍着仁宗的背说:"皇上,今天不要忘了宣徽使的事!"仁宗连声说:"知道,知道。"可是仁宗在朝廷上刚一降旨,监察部门的长官包拯便提出反对意见,滔滔不绝,嗓门很大,态度愤激,唾沫都溅到仁宗的脸上来了。仁宗最终还是收回了成命。在朝廷议论这事时,皇后派小太监不停地打探,得知包拯犯颜直谏,态度激烈,于是当仁宗退朝时,便迎上去认错。仁宗一边抬起袖子擦脸,一边说:"包拯贴到朕的面前来说话,唾沫直溅到朕的脸上。你只管要甚么宣徽使、宣徽使,难道不知道是他包拯在做监察部门的长官吗!"

　　同书卷一又记载:

　　　　仁宗皇帝至诚纳谏,自古帝王,无可比者。一日朝退至寝殿,不脱御袍,去幞头曰:"头痒甚矣,疾唤梳头者来。"及内夫人至,方理发,次见御怀中有文字,问曰:"官家,是何文字?"帝曰:"乃台谏章疏也。"问:"所言何事?"曰:"霖淫久,恐阴盛之罚。嫔御太多,宜少裁减。"掌梳头者曰:"两府、两制家中,各有歌舞,官职稍如意,往往增置不已。官家根底剩有一两人,则言'阴盛',须待减去。只教渠辈取快活!"帝不语。久之又问曰:"所言必行乎?"曰:"台谏之言,岂敢不行?"又曰:"若果行,请以奴奴为首。"盖恃帝宠也。帝起,遂呼老中贵及夫人掌宫籍者携籍过后苑,有旨戒阍者云:"虽皇后不得过此门来。"良久,降指挥:自某人以下三十人,尽放出宫。卧房所有,各随身,不得隐落。仍取内东门出尽,文

249

字回奏。时迫进膳，慈圣虑帝御匕箸后时，亟遣，莫敢少稽滞。既而奏到，帝方就食。终食，慈圣不敢发问。食罢进茶，慈圣云："掌梳头者是官家常所璧爱，奈何作第一名遣之？"帝曰："此人劝我拒谏，岂宜置左右！"慈圣由是密戒嫔侍："勿妄言，无预外事。汝见掌梳头者乎？官家不汝容也！"

仁宗接受批评、建议，是真心诚意的，自古以来的帝王，没人能和他相比。有一天，上完朝回到后宫，仁宗感到头痒痒，便叫平素宠爱的一位专给他梳头的嫔妃来给他理发。理发时，那女子看到仁宗的怀里揣着文书，便问："皇上，那是什么文书？"仁宗说："是谏官们上的奏章。"那女子又问："奏章上都说了些什么？"仁宗道："奏章上说，下了好多天的雨了，可能是阴气太重，老天爷降下了惩戒。皇宫里的嫔妃、宫女太多，应当稍加裁减。"那女子不以为然地说："朝中的大官们，哪个家里不养歌儿舞女啊？一旦升官，歌儿舞女的数目还不停地增加。皇上跟前只有那么几个人，他们还要说什么'阴气太盛'，必须裁减。难道只许他们快活不成！"仁宗听了，没有搭腔。过了半晌，那女子又问："谏官们提的建议，非得实行吗？"仁宗说："谏官们的建议，哪敢不实行？"那女子便说："如果真的实行，就请皇上首先把奴家给裁了吧。"她自以为是仁宗宠爱的人，再怎么裁也裁不到她头上，所以故意这么说。仁宗听了，便起身下令，让掌管宫中花名册的人带着花名册到后花园来，并吩咐看门人，就是皇后也不许放进后花园。过了许久，传下圣旨：自某人以下共三十人，放出宫去。私人物品，各自随身带着，不许故意落下。完事之后，立刻回奏。当时已经是接近吃饭的时候了，皇后怕耽搁了仁宗进餐，接到圣旨，一刻也不敢怠慢，赶紧打发那些女子出宫。仁宗一直等到这件事办完了，才去用餐。吃饭的时候，皇后始终不敢发问。饭后用茶时，皇后才说："那位管梳头的嫔妃，是皇上平时所宠爱、亲近的人，怎么第一个就把她给裁了？"仁宗说："这人劝朕拒绝接受批评意见，怎么能容许她待在身边？"从此，皇后常私下里告诫那些嫔妃、宫女："不要乱说话，不要掺和宫廷以外的事！你们都看到管皇上梳头那一位的下场了吧？要是乱说乱管事，皇上是容不得你们的！"

周煇撰《清波杂志》卷三也有记载：

> 至和、嘉祐间，嫔御久不迁，屡有干请。上答以无典故，朝廷不肯行。或奏曰："圣人出口为敕，批出谁敢违？"上笑曰："汝不信，试为汝降旨。"政府果执奏无法，命遂寝。后又有请降御笔进官者，上于是取彩笺戏书某官某氏特转某官，众喜谢而退。至于给俸日，各出御笔乞增禄，有司不敢遵用，悉退回。诸嫔群诉，且对上毁所得御笔，曰："元来使不得。"上但笑遣之。当太平全盛时，虽内宠进迁，未尝略私以恩爱，惜名器如此，廷臣敢萌侥幸意？

嫔妃们很久没有升迁了，经常向仁宗提出请求。仁宗回答说没有先例，朝廷中的大臣们不会同意。有嫔妃说："皇上出口便是圣旨，您要是批准了，让大臣们办理，谁还敢违抗？"仁宗笑着说："你不信，朕就试试看，为你下一道圣旨。"果然，大臣们回答说没有法令根据，于是圣旨也就作罢了。后来，又有些嫔妃请求仁宗下圣旨让她们升官（宫中女官），仁宗知道办不成，便煞有介事地拿纸来写道：某甲某官，特升某官。某乙某官，特升某官。嫔妃们得到仁宗的亲笔圣旨，一个个欢天喜地，谢恩退去。可是到了发薪水的日子，当她们拿着仁宗的亲笔圣旨请求加薪时，有关部门却不肯照办，统统退回。嫔妃们气坏了，集体到仁宗面前去投诉，甚至有人当着仁宗的面把圣旨撕了，说："原来这不管用！"仁宗只是笑笑，把她们都打发走。笔记作者在记述完这些事后，感叹道："那时天下太平，正是皇朝的全盛时期，可是就连皇上宠爱的嫔妃，也不曾因得宠而升迁，朝廷中的臣子，哪个还敢有非分之想？"

蔡绦撰《铁围山丛谈》卷一也记载：

> 秘书省之西切邻大庆殿，故于殿廊辟角门子以相通……以是诸学士多得由角门子至大庆殿纳凉于殿东偏。世传仁祖一日行从大庆殿，望见有醉人卧于殿陛间者，左右巫将呵谴，询之，曰"石学士也"，乃石曼卿。仁庙遽止之，避从旁过。

秘书省的西面靠近皇宫的大庆殿，于是在大庆殿的走廊开了个边门，与秘书省相通。在秘书省办公的学士们，便能够从这个门进入皇宫，在大庆殿的东边乘凉。有一天，仁宗经过大庆殿，望见有人喝醉了酒，躺在大庆殿的台阶边。宫殿旁竟然有醉鬼躺着，成何体统？况且，又挡了皇上的路，那还了得？仁宗左右的随从便要上前去将那醉鬼叫醒来撵出去。一问，才知道这是石曼卿石学士。仁宗急忙阻止左右，避开石学士，从旁边绕了过去。宋代皇帝对文人学者的尊重和宽容，于此可见一斑。

宋代的第六位皇帝神宗赵顼在位时，也有件发人深省的事情。高文虎《蓼花洲闲录》记载：

> 神宗时，以陕西用兵失利，内批出令斩一漕官。明日，宰相蔡确奏事。上曰："昨日批出斩某人，今已行否？"确曰："方欲奏知。"上曰："此人何疑？"确曰："祖宗以来，未尝杀士人。臣等不欲自陛下始。"上沉吟久之，曰："可与刺面，配远恶处。"门下侍郎章惇曰："如此，即不若杀之。"上曰："何故？"曰："士可杀，不可辱。"上声色俱厉，曰："快意事更做不得

一件！"惇曰："如此快意事，不做得也好。"（《说郛》卷四一下）

宋军在陕西与西夏人作战失利，神宗下令处死一名管粮草运输的官员。但宰相们并没有遵旨执行。第二天，宰相蔡确有事禀报，神宗问他："昨天朕下令处死某人，执行了吗？"蔡确说："还没有，我正要报告这件事。"神宗说："难道还有什么疑问吗？"蔡确说："开国以来，没有杀过文人，臣等不希望陛下开这个先例。"神宗考虑了半天，说："那么就在他脸上刺字，发配到偏僻、遥远、贫穷的地方去。"另一位宰相章惇说："这样的话，还不如杀了他。"神宗问："为什么？"章惇说："士可杀而不可辱。"宋神宗发脾气了，声色俱厉地说："朕就连一件痛快事也做不成！"章惇却回嘴说："像这样的痛快事，做不成也好。"这位运粮官该不该处分，该怎样处分，是另外一回事，我们这里不讨论。重要的是，从这个故事可以看出，宋代的官员比较敢于在皇帝面前发表不同意见，凡他们认为不妥当的圣旨，也有不执行的权力。而这种情况的存在，是因为皇帝比较能够尊重大臣们的意见，即便心里很不痛快，往往也不那么固执己见。

南宋的第一个皇帝高宗赵构，就是任用秦桧杀害岳飞的那一位，在历史上的名声不大好。但他在位时，也有件事可以一提。陆游《老学庵笔记》卷一记载：

> 高宗在徽宗服中，用白木御椅子。钱大主入觐见之，曰："此檀香椅子耶？"张婕好掩口笑曰："禁中用胭脂皂荚多，相公已有语，更敢用檀香作椅子耶？"时赵鼎、张浚作相也。

高宗在为父亲徽宗服丧期间，坐的是没有刷油漆的白木椅子。有人误以为是檀香木做的，一位姓张的妃子捂着嘴笑道："宫里胭脂口红，洗衣服用的皂荚用多了，宰相们都已经提意见了,还敢用檀香木做椅子?"当时的宰相是赵鼎、张浚。试想,胭脂、皂荚能值几个钱? 连这个宰相们都要管,而且皇帝还听他们管,这恐怕也是封建时代的历史上很难得的了。

当然,宋代也不是任何皇帝、任何时期都能做到像上面所举的例子那样。不过,那些也并不都是非常偶然的特例。平心而论,在中国漫长的封建社会里,宋代应该算是比较开明、比较文明的朝代。这一点,前面的汉朝、唐朝,后面的明朝、清朝,都比不上它。

第二个方面,我读宋代的笔记,印象很深刻的还有,宋代通过科举考试选拔出来的官员,有不少是很能干的人才。说到中国古代的科举考试,我们往往有一些错觉,好像这样选拔出来的多是些书呆子,只会夸夸其谈,讲大道理,没有多少办事能力。事实并不是这样,至少宋代不是这样。宋代科举考试,一般要考策论,这主要是测验考生对政治、历史的见识;宋代特别重视的诗赋科,还要考诗赋创作,这主要是测验考生的文学才华。对政治、历史的见识精辟、透彻,有助于日后做官治理国家,因此,科举考策论,大家都没有不同意见;可诗赋与治理国家有什么关系? 难道诗赋写得好,做官就能做得好吗? 不错,文学才华是不等于治国才能。但文学创作需要较高的智商,智商高的人,可以举一反三,如果用心做官办事,一般能够很快胜任。总之,这种考试,大体上还是能够测验出一个人的综合素质和能力的。当然,科举考试考不出一个人的道德水平,这是一个很大的缺陷。宋代的大奸臣秦桧,是"省元"(尚书省礼部考试的第一名);大忠臣文天祥,是"状元"。同样是宋代科举考试的优胜者,人品却有天壤之别。这是另外一个话题,我们不在这里讨论,这里只说宋代科举考试选拔出来的官员,很有些能干事的人才。

沈括撰《梦溪笔谈》卷一一记载:

皇祐二年,吴中大饥,殍殣枕路。是时范文正领浙西,发粟及募民存饷,为术甚备。吴人喜竞渡,好为佛事。希文乃纵民竞渡,太守日出宴于湖上,自春至夏,居民空巷出游。又召诸佛寺主首,谕之曰:"饥岁工价至贱,可以大兴土木之役。"于是诸寺工作鼎兴。又新敖仓、吏舍,日役千夫。监司奏劾杭州不恤荒政,嬉游不节,及公私兴造,伤耗民力。文正乃自条叙所以宴游及兴造,皆欲以发有余之财以惠贫者。贸易、饮食、工技服力之人仰食于公私者日无虑数万人,荒政之施,莫此为大。是岁两浙唯杭州晏然,民不流徙,皆文正之惠也。岁饥发司农之粟,募民兴利,近岁遂着为令。

仁宗时期有一年,杭州及浙江地区大饥荒,饿死的尸首路上随处可见。当时,范仲淹在杭州做地方行政长官,他打开官府的粮仓,募集民间的存粮,做好了充分的救灾准备。当地人喜好赛龙舟,又信奉佛教。于是范仲淹纵容城市居民从事赛龙舟之类的大型游乐活动,自己则天天到太湖上去举行宴会,在他的带动下,从春天到夏天,居民往往空巷出游。他又对各个寺庙管事的大和尚说,现在是荒年,劳动力的价格非常低廉,正好大兴土木。于是,各个寺庙都乘机修缮扩建。他还让官府也更新、扩建仓库和官吏住房,每天征用的民工多达上千人。本路的监察官员向皇上弹劾范仲淹不顾灾荒,无节制地游览、开宴会,大兴公私建筑工程,劳民伤财。范仲淹上书辩解说,这样做的目的,正是要调用闲置的财力,让穷困的百姓得些实惠。那些做生意的,从事餐饮业的,有劳力、手艺的人,从公家和私人那里获得赚钱、挣饭吃的机会,每天不下几万人。对付荒年的措施,没有比这更重要的了。果然,这一年,该地区只有杭州太平无事,百姓没有背乡离井,外出逃难的。自此,朝廷遂参照范仲淹的做法,颁布相关的条令,在灾荒之年,动用国家的粮食储备,募集民工,兴建对国家有利的工程。请大家注意,范仲淹对付灾荒的办法,和近代英国经济学家凯恩斯对付经济危机的理论惊人地相似。那就是采用政府行政手段,扩大公共基本设施的建设规模,以增加就业机会,减少失业人口,刺激、鼓励消费,使得各行各业能够恢复到正常的运行轨道。这是一种积极的做法,用扩大生产和社会发展的方式来克服灾荒或经济危机,而不是消极地、简单地向灾民或失业者提供救济。范仲淹的认识比凯恩斯早了900年!可惜的是,他只是位优秀的行政管理人才,还不是一位杰出的政治经济学的理论家。他的贡献还只停留在实践的层面,没有上升到完备、严密的理论的高度。尽管如此,我们仍然不得不对他的聪明才智表示钦佩。

又,司马光撰《涑水记闻》卷一四记载:

> 赵阅道抃,熙宁中以资政殿大学士知越州,两浙旱蝗,米价踊贵,饿死者十五六。诸州皆榜衢路,立赏禁人增米价;阅道独榜衢路,令有米者任增价粜之。于是诸州米商辐辏,米价更贱,民无饿死者。

神宗时期,赵抃担任越州(今天浙江省的绍兴市)的行政长官,当时浙江地区正闹着旱灾和蝗灾,米价飞涨,饿死的人很多。于是各州长官都在交通要道上贴出布告,严禁粮商抬高米价,告发者有赏。可是这类布告起不了什么作用。赵抃的做法恰恰相反,他贴出布告,放开米价,听任有米的人涨价销售。结果,各地的米商云集越州,米价反而跌落下来,百姓没有饿死的。赵抃在距今900多年前就知道按市场经济规律办事,利用价格这个经济杠杆,造成供过于求的买方市场,这在那个时代还是超前的。尽管在今天这已经是常识,并没有什么了不起。

又，魏泰撰《东轩笔录》记载：

> 许元初为发运判官，每患官舟多虚破钉鞠之数，盖陷于木中，不可称盘，故得以为奸。一日，元至船场，令拽新造之舟，纵火焚之，火过，取其钉鞠称之，比所破才十分之一。自是立为定额。（见宋江少虞编《皇朝事实类苑》卷二二）

许元是粮食运输部门的一位官员。因为当时的运输工具主要是船，所以他还要管造船的事务。当时造船场的工作人员往往谎报钉子的用量，从而贪污渔利。因为钉子是敲进木头里去的，压根儿就没法计量。怎么办？许元的做法也真够绝的，他下令拖出一艘新造的木船，一把火烧了，然后筛取钉子，上秤去称。结果实际的用钉量只有工作人员虚报量的十分之一！也就是说，十分之九的费用被贪污了！那贪污者的心也真够黑的！许元用这个方法巧妙地查实了造每条船的用钉量，从此确定了标准，堵住了一个漏洞。这种做法，近似于今天我们工业生产中的成本核算，即便拿到现代来说，也是先进、科学的管理方法。

又，沈括撰《补笔谈》卷下记载：

> 祥符中，禁中火。时丁晋公主营复宫室，患取土远。公乃令凿通衢取土，不日皆成巨堑，乃决汴水入堑中，引诸道竹木簰筏及船运杂材尽自堑中入至宫门。事毕，却以斥弃瓦砾、灰壤实于堑中，复为街衢。一举而三役济，计省费以亿万计。

真宗时期，皇宫失火，严重毁坏，大臣丁谓主持重建工程。这项工程困难很多。首先是建筑用土的问题。皇宫在城市中心，周围都是房屋、街道，土从哪儿来？如果到郊外去取土，路比较远，运输起来要耗费巨大的人力、财力。其次，建筑用的木料以及各种其他耗材必须从全国各地运来。由水路运到京城外,问题还不大;要命的是怎样运进城,运到位于城市中心的建筑工地？建皇宫可不比普通老百姓家盖房子,那作柱子和房梁的木头又粗又长又重,还有各种石料也都是很笨重的,当时可没有重型卡车！又得耗费多少人力、财力？第三,工程完工后,残砖碎瓦之类的建筑垃圾一定不会少。这样一个大工程,建筑垃圾还不堆积如山？怎样处理？还得运到城外去,又要耗费大量的人力、财力。总而言之,在交通运输条件落后,财力物力比较匮乏的古代,要完成这样一个大工程,还要尽量省工、省钱、缩短工期(皇帝和后妃们可不乐意长时间地当"拆迁户",住"过渡房"),确实不是件轻而易举就能办到的事。可是,丁谓还真就办到了！他有什么高招？首先,他下令就近取土,按一条由工地通往城外汴河的路线来挖土,暂时毁了这条路线上的房屋、街道。这样,取土的问题就解决了。土挖够了,在这条路线上也就形成了一条河道。然后,将它与汴河连通起来,这样,各地运输建筑材料的船只和竹排、木筏便可以径直到达工地,材料运输的问题也解决了。等到工程结束,就用建筑垃圾将那条临时河道填平,恢复原来的房屋和街道。这样,建筑垃圾处理的问题也解决了。一举三得,不但工期大为缩短,而且所节约的人力、财力,要以亿万来计算。丁谓的这个做法,与现代运筹学的原理不谋而合。可以说,这是一个科学的、经典的工程案例！

又,司马光撰《涑水记闻》卷七记载:

> 张齐贤,真宗时为相。戚里有争分财不均者,更相诉讼,又因入宫,自理于上前,更十余断,不能服。齐贤曰:"是非台府所能决也,臣请自治之。"上许之。齐贤坐相府,召讼者曰:"汝非以彼所分财

多,汝所分财少乎?"皆曰"然"。即命各供状结实,乃召两吏趣徙其家,令甲家入乙舍,乙家入甲舍,货财皆按堵如故,分书则交易之。讼者乃止。明日奏状,上大悦,曰:"朕固知非君莫能定者。"

张齐贤,真宗时期的宰相。当时有皇亲国戚哥俩,因财产分割问题起了纠纷,互相诉讼。又乘着进宫的机会,拉着皇上让皇上给他们评理。有关部门翻过来覆过去判决了十多次,哥俩都不服。张齐贤说:"这不是司法部门和京城市政府能解决的案子,还是微臣亲自来处理吧。"皇上同意了,张齐贤便把诉讼的双方叫到宰相衙门里来,对他们说:"你们不就是认为对方分得的财产多,自己分得的财产少吗?"俩人都说"是"。张齐贤当即让他们把这条写成文书,签字画押。然后派两个当差的,监督他俩立刻换房子搬家,甲家搬进乙住的房子,乙家搬进甲住的房子,房子里的财物原封不动,只是更换一下主人。这下子,便没官司可打了。第二天向真宗报告,真宗大喜,说:"朕就知道,除了爱卿,谁也断不了这个案子。"

又,岳珂撰《桯史》卷三记载:

> 曹泳尹天府,民间以乏见镪告货壅莫售,日嚣而争,因白之桧。桧笑曰:"易耳。"即席命召文思院官,未至。趣者络绎,奔而来。亟谕之曰:"适得旨,欲变钱法,烦公依旧夹锡样铸一缗,将以进入,尽废见镪不用。"约以翌午毕事。院官不敢违,唯而退,夜呼工鞴液,将以及期。富家闻之大窘,尽辇宿藏,争取金粟,物贾大昂,泉溢于市。既而样上省,寂无所闻矣。

曹泳做南宋首都临安(今天浙江省的杭州市)的行政长官,有段时间市面上商品多而流通的钱币少,商品积压,不能

文津演讲录 13

够顺畅地卖出去,为此引发了许多纷争。曹泳对此束手无策,只好在一次宴会上向宰相秦桧报告。秦桧笑道:"小事一桩。"即席下令把掌管制造金银铜铁器具的官员叫来,吩咐道:"刚刚得到皇上的旨意,要改钱币,劳你们依照过去在铜钱里掺锡的做法,铸造一吊新钱的样品,送来审定。现在用的钱,将全部废止。"并规定第二天中午必须完工。有关官员不敢怠慢,回去后连夜召集工匠,开工铸造。消息传出去,有钱人大为恐慌,赶紧把家里囤积的现钱成车地运到市场上去购买金银器和粮食,一时间物价大涨,市场上也不再缺乏货币了。而新钱的样品送上来以后,再也没有了下文。

关于这件事,还有另一个流传的版本。张端义撰《贵耳集》卷中记载:

> 京下忽阙见钱,市间颇皇皇。忽一日,秦会之呼一镊工栉发,以五千当二钱犒之,谕云:"此钱数日间有旨不使,早用了。"镊工亲得钧旨,遂与外人言之,不三日间,京下见钱顿出。

京城临安市面上忽然缺乏现钱流通,闹得人心惶惶。一天,秦桧叫来一名理发匠给他理发,并赏赐理发匠 5000 铜钱,还叮嘱说:"这种钱赶紧花掉,几天之内就会有圣旨下来,废止不用了。"理发匠听见宰相亲口这样说,回去后赶紧告诉亲戚朋友、街坊邻居。不到三天,现钱都涌到市面上来了。

今天,我们已经无法分辨清楚,哪一个版本更真实。或许,这两件事都是真实的,因为它们并不矛盾。秦桧这个人是恶名昭著的大奸臣,历史已有公论。但如果智商不高,没有点本事,"奸"则"奸"矣,"大"是"大"不起来的。应该承认,他这个省元、宰相可不是侥幸得来的,他做事还是很有办法的。当然,他的做法有点诡诈,并不那么光明正大。

也许有人要说,你上面所举,都是些无关大局的小事情。

这里我想解释一下。宋代的大事情,《宋史》等正儿八经的历史书里都看得到,用不着我来说。倒是这些未必都能被正儿八经的历史书采用的"小"故事,往往可以从另外一些不同的侧面来帮助我们全面认识一些历史人物,丰富我们对他们为人处事的了解。平心而论,宋代并不是什么都好,也不能简单地说它样样超过汉、唐、明、清。但纵观历史,至少宋代没有发生过宦官、外戚作乱(当然,宦官、外戚擅权的现象还是有过的),藩镇割据,全国性农民起义(当然,局部的农民起义还是有过的)等严重的政局动荡。而由这些原因中的某一种或某几种造成的严重的政局动荡,汉、唐、明、清诸朝代都未能幸免。北宋、南宋的统治,都是被北方少数民族强大的军事力量(先是女真族的金,后来是蒙古族的元)摧毁的。这说明它们所欠缺的是"武功",它们在军队建设、军事战略等方面是失败的。至于"文治",做得还是比较成功的。之所以比较成功,很重要的一个原因就是通过科举考试选拔出一批批社会文化精英,并坚持了"文官政治",比较能够做到依法行政,皇权主动向相权妥协,而不是"乾纲独断",即君主独裁。如果能够做到文武兼济,而不是重文抑武,那就比较圆满了。

第三个方面,宋代的笔记记录了一些名不见经传,甚至连名字也没有留下来的小人物的事迹。这些人,论智慧、论才干,都是很杰出的人才。如果历史能够给他们提供更多的机会,让他们得以充分地施展自己的聪明才智,他们本来是能够为国家和民族作出更大的贡献来的。

罗大经撰《鹤林玉露》丙编卷二记载:

> 张循王之兄保尝怨循王不相援引。循王曰:
> "今以钱十万缗,卒五千付兄,要使钱与人流转不
> 息,兄能之乎?"保默然久之,曰:"不能。"循王曰:

"宜弟之不敢轻相援引也。"王尝春日游后圃，见一老卒卧日中，王蹴之曰："何慵眠如是！"卒起声喏，对曰："无事可做，只得慵眠。"王曰："汝会做甚事？"对曰："诸事薄晓，如回易之类，亦粗能之。"王曰："汝能回易，吾以万缗付汝，何如？"对曰："不足为也。"王曰："付汝五万。"对曰："亦不足为也。"王曰："汝需几何？"对曰："不能百万，亦五十万乃可耳。"王壮之，予五十万，恣其所为。其人乃造巨舰，极其华丽，市美女能歌舞音乐者百余人，广收绫锦奇玩、珍羞佳果及黄白之器，募紫衣吏，轩昂闲雅若书司、客将者十数辈，卒徒百人，乐饮逾月，忽飘然浮海去。逾岁而归，珠犀香药之外，且得骏马，获利几十倍。时诸将皆缺马，惟循王得此马，军容独壮。大喜，问其何以致此，曰：到海外诸国，称大宋回易使，谒戎王，馈以绫锦奇玩，为具招其贵近，珍羞毕陈，女乐迭奏，其君臣大悦，以名马易美女，且为治舟载马，以珠犀香药易绫锦等物，馈遗甚厚，是以获利如此。王咨嗟褒赏，赐予优渥，问："能再往乎？"对曰："此戏幻也，再往则败矣。愿仍为退卒，老园中。"呜呼，观循王之兄与浮海之卒，其智愚相去奚翅三十里哉！彼卒者，颓然甘寝苔阶花影之下，而其胸中之智圆转恢奇乃如此，则等而上之，若伊、吕、管、葛者，世亦岂尽无也哉？特莫能识其人，无繇试其蕴耳。

南宋初年，大将张俊的哥哥张保埋怨张俊不帮他的忙，不弄个大点的官给他做做。张俊说："我现在交十万贯铜钱、五千名士兵给您，要让这钱和人不停地滚动，越滚越多，您能办得到吗？"张保沉默了老半天，说："不能。"张俊说："所以我不敢随随便便地保举您。"春季,有一天张俊到自家的后花园里去散心,看见一个老兵躺在太阳底下睡懒觉,就上去踢了他一脚,骂道:"懒骨头,哪有像你这样吃饱了饭不干活,白天睡大觉的!"老兵赶紧爬起来给将军行礼答话:"实在没事情可干,只好睡懒觉。"张俊问他:"你会做什么事?"老兵回答:"什么事都略知一二。比如做生意,也会一点。"张俊说:"你会做生意?我交一万贯钱给你做生意,怎样?"老兵回答说:"才一万贯?不值得做!"张俊又说:"给你五万贯!"老兵回答说:"也不值得做。"张俊问:"你想要多少钱?"老兵回答说:"不说100万,至少也得50万才值得做。"张俊很赞赏他这股豪气,真就交给他50万贯钱,一切由他作主,爱咋办咋办。于是,那个老兵就用这钱造了若干艘大船,极其华丽;又买了100多个会唱歌、跳舞、演奏乐器的美女;并大量采购绫罗、锦绣等类高级丝织品,珍奇精妙的高级工艺品,名贵的食品、水果,以及金银器皿;还招募了100来名士兵,十几位长得英俊高大、气度不凡、举止文雅的帅哥,扮作秘书、警卫官之类。大家伙儿在一起喝酒玩乐了一个多月,忽然有一天便开船出海去了。

　　过了一年,老兵回来了,除了带回大量珍珠、犀牛角、香料、药材之外,还有许多骏马。计算下来,盈利差不多有10倍。也就是说,50万贯钱变成了500多万贯钱。更重要的是,当时骏马是紧缺的战略物资。南宋军队和金人相比,金人的优势就在于骑兵,当时没有坦克,骑兵就算是速度最快、攻击力最强的"机械化"部队了。当时南宋的几支主力军,如岳飞统帅的岳家军,韩世忠统帅的韩家军,都缺战马;张俊的部队得到了这些骏马,军容顿时就不一样了。张俊大喜过望,问那位老兵是怎么做到的。老兵说,他到海外各国去转了一圈,冒充大宋国派出的国家级贸易使团。首先拜见当地的国王,馈赠高级丝织品和高级工艺品。然后又把大臣们召集来,摆出各种中国的美味佳肴,让那些美女唱歌跳舞,演奏音乐。国王和大臣们大饱口福,大饱眼福,当然既开胃又开心。天下没有白吃的午餐,接下去便开始做生意了,拿美女换骏马。国王、大臣们还为他们造船载马,又用珍珠、犀牛角、香料、药材等特产换取绫罗、锦绣等高级丝织品,并回赠了许多其他贵重的礼物。原来,高额利润是这样获得的!

张俊听了,感叹赞赏,大大给了老兵一笔赏赐,又问他:"能不能再走一趟?"老兵答道:"这是场把戏,已经结束。再去,事情就败露了。我还是当我的退休老兵,回您的后花园晒太阳、睡懒觉去吧。"

笔记作者罗大经在记述了这个故事之后,感慨道:张将军的哥哥和那位老兵相比,一个愚蠢,一个聪明,相差真是太大了! 那位老兵,不显山不露水地甘愿躺在长着青苔的台阶边,花影下,想不到胸中竟有这样奇妙灵活的智谋! 由此推论,当代不是没有像古代伊尹、吕尚、管仲、诸葛亮那样的人才,只不过是没有人发现他们,没有机会让他们展示才能罢了! 罗大经这话,真是说到点子上去了! 哪个时代缺乏人才? 缺乏的只是发现人才、给人才提供用武之地的机制。

又,沈括撰《补笔谈》卷下记载:

> 宝元元年,党项围延安七日,几于危者数矣。范侍御雍为帅,忧形于色。有老军校出,自言曰:"某边人,遭围城者数次,其势有近于今日者。虏人不善攻,卒不能拔。今日万万无虞。某可以保任,若有不可,某甘斩首!"范嘉其言壮,人心亦为之小安。事平,此校大蒙赏拔,言知兵善料敌者首称之。或谓之曰:"汝敢肆妄言,万一不验,须伏法!"校笑曰:"若未之思也。若城果陷,谁暇杀我耶? 聊欲安

众心耳。"

　　仁宗时期,西夏人的军队包围了延安城(在今天的陕西省),历时7天,好几次差一点就攻进城来。当时的地方长官范雍很是担忧。有个年纪大的低级军官站出来说:"我就是在边境上长大的,像这样被围困的情况已经历过好几次了,有的就和这次一样危急。敌军并不擅长攻城,最终还是没能把城给攻下来。这次也一定攻不下来,没什么可担心的。我敢拿人头担保,如果敌军攻进城来,砍我的头好了!"范雍很赞赏他的豪迈,城中的军心、民心也因此而稍稍稳定下来。事情过去以后,这位军官得到了大大的奖赏和提拔,人们一谈起懂军事、了解敌情的军人,第一个就要数到他。也有人对他说:"你也忒敢放肆胡说了,万一敌兵真攻进城来,你难道不怕军法从事么?"这位军官笑道:"你们也不想想,如果城真的被敌兵攻破了,谁还有工夫来砍我的头? 大家还不赶紧各自逃命啊? 我这样说,不过是为了安定人心罢了。"这位不知名的军官,真是聪明极了。他很懂得心理学。他知道,要想守住城池,非得上上下下都有信心,都有必胜的信念。他是当地人,战争经验又丰富,说两句壮壮胆子的话自然大家都乐意听。即便是自欺欺人,横竖有百利而无一害,放心大胆地说就是了。

　　又,魏泰撰《东轩笔录》卷四记载:

　　　　御史有阍吏,隶台中四十余年,事二十余中丞矣,颇能道其事,尤善评其优劣。每声诺之时,以所执之梃待中丞之贤否,中丞贤则横其梃,中丞不贤则直其梃。此语喧于缙绅,凡为中丞者,唯恐其梃之直也。范讽为中丞,闻望甚峻,阍吏每声诺,必横其梃。一日范视事次,阍吏报事,范视之,其梃直矣。范大惊,立召问曰:"尔梃忽直,岂睹我之失耶？"吏初讳之，苦问，乃言曰："昨日见中丞召客，亲谕庖人以造食。中丞指挥者数四，庖人去，又呼之，复丁宁教诫者又数四。大凡役人者，授以法而观其成。苟不如法，有常刑矣，何事喋喋之繁？若使中丞宰天下之事，不止一庖人之任，皆欲如此喋喋，不亦劳而可厌乎？某心鄙之，不知其梃之直也。"范大笑惭谢。明日视之，梃复横矣。

北宋时，国家监察机关有个门卫，在机关里当了40多年差，先后伺候过20多位长官。他尤其善于鉴别这些个长官是否称职，而且他的表现很特别。当他向长官行礼打招呼或回长官话的时候，如果长官称职，他手中的棍棒（警卫的武器）便横着拿；如果长官不称职，他手中的棍棒便竖着拿。这事在官场上已经传开了，因此凡是到监察机关来做长官的，就怕他手中的棍棒竖起来。范讽做监察机关长官的时候，声望很高，门卫每次行礼、回话，棍棒总是横着的。可是有一天范讽处理公务时，门卫来报告事情，范讽突然发现他手中的棍棒竖起来了。范讽大吃一惊，立刻问他："你是不是看到我有什么失误了呢？"门卫起先不肯说，经再三追问，才答道："昨天见大人招待客人，亲自指示厨师做菜，一二三四，说了又说。厨师已经下厨房去了，大人又把他叫了来，反复叮嘱告诫。小人以为，指挥下人做事，只要讲个总的要求，然后坐观其成就是了。如果他做事不符合要求，就按规矩追究责任，处罚他。何必啰啰嗦嗦说那么半天？如果让大人做宰相（监察机关的长官再往上升，就有可能做宰相），每天要处理的公务很多，都要这样喋喋不休，那还了得？自己累死不说，别人听了也嫌烦，小人心里对大人这样的做法不大看得起，不知道怎的，棍棒就竖起来了。"范讽听了，原来是这么一档子事，于是大笑，很惭愧地向那门卫表示感谢。第二天再看他，棍棒又恢复为横着拿了。

这个门卫真有水平！他是真懂得为官之道，也就是今天所谓"管理学"的。真正有效的管理，应该是"目标管理"而不是"过程管理"。古今中外的官员，特别是那些大官，忙忙碌碌而不得要领，事无巨细都要亲自过问的事务主义者，难道还少么？诸葛亮连军中责罚人，打二十军棍的小事也要亲自处理，就是这样一个反面的典型。法国前总统蓬皮杜在给戴高乐当总理的时候，办公桌上没有什么文件，办公室里也不大听得到电话铃声。因为所有重要的事情，他都交给相关的专家们，让他们去讨论，拿出几种方案来。而他只需从中选择他认为最佳的方案，用一两个单词批准就是了，事情往往办得很好。而他的前任办公桌上文件总是堆积如山，办公室里电话铃声成天响个不停，事情也未必办得好。可见，中国宋代那位门卫说的话，直到今天也还没有过时，而且拿到西方去也是适用的。

又，陈世崇撰《随隐漫录》卷五记载：

> 安晚郑公私居青田，府鹿食民稻，犬噬杀之。
> 府嘱守黥犬主，幕官拟云："鹿虽带牌，犬不识字。
> 杀某氏之犬，偿郑府之鹿，足矣。"守从之。

南宋晚期，理宗时候的宰相郑清之，家在青田（今天浙江省的青田县）。郑家养了一些鹿，都挂有"郑府"字样的标记牌。有一回，郑府的鹿跑到百姓家的田里去吃了人家的稻子，被百姓家养的狗咬死了。郑家仗势欺人，竟要当地的长官判狗的主人"黥刑"，也就是在脸上刺字。这显然是很霸道、蛮不讲理的要求。然而郑家有权有势，小小的地方官哪惹得起？于是就和手下的幕僚，也就是秘书、助理之类更小的小吏商量。那助理说，就这么判："鹿虽带牌，犬不识字。杀某氏之犬，偿郑府之鹿，足矣。"总共就20个汉字，把这案子断得不卑不亢,合情合理,明明白白。当地长官采纳了他的意见,就这么判决了。按照我们今天民主社会的法律,当然连狗也用不着处死。因为狗是动物,不能要求它遵守法律。何况,是郑家的鹿闯入民田,吃稻在先!但那是在700多年前的南宋啊!地方官和他的助理能够顶住宰相家的压力,公平判案,维护普通百姓的权益,已经是很有勇气和良知的了!何况,那判决书的措辞又那样得体,还不失幽默,且话里有话,想必那郑相公家的人看了要气得吐血,却又没法发作!

又,岳珂撰《桯史》卷二记载:

> 叶丞相衡罢相,归金华里居,不复问时事,但召布衣交,日饮亡何。一日,觉意中忽忽不怡,问诸客曰:"某且死,所恨未知死后佳否耳。"一士人在下坐,作而对曰"佳甚"。丞相惊顾,问何以知之。曰:"使死而不佳,死者皆逃归矣。一死不反,是以知其佳也。"满坐皆笑……士人姓金,滑稽人也。

南宋时的宰相叶衡罢官以后,回到金华(今天浙江省的金华市)老家,不再过问时事,天天召集老朋友喝酒聊天。有一天,他突然心情不好了,问客人们说:"我快死了,恨的是不知道死后好不好。"有位文化人坐在下座,站起来回答说:"好得很!"叶相公吃惊地望着他,问:"你怎么知道?"那人答道:"如果死了不好的话,死人还不纷纷逃回来?一死就不回来,所以知道死了好。"听了他的话,满座的人都捧腹大笑。那人姓金,是个很幽默的人。他的本意是想逗主人开怀一笑,抛开那些莫名其妙的烦恼。在笑过之后,我们应该体味到,他的幽默里其实包含着一个严肃的人生哲理,一种乐观的生活态度:人都是要死的,怕也没有用。要紧的是活好每一天,快快乐乐的。这一点,说起来容易,做到却很难。试看今天,是否每个人都能明白这个简单的道理呢?

以上所举还只是一些较小的智能，宋代的民间有没有大智慧呢？当然有的。赵与时撰《宾退录》卷一记载：

> 刘卞功字子民，滨州安定人……筑环堵于家之后圃，不语不出者三十余年，或食或不食。徽宗闻其名，数敕郡县津致，间驰近侍召之。对曰："吾有严愿，不出此门。"上知不可夺，赐号"高尚先生"……云："常人以嗜欲杀身，以货财杀子孙，以政事杀民，以学术杀天下后世。吾无是四者，岂不快哉！"靖康之变，不知所终。

费衮撰《梁溪漫志》卷九也记载：

> 刘高尚者，滨州安定人，家世为农……声闻京师，徽宗三使往聘之，辞疾不奉诏。宣和间，赐号"高尚处士"……高尚尝有言曰："世之人以嗜欲杀身，以货财杀子孙，以政事杀人，以学问文章杀天下后世。"

滨州安定（今天的山东省滨州市）人刘卞功，是个普普通通、世代务农的乡下人，30多年不怎么说话，也不出门；有时候吃饭，有时候不吃饭。徽宗皇帝都听说了他的大名，几次派人去聘请他入朝，他都称病，不接受圣旨。并说自己发过誓，绝不出门。徽宗知道没法子改变他的意志，只好作罢，并赐了他一个"高尚先生"的荣誉称号。他说过一段惊世骇俗的话："这个世界上的人，用嗜好和欲望杀自己，用财产杀子孙，用政务杀老百姓，用思想、学术杀普天下以及后世的人！"

话说得虽然偏激了一点，细想想却也包含着深刻的哲理。有嗜好和欲望，如果不能节制，贪得无厌，难免要因此而丢性命。人们总想多置点财产留给子孙，可是财产多了，反而会导致子孙们坐享其成，不愿辛苦奋斗，这不是害他们吗？至于封建时代的政治，从本质上来说，是为地主阶级服务的，是他们剥削人民、压迫人民的工具。鲁迅先生在他那部著名的小说《狂人日记》里，就借一个疯子的口说过，中国几千年的历史书上，密密麻麻地写满了两个字——"吃人"。说到封建时代的思想和学术，再伟大、再善良的思想和学术，比如孔孟之道，儒家的学说，到后世也都被统治者拿来为我所用，维护他们的统治，以便他们名正言顺地"吃人"。可以说，刘高尚先生的这段言论，确有些思想启蒙的味道！直到今天，还值得我们玩味、深思。我们当然不主张人人都禁锢自己的嗜好和欲望，不主张立刻废除私有财产和遗产继承权，当然也不主张无政府主义，不主张禁止人们的思想自由和学术自由。但是，对于这些，我们应该有清醒的认识，要有理智的约束、道德的约束、制度的约束、法律的约束，以及思想、学术的分析和批判，否则，它们确实有可能成为祸害我们自身、祸害他人、祸害千秋万代的洪水猛兽！

宋代的笔记里，还记录了一些能工巧匠的事迹。欧阳修撰《归田录》卷上记载：

> 开宝寺塔在京师诸塔中最高，而制度甚精。都料匠预浩所造也。塔初成，望之不正，而势倾西北。人怪而问之，浩曰："京师地平无山，而多西北风，吹之不百年，当正也。"其用心之精盖如此。

北宋时期，预浩主持建造了京城开封最高的一座宝塔——开宝寺塔。塔建成后，看上去是歪的，朝着西北方倾斜，有点像意大利著名的比萨斜塔。人们都感到奇怪，问他为什么把塔建成这个样子。预浩回答说："京城地势平坦，没有山，而多刮西北风。不要一百年，风就会把塔给吹直的。"他考虑问题，就是这样精密周全！一位古代的建筑师，能够在设计建筑作品时，把风向等气候因素也考虑在内，的确高明。我们当代的建筑师们，是不是每个人都能做到这样深思熟虑呢？未必。否则，每年也不会有那么多的建筑物或公共设施因大风、地震、海啸等自然灾害而倒塌；甚至还没有遇到什么灾害，纯粹因为设计得不合理，就莫名其妙地倒塌了。

又，沈括撰《补笔谈》卷下记载：

> 国初两浙献龙船，长二十余丈，上为宫室层楼，设御榻以备游幸。岁久腹败，欲修治，而水中不可施工。熙宁中，宫官黄怀信献计，于金明池北凿大澳，可容龙船，其下置柱，以大木梁其上。乃决水入澳，引船当梁上。即车尽澳中水，船乃笐于空中。完补讫，复以水浮船，撤去梁柱，以大屋蒙之，遂为藏船之室，永无暴露之患。

北宋初年，浙江进献了一条龙船，有20多丈长，船上建有高楼、宫殿，设有宝座，专供皇帝乘坐游玩。年代久了，船底朽坏，需要修理。但船在水中，怎么施工？这么大的一条船，用什么办法把它架到半空中去，好让工匠在船的下方来修补它？神宗时期，有个叫黄怀信的太监献上一条妙计，在泊船的金明池（当时皇家园林里的一个大湖）北面开挖一个可以容纳下龙船的船坞，船坞下面树立许多根木头柱子，柱子上面则装上横梁。然后决堤放水，让龙船进入船坞，固定在木梁的上方。接下来再重新筑好堤坝，把船坞里的水车干，让龙船悬空落到横梁上。这样工匠们便好在底下施工了。工程结束后，再次决堤放水，进入船坞，让龙船浮起来。然后拆去梁、柱，再建造一座大屋子，覆盖住船坞。从此，龙船不再像过去那样停泊在露天任由日晒雨淋，也就不容易朽烂了。由此可见，中华民族虽然基本上是一个以农耕为主的民族，可是在宋代，造船和修船的技术就已经很发达了。到了明代，中国已经造出了当时世界上最大也最先进的航海船只，那就是郑和七下西洋时所驾驶的宝船。郑和当年建造宝船的工场,就在我的家乡和长期工作的地方——江苏省南京市。现在,那造船场的遗址已经被开辟成一个公园,欢迎有兴趣的朋友找个机会到南京来参观。

宋代的笔记当中,有意思的故事实在太多太多,讲几个月也讲不完。由于时间的关系,我这里只能挂一漏万地作个简略的介绍。至于宋代笔记在写作艺术方面的成就,那又是一个专门的研究课题,这里就不讲了。再次感谢大家的光临!

(讲座时间:2012 年 12 月)

讲 座 丛 书

国家图书馆出版社简介

国家图书馆出版社,原名书目文献出版社,1979年成立。1996年更名为北京图书馆出版社,2008年改为现名。

本社是文化部主管、国家图书馆主办的中央级出版社。2009年8月新闻出版总署首次经营性图书出版单位等级评估定为一级出版社,并授予"全国百佳图书出版单位"称号。

建社三十年来,通过与各图书馆密切合作,形成了两大专业出版特色:一是整理影印中文古籍等各种稀见历史文献;二是编辑出版图书馆学和信息管理科学著译作,出版各种书目索引等中文工具书。此外还编辑出版各种文史著作和传统文化普及读物。